기초
포르투갈어

기초 포르투갈어

초판 1쇄 발행 2012년 10월 15일
초판 7쇄 발행 2024년 3월 5일

지은이 임은숙

펴낸곳 서울대학교출판문화원
주소 08826 서울 관악구 관악로 1
도서주문 02-889-4424, 02-880-7995
홈페이지 www.snupress.com
페이스북 @snupress1947
인스타그램 @snupress
이메일 snubook@snu.ac.kr
출판등록 제15-3호

ISBN 978-89-521-1380-1 03790

Português brasileiro

기초 포르투갈어

임은숙 지음

서울대학교출판문화원

시작하며

여러분의 미래와 꿈을 브라질에 걸어보는 것은 어떠십니까? 브라질은 그 덩치만큼이나 많은 매력을 갖고 있습니다. 아마존이라고 하는 지구 생태계의 보고가 있어서 환경운동이나 환경문제 전문가의 꿈을 실현할 수도 있고, 또 G20의 대국으로서 유엔 안전보장이사회 조직 개편 시 남미 대륙의 대표로 상임이사국이 될 것이라는 점은 누구도 부인할 수 없죠. 경제 역시 굴곡이 있지만 2011년에 GDP 규모로 세계 경제 6대국의 위치에 오르기도 했고, 그 정치·경제의 위상에 걸맞게 2014년엔 월드컵을 그리고 2016년엔 올림픽을 유치했습니다. 또 문화적으로는 어떤가요? 매년 한 번쯤 세계의 이목을 집중시키는 카니발이 열리고, 삼바가 있으며, 보사노바의 고향이기도 합니다. 물론 빈부 격차, 치안 불안 등의 문제도 있지만 그것 역시 브라질 국민으로 하여금 항상 현실에 눈뜨게 하고, 또 보다 나은 미래를 추구하게 하는 원동력이 되고 있습니다. 그러므로 우리의 포르투갈어 공부는 매우 매력적일 수밖에 없습니다.

브라질 인구 약 2억 1천만 명! 단일 국가 인구로 세계 5위입니다. 영토는 한반도의 37배이며, 남아메리카대륙의 47.7퍼센트를 차지합니다! 이 또한 세계 제5위의 대국입니다. 천연자원 생산량이나 매장량으로 볼 때 브라질이 세계 1위를 차지하는 것은 헤아릴 수 없을 정도로 많습니다. 앞으로 유엔 안전보장이사회 상임이사국이 될 가능성이 매우 높은 브라질! 바로 브라질에 여러분의 미래를 걸어야 할 이유입니다. 오늘날 다국어를 구사하는 인재가 각광받는 현실 속에서, 영어 외에 제2외국어 하나 더 할 줄 아는 것은 더는 차별화된 경쟁력으로 비치지 않습니다. 우리나라와 브라질의 교역이 날로 확대되고 양국 간의 관계가 밀접해짐에 따라, 포르투갈어를 구사하는 인적 자원에 대한 수요가 폭발적으로 증가하고 있습니다.

포르투갈어 문장 어순의 특징에 대해 말씀드리자면, 의문문은 의문사가 있는 경우는 의문사가 문장의 맨 앞에 오며, 의문사가 없는 문장은 평서문과 어순이 같습니다. 그리고 평서문 우리말 어순이 '주어 + 목적어/보어 + 동사'인 반면, 포르투갈어의 어순은 '주어 + 동사 + 목적어/보어'입니다. 짧은 명사구도 우리말과 반대여서 우리말이 '수식어 + 피수식어'인 반면, 포르투갈어는 '피수식어 + 수식어'이고, 형용사구는 우리말의 '~하기 쉬운'인 데 반해 포르투갈어로는 '쉬운 ~하기'가 됩니다. 그리고 동사구는 우리말의 '본동사 + 조동사' 구조가 포르투갈어에서는 '조동사 + 본동사(원형)'로 표현됩니다.

이 책의 특징에 대해서 말씀드리겠습니다.

1. 중요한 단어나 표현을 가능하면 **기억하기 좋도록 시각적으로 정리**하고, 예문에서는 해당 문법과 관련된 표현을 잘 이해할 수 있도록 **이탤릭체나 밑줄로 강조**하였습니다.
2. **연습문제에서 각 단원의 내용을 포함한 일상과 관련된 대화문을 수록**하였을 뿐만 아니라, 반복 학습 효과를 위해 **다양한 내용의 독해 텍스트를 추가**하였습니다.
3. **실생활과 밀접한 순서로 품사를 소개**하고 있습니다. 특히 동사는 동사의 시제 즉, 직설법의 현재, 완전과거, 불완전과거, 미래 순으로 소개하고, 이어 접속법의 현재, 불완전과거, 미래 등을 소개하였습니다. 일부 완료시제는 실제 구어에서 잘 쓰이지 않으므로, 부록편에서 소개하였습니다.
4. 마지막으로 주요한 **동사 위주의 동사표를 수록**하되, 유의해야 하는 경우 철자를 다른 색깔로 처리하여 학습효과를 극대화하였습니다.

이 책이 나오기까지 좋은 의견과 도움을 주신 많은 분과 제자들에게 감사의 말씀을 전합니다. 특히 서울대학교 서어서문학과 교수님들과 단국대학교 박원복 교수님, 감수를 맡아주신 Ellen Nakamizu 선생님, 그리고 편집을 맡아주신 분들께 진심으로 감사드립니다. 아울러 이 책의 출간을 허락해주신 서울대학교출판문화원에 깊은 감사를 드립니다.

차례

예비편

포르투갈어로 알파벳은 '아우파베뚜'라고 합니다.

1. 아우파베뚜 (Alfabeto)

대문자	소문자	발음
A	a	a
B	b	bê
C	c	cê
D	d	dê
E	e	é
F	f	éfe
G	g	gê
H	h	agá
I	i	i
J	j	jota
K	k	cá
L	l	éle
M	m	eme
N	n	ene
O	o	ó
P	p	pê
Q	q	quê
R	r	erre
S	s	ésse
T	t	tê
U	u	u
V	v	vê
W	w	dábliu
X	x	xis
Y	y	ípsilon
Z	z	zê

- 포르투갈어로 알파벳은 '아우파베뚜'라고 합니다.
- k, w, y는 무게, 길이, 외래어 등에만 쓰입니다.
- 모든 알파벳은 남성으로 취급합니다.
- a, e, i, o, u는 모음, 그 외는 자음입니다.
- ç는 쎄-쎄질야(cê-cedilha)라고 하는데 발음은 'ㅆ'임을 나타냅니다.
- ch, lh, nh 등은 하나의 소리를 내기 때문에 하나의 철자로 간주합니다.

2. 발음

포르투갈어를 배우면서 가장 좋은 점 중 하나는 사전의 발음기호를 일일이 찾아가며 따로 외우지 않아도 알파벳을 보며 쉽게 따라 읽을 수 있다는 사실입니다. 그럼 이제 배우면서 확인해볼까요?

포르투갈어의 자모는 26자로 되어 있습니다. 이 26자 가운데 모음은 **A**, **E**, **I**, **O**, **U**로 총 5자인데 **O**나 **E**의 경우 열린음과 닫힌음 등의 변화가 있어 마치 7개의 모음이 있는 듯 느껴집니다. 그런데 중요한 것은 주어진 상황 속에서 열린음으로 발음해야 하는 음절을 닫힌음으로 발음한다고 해서 의사소통에 문제가 생기는 일은 없습니다. 자음은 모두 21자입니다. 위의 아우파베뚜에서 배운 철자 중 K, W, Y 등은 주로 외래어 표기, 약자, 기호에 사용됩니다.

1) 포르투갈어의 강세

1. 악센트 ' ´ '(agudo[아구두])는 열린음, ' ^ '(circunflexo[씨르꿍플렉쑤])는 닫힌음, 그리고 ' ~ '(til [찌우])는 비음을 나타내는데, 이와 같은 **강세부호가 있는 음절**은 강하게 발음합니다.

2. 강세부호가 없는 단어는 **뒤에서 두 번째 음절**을 강하게 발음합니다.

3. **-i**, **-u**, **-l**, **-r**, **-z**로 끝나는 단어는 **마지막 음절**에 강세가 있습니다. 비음 자음이 붙은 **-im**, **-um**이 마지막 음절에 와도 마찬가지입니다.

4. 단어의 끝에서 두 번째 음절이 **-ai**, **-au**, **-ei**, **-eu**, **-oi**, **-ou**, **-ui** 등의 **이중모음**이면 이 두 모음 중 **앞의 모음**을 강하게 발음합니다.

5. 단어가 **-ai**, **-au**, **-ei**, **-eu**, **-ia**, **-ie**, **-io**, **-iu**, **-oi**, **-ou**, **-ua**, **-ue**, **-ui**, **-uo** 등으로 끝나면 이 두 모음 중 **앞의 모음**을 강하게 발음합니다.

6. 단어가 **-uai**, **-uei**, **-uão**, **-uou**, **-ião** 등 3중 모음으로 끝나면 **중간 모음**을 강하게 발음합니다.

2) 발음 연습

기본적으로 알아두면 좋은 단어들을 읽으면서 발음연습을 해보겠습니다. 하이픈의 바로 앞 음절을 강하게 발음하면 됩니다.

amor(아모–르) 사랑 bola(볼–라) 공
Coreia(꼬레–이아) 한국 vida(비–다) 생활

(1) 모음

A

1. a는 '아'라고 발음합니다.

acento(아쎙–뚜) 악센트 l**á**bio(라–비우) 입술

2. 다음 단어에서 볼 수 있는 ã의 '~'은 비음 표시입니다. 또 음절 마지막에 오는 am, an의 -m, -n도 앞에 오는 a를 비음화하기 때문에 '앙'으로 발음합니다.

maç**ã**(마쌍–) 사과 s**am**ba(쌍–바) 삼바춤
anjo(앙–쥬) 천사 c**an**ja(깡–쟈) 닭고기죽

'쌍-바'는 사실 우리말로 그냥 '쌈바'라고 발음하는 것과 거의 비슷합니다. 여러분은 이제 '쌍-바'로 발음해보시기 바랍니다. 훨씬 세련된 느낌이 들 겁니다.

E

1. e는 열린음 표시 ' ´ '가 있는 경우는 '애', 닫힌음 표시 ' ^ '가 있는 경우는 '에'로 발음합니다. 다만 실제 들을 때는 구분이 잘 되지 않습니다.

caf**é**(까패–) 커피 **e**la(앨–라) 그녀
p**é**(빼) 발 chin**ê**s(쉬네–스) 중국어[인]

2. 악센트가 없는 음절, 특히 단어의 마지막에 오는 경우는 '이'로 발음합니다.

hoje(오-쥐) 오늘 tarde(따-르지) 오후

3. 음절의 마지막에 오는 em, en은 '엥'으로 발음합니다.

homem(오-멩) 남자 centro(쎙-뜨루) 중심

I

1. i는 '이'로 발음합니다.

cidade(씨다-지) 도시 lábio(라-비우) 입술

2. 음절 마지막에 오는 im, in은 '잉'으로 발음합니다.

fim(핑) 끝 lindo(링-두) 아름다운

O

1. o는 '오'로 발음합니다.

hoje(오-쥐) 오늘 ovo(오-부) 달걀

2. 악센트가 없는 음절, 특히 단어의 마지막에 오면 '우'로 발음합니다.

bonito(보니-뚜) 아름다운 centro(쎙-뜨루) 중심

3. õ과 음절 마지막에 오는 om, on은 '옹'으로 발음합니다.

canções(깡쏭-이스) 노래(복수형)

bom(봉) 좋은 ontem(옹-뗑) 어제

U

1. u는 '우'로 발음합니다.

universidade(우니베르씨다-지) 대학교

único(우-니꾸) 유일한

2. 음절의 마지막에 오는 um, un은 '웅'으로 발음합니다.

um(웅) 하나 | **jun**tos(쥼-뚜스) 함께

여기까지 모음 발음법을 알아보았습니다. 이 중에서 비음으로 발음되는 모음 형태들은 다음과 같습니다.

Ã, Õ, 그리고 자음 앞 또는 어미에 오는 AM, AN, EM, EN, IM, IN, OM, ON, UM, UN

이제 나열된 순서대로 읽어볼 차례입니다.
앙, 옹, 앙, 앙, 엥, 엥, 잉, 잉, 옹, 옹, 웅, 웅

(2) 자음

B

b는 'ㅂ'로 발음합니다.

bo**b**o(보-부) 바보 | **b**onito(보니-뚜) 아름다운

C

1. c는 모음 a, o, u와 만나면 각각 '까, 꼬, 꾸'로 발음됩니다.

casa(까-자) 집 | **co**r(꼬르) 색

cuidado(꾸이다-두) 조심 | **co**mida(꼬미-다) 음식

2. c는 모음 e, i와 만나면 '쎄, 씨'로 발음됩니다.

cidade(씨다-지) 도시 **ce**ntro(쎙-뜨루) 중심

3. c에 ', (쎄질야)'를 붙인 ç는 언제나 'ㅆ'로 발음합니다.

mo**ça**(모-싸) 젊은 여성 come**ço**(꼬메-쑤) 처음, 시작

4. 자음 h와 중첩되어 하나의 자음으로 쓰이는 경우의 ch는 모음과 합쳐지면 '샤, 쉐, 쉬, 쇼, 슈'로 발음됩니다.

chave(샤-비) 열쇠 **che**que(쉐-끼) 수표

Chile(쉴-리) 칠레 **cho**pe(쇼-삐) 생맥주

chuva(슈-바) 비

D

1. d는 'ㄷ'로 발음합니다.

dado(다-두) 자료 **de**do(데-두) 손가락

2. 예외적으로 '이'로 발음되는 음절의 철자 e나 i 앞에 올 때 'ㅈ'로 발음되기도 합니다. 이러한 현상은 브라질의 대도시 상파울루와 리우에서 강하게 나타납니다.

tar**de**(따-르지) 오후 **di**a(지아) 날, 하루

> tarde의 마지막 음절 -de는 강세가 없기 때문에 e가 약화되어 '이'로 소리가 나고, 따라서 앞의 자음 d는 'ㅈ'음으로 바뀝니다.

F

f는 영어의 f처럼 발음합니다. 윗니를 아랫입술에 스치면서 내는 'ㅍ' 발음입니다.

fome(포-미) 배고픔 **fr**io(프리우) 추위

G

1. g는 모음 a, o, u와 만나면 'ㄱ'로 발음됩니다. 즉, 각각 '가, 고, 구'로 발음됩니다.

garoto(가로-뚜) 청년　　**go**verno(고베-르누) 정부

2. g는 모음 e, i와 만나면 '줴', '쥐'로 발음됩니다.

gelo(젤-루) 얼음　　**gi**bi(쥐비-) 어린이 만화잡지

3. gue, gui는 '게', '기'로 발음합니다.

guerra(게-하) 전쟁　　**gui**tarra(기따-하) 기타

> 강세가 없는 음절의 gue는 '기'로 발음됩니다.
> san**gue**(쌍-기) 혈액, 피
> 예외: a**gu**entar(아궨따-르) 견디다

H

h는 묵음입니다.

hora(오-라) 시간　　**ho**tel(오떼-우) 호텔

J

j는 'ㅈ'로 발음되는데 모음과 만나면 '쟈, 줴, 쥐, 죠, 쥬'로 발음됩니다.

laran**ja**(라랑-쟈) 오렌지　　**je**ito(줴-이뚜) 방법

jipe(쥐-삐) 지프차　　**jo**go(죠-구) 경기

juntos(즁-뚜스) 함께

K

k는 'ㄲ'로 발음됩니다.

Kaká(까까–) 까까(브라질 축구선수)

L

1. l은 'ㄹ'로 발음합니다.

livro(리–브루) 책　　　p**l**aca(쁠라–까) 번호판

2. 음절의 마지막에 오는 l은 '우'로 발음됩니다.

Rona**l**do(호나–우두) 호나우두　　　Brasi**l**(브라지–우) 브라질

잠깐 쉬어가는 코너!

브라질의 Ronaldo에 이어 포르투갈의 Ronaldo가 세계적으로 이름을 떨치고 있죠? 이 선수들의 이름에 들어 있는 맨 앞의 r는 다음에서 배우게 될 발음규칙에 따라 'ㅎ'로 발음됩니다. 중간의 l은 음절의 마지막에 위치하므로 '우'로 약화되고, 마지막의 o는 강세가 없는 자리에 오기 때문에 '우'로 발음합니다. 따라서 브라질의 Ronaldo는 '로날도'가 아닌 '호나우두'라고 읽습니다.

3. 다른 자음 h와 중첩되어 하나의 자음으로 쓰이는 경우의 lh는 모음과 합쳐져 'ㄹ+이'로 발음됩니다.

fi**lh**o(필–유) 아들　　　mi**lh**o(밀–유) 옥수수

(ㅍ+이+ㄹ+이+우)　　　(ㅁ+이+ㄹ+이+우)

M

1. m은 'ㅁ'로 발음합니다.

mar(마르) 바다　　　**m**o**m**ento(모멩–뚜) 순간

2. 음절의 마지막에 오는 m의 경우는 앞의 모음편을 참조하세요.

N

1. n은 'ㄴ'로 발음됩니다.

nariz(나리–스) 코　　**n**ome(노–미) 이름

2. 자음 h와 중첩되어 하나의 자음으로 쓰이는 nh는, 앞의 모음에 'ㅇ' 받침이 있는 것처럼 발음하면서 '이'로 발음합니다. 즉, 'ㅇ+이'로 소리납니다.

mi**nh**a(밍–야) 나의　　cami**nh**o(까밍–유) 길

3. 음절의 마지막에 오는 n의 경우는 앞의 모음편을 참조하세요.

P

p는 'ㅃ'로 발음합니다.

pai(빠–이) 아버지　　**P**ortugal(뽀르뚜가–우) 포르투갈

Q

1. q는 항상 u와 함께 쓰이고 'ㄲ'로 발음됩니다.

quadro(꽈–드루) 그림　　**q**uase(꽈–지) 거의

2. que나 qui로 쓰일 때는 '께', '끼'로 발음하기 때문에 u는 발음되지 않습니다. 그리고 que가 강세가 없는 자리에 올 때 '끼'로 발음합니다.

queijo(께–이쥬) 치즈　　**qui**lo(낄–루) 킬로그램

cra**que**(끄라–끼) 유명 축구선수

> 예외: tran**qui**lo(뜨랑뀔–루) 조용한　　cin**que**nta(싱꿴–따) 50
> fre**que**ntar(프레꿴따–르) 자주 다니다

R

1. r는 'ㄹ'로 발음합니다.

caro(까-루) 비싼　　barato(바라-뚜) 싼

2. 어두의 r나 단어 중간에 오는 rr는 'ㅎ'로 발음합니다.

rosa(호-자) 장미　　carro(까-후) 자동차

> ✐ 자음 뒤에 오더라도 (br, dr, fr, gr, pr 등이 아닌) 음절의 앞에 오는 r는 'ㅎ'로 발음합니다.
>
> genro(쥉-후) 사위　　Israel(이스하에-우) 이스라엘

S

1. s는 'ㅆ, ㅅ'로 발음됩니다.

sal(싸-우) 소금　　Nossa!(노-싸) 어머나!

> ✐ 자음 n, p, t 앞이나 단어의 끝에 오는 s는 'ㅅ'로 발음합니다.
>
> esnobe(이스노-비) 고상한 체하는　　esporte(이스뽀-르찌) 스포츠
>
> estrela(이스뜨렐-라) 별　　meninas(메니-나스) 소녀들

2. 모음 사이의 s나 m 앞에 위치한 s는 'ㅈ'로 발음합니다.

casa(까-자) 집　　mesmo(메-즈무) 같은

T

1. t는 'ㄸ'로 발음됩니다.

tango(땅-구) 탱고　　tudo(뚜-두) 전부

2. 그런데 예외적으로 발음상 '이'로 나는 철자 e와 i 앞에 올 때는 'ㅉ'로 발음되기도 합니다.

noite(노-이찌) 밤　　tio(찌우) (외)삼촌

V

v는 'ㅂ'로 발음합니다. 위의 f의 경우처럼 윗니를 아랫입술에 스치면서 발음합니다.

voz(보스) 목소리　　**v**iagem(비아-젱) 여행

W

w는 v처럼 'ㅂ'로 발음합니다.

Walter(바-우떼르) 사람 이름(남자)

X

x는 '쉬, ㅆ, ㅈ, ㅅ, ㄱㅆ'로 발음될 수 있는데, 어두에서는 항상 '쉬', 단어가 ex로 시작한 다음 모음이 올 때는 'ㅈ', 그 외에는 'ㅆ' 또는 'ㅅ'로 발음됩니다. 'ㄱㅆ'로 발음해야 하는 경우는 예외로 간주하여 대부분 발음기호가 없는 포르투갈어 사전에 발음기호(cs)가 표기되어 있습니다.

xarope(샤로-삐) 시럽　　**x**ampu(샹뿌-) 샴푸

má**x**imo(마-씨무) 최대한　　**ex**emplo(이젱-쁠루) 표본

se**xo**(쎅-쑤) 성　　**ex**periência(이스뻬리엥-씨아) 경험

Y

y는 '이'로 발음합니다.

Yen(이-엥) 엔(일본 화폐, iene라고도 함)

Z

1. 단어의 끝에 오는 z는 'ㅅ'로 발음합니다.

feliz(펠리-스) 행복한 arroz(아호-스) 쌀, 밥

2. 모음 앞이나 단어 중간의 z는 'ㅈ'로 발음됩니다.

zero(제-루) 0(영) dúzia(두-지아) 12개짜리 한 묶음(다스)

3. 구두점

,	- 쉼표(vírgula)
;	- 세미콜론(ponto e vírgula)
:	- 콜론(dois pontos)
.	- 마침표(ponto final)
?	- 의문부호(ponto de interrogação)
!	- 감탄부호(ponto de exclamação)
...	- 생략부호(reticências)
( )	- 삽입부호/괄호(parênteses)
" "	- 인용부호(aspas)
—	- 대시(travessão)
–	- 하이픈/연자부호(hífen)

Exercícios

1. 다음을 읽어보세요. – 인사

1) A: Bom dia! B: Bom dia!
A: Boa tarde! B: Boa tarde!
A: Boa noite! B: Boa noite!

2) A: Tchau! B: Tchau!
A: Até logo! B: Até logo!
A: Até amanhã! B: Até amanhã!

3) A: Tudo bem? B: Tudo bem. E você?

4) A: Bom fim de semana! B: Para você também.

5) A: Muito prazer. B: Muito prazer.
A: Prazer. B: Prazer.

2. 아래 예시처럼 자신의 이름을 포르투갈어 알파벳으로 말해보세요.

Meu nome é Eunsuk Lim.
(아우파베뚜) E, u, n, s, u, k (espaço) L, i, m.
Meu nome em português é Olinda.
(아우파베뚜) O, l, i, n, d, a.

✤ 포르투갈어 이름은 어떤 것들이 있을까요?

남자 이름	Afonso, Adriano, Alberto, Alexandre, Álvaro, Ângelo, Antônio, Augusto, Bernardo, Bruno, Carlo, Carlos, Diego, Daniel, Eduardo, Fábio, Fernando, Felipe, Flávio, Francisco, Gabriel, Guilherme, Henrique, João, Joaquim, José, Jorge, Júlio, Luís, Lucas, Manuel, Marcos, Mário, Nelson, Pedro, Paulo, Rafael, Roberto, Sérgio, Sílvio, Tomás
여자 이름	Adriana, Alberta, Alexandra, Alice, Ângela, Antônia, Bárbara, Carolina, Carla, Clara, Daniela, Eduarda, Estela, Fernanda, Francisca, Gabriela, Gisele, Helena, Inês, Isabel, Joana, Júlia, Juliana, Liliane, Luísa, Manuela, Margarida, Márcia, Maria, Mariana, Marina, Marisa, Paula, Rafaela, Regina, Rita, Roberta, Rosa, Sílvia, Teresa

Lição 1

포르투갈어 인력

브라질 응용경제연구소(IPEA)가 발표한 바에 따르면 브라질의 GDP(PIB: Produto Interno Bruto)는 2018년 1.8퍼센트, 2019년 1.4퍼센트 그리고 코로나바이러스가 창궐한 2020년엔 －4.3퍼센트를 나타내었으나 2021년엔 +4.0퍼센트로 회복할 것이라고 합니다. 아마도 주된 이유는 코로나바이러스의 약화와 그에 따른 세계경제의 회복 그리고 엄청난 지하자원과 인구 2억이 넘는 자체의 국내소비시장 규모 덕분에 회복도 빠를 것으로 전문가들은 예상합니다. 2020년 기준 경제규모 순으로 보았을 때 브라질은 아쉽게도 12위를 차지하였는데요. 이것은 코로나바이러스 사태로 우리나라가 600억 달러 축소된 반면에 브라질은 4,753억 달러나 줄어들었기 때문으로 보입니다. 그래서 2020년 우리나라는 10위를 차지한 반면 브라질은 10위권 밖으로 밀려나고 말았습니다. 그럼에도 브라질은 누구도 부인할 수 없는 세계 경제 대국으로 부상하고 있는데요, 아쉽게도 우리의 상황은 이러한 현실을 제대로 반영하고 있지 못합니다.

현재 우리나라에서 포르투갈어 4년 정규 코스가 있는 대학은 한국외국어대학교(용인 글로벌캠퍼스 포함), 부산외국어대학교, 단국대학교 이렇게 세 곳이고, 교양이든 선택이든 포르투갈어 강의를 운영하고 있는 대학은 서울대학교, 고려대학교, 인하대학교 등 다양합니다.

인사

친근하고 다정한 브라질 사람들과의 인사 기대되시죠?
브라질 사람들은 처음 만난 사이에서는 보통 악수를 합니다. 악수를 할 때는 손에 약간 힘을 주면서 상대방과 눈을 맞추는 게 좋습니다. 손끝만 살짝 갖다대는 뜨뜻미지근한 자세는 불안한 심리나 불쾌한 감정을 표현하는 것으로 오해받을 수 있기 때문이죠. 이미 잘 아는 사이일 경우, 남자들끼리는 서로 포옹하며 등을 살짝 토닥여 친근함을 표시하기도 합니다. 여자끼리 또는 남자와 여자 그리고 어른이 아이에게 인사할 때는 서로 오른쪽 볼을 상대의 오른쪽 볼에 갖다대면서 입으로 '쪽', 이어 왼쪽 볼을 서로 마주대면서 다시 한번 '쪽' 소리를 내며 인사합니다. 이때 여자가 먼저 볼을 내밀어주는 게 좋고, 헤어질 때도 만났을 때처럼 인사합니다.

- 포르투갈어는 모두 10개의 품사가 있으며, 그중 명사, 형용사, 관사, 대명사, 수사, 동사는 성과 수에 따라 형태가 변하는 품사인 반면 부사, 접속사, 전치사, 감탄사는 형태변화가 없는 품사입니다.
- 동사는 활용되는 특징에 따라 제1규칙, 제2규칙, 제3규칙 변화 동사와 불규칙동사로 분류됩니다.
- 문장의 주요 구성요소는 '주어 + 동사 (+ 보어/목적어)'로 영어와 비슷합니다.
- 대명사는 인칭, 의문, 지시, 소유, 부정, 관계, 재귀 대명사 등이 있습니다.

바쁘거나 멀리서 지나칠 때는 어떻게 인사하면 될까요? 서로 잘 아는 사이라면, 미소와 함께 고개를 살짝 끄덕이며 영어의 Hi!에 해당하는 표현 '올라!'(Olá!) 또는 '오이!'(Oi!)와 함께 오전이면 '봉 지아. 뚜두 벵?'(Bom dia. Tudo bem?)이라고 인사를 건네면 됩니다. 서로 잘 모르는 사이에서는 '올라'나 '오이'는 생략하고 '봉 지아! 꼬무 바이, 씽요르(라)?'(Bom dia! Como vai, senhor(a)?)라고 인사하면 됩니다.

1. 주격 인칭대명사

Português 포르투갈어		Coreano 한국어
1인칭 단수	eu	나
3인칭 단수	você (o senhor / a senhora) ele / ela *(a gente)	너 / 당신 (경칭 남성 / 여성 단수) 그 / 그녀 (우리)
1인칭 복수	nós	우리
3인칭 복수	vocês (os senhores / as senhoras) eles / elas	너희들 / 당신들 (경칭 남성 / 여성 복수) 그들 / 그녀들

- 위 괄호 안의 a gente는 본래 일반 명사로 '우리'란 의미이나, 특히 구어에서 주격 인칭대명사 nós 대신 사용됩니다.
- 위 도표의 괄호 속에 있는 o senhor, a senhora, os senhores, as senhoras는 본래는 일반 명사입니다. 그러나 격식을 갖춰 상대를 높여 부를 때는 '당신(들), ~님(들)'이란 의미의 존칭 인칭대명사로 쓰입니다.
- 포르투갈어는 원래 주어가 1 · 2 · 3인칭이 있고, 각각 단수 · 복수가 있으나, 브라질 포

르투갈어는 1인칭과 3인칭의 단수와 복수만이 주로 쓰이므로, 본 책에서는 네 가지의 동사활용만을 소개합니다.

- 브라질의 몇몇 지방에서는 여전히 2인칭 단수 tu를 você와 함께 쓰기도 합니다.

2. 명사 (1)

- 명사의 성은 대개 자연의 성을 따르나, 추상명사나 사물을 나타내는 명사는 예외입니다.
- 명사 앞에 오는 o나 a는 관사로서 각각 명사가 남성 · 여성임을 표시합니다.

1) 자연의 성을 따르는 경우

남성	여성
o homem, o genro, o avô, o pai	a mulher, a nora, a avó, a mãe

2) 어미의 모음으로 성을 구별하는 경우

남성	-o	여성	-a
o filho, o aluno, o amigo		a filha, a aluna, a amiga	

- 위 표를 통해 알 수 있듯이 -o로 끝나는 단어는 남성, -a로 끝나는 명사는 여성명사입니다. 남성명사에서 여성명사를 만들 때는 -o를 빼고, 대신 -a를 첨가합니다.

예외

	-ema	-ama	-oma	-a
-a 로 끝나는 남성명사	o cinema o problema	o programa	o idioma	o dia o mapa o planeta o samba
-o로 끝나는 여성명사	a tribo, a rádio *a foto(grafia), a moto(cicleta)			

✐ 참고로, a rádio는 '라디오 방송'을, o rádio는 '라디오 기기'를 의미

3) 일반적으로 사람의 성을 따르는 경우

남성		여성(⇒ 남성형 + a)	
-or	o professor o senhor	-ora	a professora a senhora
-ês	o português	-esa	a portuguesa

✐ -ês로 끝나는 단어가 여성으로 변할 때 악센트 부호가 생략됨.

4) -ão으로 끝나는 구체명사는 남성, 추상명사는 여성

남성	여성
o coração, o avião, o feijão	a atenção, a opinião, a educação

✐ 예외: a mão

5) -dade, -agem으로 끝나는 명사는 여성명사

-dade	a cidade, a responsabilidade, a atividade
-agem	a viagem, a garagem, a passagem, a reportagem, a coragem

6) 남성과 여성의 형태가 같은 명사

-e로 끝나는 남녀성 공통명사 일부	estudante, gerente, cliente
-ista로 끝나는 남녀성 공통명사	artista, pianista, jornalista

✐ 이 경우 성은 관사나 소유형용사 등으로 표현: o estudante, a estudante

3. Ser 동사

- Ser 동사는 '~이다'의 의미로 영어의 to be에 해당합니다.
- 포르투갈어 동사는 인칭에 따라 형태가 변하기 때문에, 동사의 형태를 통해 주어를 알 수 있으므로 주어를 생략하기도 합니다.

1) Ser의 직설법 현재

주어	Ser
eu	sou
você / o senhor / a senhora / ele / ela / a gente	é
nós	somos
vocês / os senhores / as senhoras / eles / elas	são

2) 용법

- 영속적인 상태: O cinema é grande.
- 직업: O senhor é médico?
- 결혼 여부: Eu sou solteira. (Eu가 여성일 때)
- 종교: Vocês são católicos?

  ✐ 명사나 형용사에 -s가 붙으면 복수 (6과 참조)

- 국적: Os senhores são brasileiros?
- 출신: Eu sou de Seul.
- 시간: É uma hora.
  São duas horas.
- 가격: Este livro é barato.
- 소유: Este caderno é meu.
- 지리적 표현 또는 고정된 장소: O cinema é ali.
- ser 동사를 이용한 기타 표현: É difícil?
  É fácil.
  É verdade.
  É só.

4. 긍정 · 부정부사 – Sim / Não

- 포르투갈어의 '예'는 **Sim**, '아니오'는 **Não**입니다.
- 부정문장을 만들 때는 동사 앞에 não을 사용합니다.

A: É difícil o português?

B: Sim, é difícil. / Não, não é. É fácil.

5. Bom / Boa로 말할 수 있는 일상 속의 표현

Bom almoço!	Bom jantar!	Boa janta!
Boa sorte!	Bom teste!	Boa prova!
Boas férias!	Bom fim de semana!	Boa viagem!
Boa aula!	Bom estudo!	
Bom trabalho!	Bom descanso!	

Vocabulário

명사 앞의 관사 o와 a는 각각 남성명사, 여성명사임을 의미합니다. 형용사의 경우 남성형은 괄호 안에 m, 여성형은 f로 표기하였습니다. 성이 표시되지 않은 단어는 남녀성 동형입니다. 명사 앞에 성을 표시하는 관사가 있는데도 (m, f)로 표시된 것은 명사의 성이 이미 정해진 한 가지로만 쓰이나 남성과 여성을 포괄한다는 뜻입니다. 마지막으로 pl은 복수형을 의미합니다.

o homem 남자
a mulher 여자
o genro 사위
a nora 며느리
o avô 할아버지
a avó 할머니
o pai 아버지
a mãe 어머니
o filho 아들
a filha 딸
o aluno 학생
a aluna 학생
o amigo 친구
a amiga 친구
o cinema 영화관
o programa 프로그램
o idioma 언어
o dia 하루/낮
o mapa 지도
a tribo 부족
a rádio 라디오 방송
a foto(grafia) 사진
a moto(cicleta) 오토바이
o professor 선생
a professora 선생
o senhor (존칭) 당신

a senhora (존칭) 당신
o português 포르투갈인(의/어)
a portuguesa 포르투갈인/의
o coração 심장/마음
o avião 비행기
o feijão 콩(죽)
a atenção 주의
a opinião 의견
a educação 교육
a mão 손
a cidade 도시
a responsabilidade 책임
a atividade 활동
a viagem 여행
a garagem 차고
a passagem 표
a reportagem 보도/뉴스
a coragem 용기
estudante 학생
gerente 과장/지배인
cliente 고객
artista 예술가
pianista 피아니스트
jornalista 기자
grande 큰/위대한
o médico 의사

solteiro 미혼의(m)
católico 가톨릭신자/의(m)
brasileiro 브라질인/의(m)
coreano 한국인/의(m)
a hora 시간
o livro 책
barato 싼(m)
o caderno 공책
ali 저기
difícil 어려운
fácil 쉬운
a verdade 진실
só 단지/혼자
o almoço 점심식사
o jantar 저녁식사
a janta 저녁식사
a sorte 행운
o teste 테스트
a prova 시험
as férias 방학/휴가(pl)
o fim de semana 주말
a aula 수업
o estudo 학업/연구
o trabalho 일
o descanso 휴식

Exercícios

1. 다음 단어 앞에 알맞은 관사를 써넣으세요.

__ pai	___ mãe	___ dia
__ português	___ coração	___ atenção
__ atividade	___ programa	___ coragem

2. 다음 문장에 Ser 동사의 알맞은 형태를 써넣고 해석해보세요.

1) Eu ______________ professora.

2) Você ______________ estudante.

3) Ele ______________ aluno de português.

4) Ela ______________ médica.

5) A gente ______________ da Coreia.

6) Nós ______________ solteiros.

7) Vocês ______________ coreanos?

8) Eles ______________ artistas?

9) Elas ______________ amigas?

10) Os senhores ______________ jornalistas?

3. 다음을 읽고 연습해보세요. – 인사, 안부, 이름 묻기

1) A: Como vai? B: Bem, obrigado.

2) A: Bom dia, senhor Paulo. Como vai? B: Bem, obrigado.
A: Boa tarde, senhora Ana. Como vai? B: Muito bem, obrigada.
A: Tudo bem? B: Mais ou menos.

3) A: Qual é o seu nome? B: Meu nome é Luísa.
A: Como é o seu nome? B: Minsoo.

4) A: Muito prazer. B: Igualmente.

4. 다음을 작문해보세요.

1) 제 이름은 Sera입니다. ____________________

2) 전 학생입니다. ____________________

3) 이 책은 쉽습니다. ____________________

4) 공부 잘하세요. ____________________

5) 그 영화관은 큽니다. ____________________

5. 다음을 읽고 해석해보세요.

Olá, tudo bem? Muito prazer.
Meu nome é Sara Lee. Eu sou coreana, da cidade de Busan.
Sou estudante da Universidade Nacional Hanguk. Sou alegre e otimista.
É isso.

✤ 우리나라와 브라질의 관계

우리나라는 남미국가 중 최초로 브라질과 1959년 10월 31일 정식 수교를 맺었으며, 1962년 7월 11일 한국 정부는 주브라질 상주 한국 대사관을 그리고 브라질 정부는 1965년 5월에 주한국 상주 브라질 대사관을 개설하였습니다. 2023년에는 한인 브라질 이민 60주년 기념행사가 브라질에서 성대히 개최되었으며 한류와 전자제품의 브라질 시장 점유율 확대 등의 영향으로 한국은 브라질 국민의 높은 관심을 받는 국가가 되었습니다. 한편 외교에 있어 자국의 이익을 우선으로 하며 정치적 이데올로기로부터의 자유를 표방하는 브라질은 2001년 북한과 외교 관계를 수립하였고 2005년 주브라질 상주 북한대사관이 그리고 2009년 주북한 상주 브라질 대사관이 개설되었습니다.

주브라질 대한민국 대사관의 자료에 따르면 2021년 한국과 브라질, 두 나라의 교역액은 100억 불을 넘어선 이후 2022년에는 120억 불을 기록해 양국 간의 교류가 점차 증가하고 있다고 합니다. 2022년과 2023년 기준으로 볼 때 한국은 브라질로 집적회로반도체, 자동차부품, 합성수지, 원동기, 의약품 등을 주로 수출하고 있으며 브라질로부터는 주로 원유, 철광, 사료, 박류, 가금육류 등을 수입 중이라고 합니다.

브라질상공개발부(MDIC)의 발표에 따르면 코로나 사태로 인하여 위축되었던 브라질의 대외교역이 크게 증가하고 있는데 2022년에는 무역수지 흑자가 615억 불을 넘어섰고 2023년에는 988억 불을 기록, 브라질 역사상 최고의 흑자를 나타낸 만큼 향후 한국과 브라질 간의 교역 역시 지속 증가할 것으로 예상됩니다.

또 다른 경제 관련 이슈로 브라질국영텔레커뮤니케이션 회사(Anatel)의 자료에 따르면 2023년 12월 현재 약 2억 5,630만 대의 휴대폰이 개통되었는데 이 가운데 인터넷이 가능한 스마트폰 사용자 수는 2023년 5월 현재 기준으로 1억 1,800만 명으로써, 중국, 인도, 미국, 인도네시아에 이어 세계 5위의 스마트폰 사용자를 가진 나라가 되었습니다.

Lição 2

브라질과 포르투갈어

포르투갈, 앙골라, 모잠비크, 기네 비소, 상투메 이 프린시페, 카보베르데 그리고 동티모르와 함께 브라질은 포르투갈어가 국어입니다. 영토는 한반도의 37배에 달하며, 칠레와 에콰도르를 제외한 남미 국가들과 국경을 접하고 있죠. 남미에서는 유일하게 포르투갈어를 쓰는데, 브라질의 공항이나 일부 호텔, 유명 쇼핑센터 등에서는 영어로 의사소통이 되긴 하지만, 그 외에는 기대를 안 하시는 게 좋습니다.
브라질 포르투갈어는 원주민 인디언들의 언어와 노예로 수입되었던 아프리카인들의 언어 그리고 여러 대륙으로부터 이민 온 외국인들의 언어까지 섞이면서 오늘날에 이르렀습니다. 그래서 유럽 포르투갈어와는 약간 차이가 나요. 영국식 영어와 미국식 영어 정도의 차이라고 보시면 됩니다. 또한 브라질 포르투갈어는 유럽 포르투갈어보다 우리가 배우기에 다소 쉬운 편이라고 말할 수 있습니다.

따봉!

우리나라 온 국민을 단번에 사로잡았던 모 음료회사의 광고문구 '따봉!'('~인 상태이다'란 의미의 동사 estar에 '좋은'이란 형용사 bom이 만나 만들어진 'Está bom.'(좋아)의 준말). 단어 끝의 m이 앞의 모음을 콧소리로 만들어버려 발음 또한 매력적입니다. 브라질 사람들은 이 표현을 엄지손가락을 위로 추켜올리면서 말해요. 엄지손가락을 추켜세우는 것만으로도 의사소통의 반은 해결! 그들은 그만큼 '좋다.' 또는 '괜찮죠?'라는 표현을 즐겨 씁니다. 기분이 최고일 때는 양손의 엄지손가락을 동시에 위로 업! 해주면 됩니다.

- 앞장에서 명사의 성과 수가 o 또는 a로 표시된 바와 같이 포르투갈어의 명사는 일반적으로 성을 표시할 때 관사를 사용합니다.
- 관사 외의 지시사, 형용사, 수사 등 명사를 한정해주거나 꾸며주는 단어들도 모두 명사의 성과 수에 일치해야 합니다.

1. 관사

1) 정관사

- 영어의 the에 해당하며 '그'란 의미로 명사를 한정합니다.
- 수식하는 명사의 성과 수에 따라 변하므로 형태는 네 가지가 있습니다.
- 이미 서로 알거나 한 번 소개된 적이 있는 것을 지칭할 때 그것을 한정하기 위해 명사 앞에 위치합니다.

남성		여성	
단수	o	단수	a
복수	os	복수	as

o aluno　　a aluna

os alunos　　as alunas

- **정관사와 전치사의 결합 형태**

전치사	정관사			
	o	**a**	**os**	**as**
a	ao	à	aos	às
de	do	da	dos	das
em	no	na	nos	nas
por	pelo	pela	pelos	pelas

A aula é às 4(quatro) horas.
Minsoo é da Coreia.
Eu estou na universidade.
A gente vai viajar pelo Brasil.

• **기타 용법**

⊙ 도시명의 경우는 관사를 쓰지 않는 반면, Portugal을 제외한 국가명의 경우는 대부분 관사를 함께 써줍니다.

_ São Paulo, _ Seul, _ Busan, _ Paris, _ Londres, _ Miami	o Rio de Janeiro
a Coreia, o Japão, a China, o Brasil, os Estados Unidos	_ Portugal

⊙ 포르투갈어에서는 언급하는 사람과 친분이 있을 때 통상적으로 그 사람의 이름 앞에 정관사를 사용합니다.

Eu estou com a Maria.
O Paulinho é meu melhor amigo.

2) 부정관사

• 영어의 a / an에 해당하며, 수식하는 명사의 성과 수에 따라 변화합니다.
• 처음 소개되는 명사 앞에 오거나, 부정확하게 '어느', '하나의'라고 표현하고자 할 때 사용합니다.
• 복수 형태 uns / umas는 복수 명사 앞에서 '몇몇', 기수 앞에서는 '대략'의 의미를 갖습니다.
• 신분, 직업, 국적 앞에서는 부정관사를 쓰지 않습니다.

남성		여성	
단수	um	단수	uma
복수	uns	복수	umas

um estudante　　uma médica
uns jornalistas　　umas professoras

⊙ 부정관사와 전치사의 결합 형태

전치사	부정관사			
	um	uma	uns	umas
de	dum	duma	duns	dumas
em	num	numa	nuns	numas

Eu sou filho dum pianista.

Eu estou numa sala de aula.

✐ 구어에서는 축약 형태, 문어에서는 축약하지 않은 형태를 선호합니다.
Eu sou filho de um pianista. Eu estou em uma sala de aula.

2. Estar 동사

- Estar 동사는 '~(상태)이다, ~(위치)에 있다.'라는 의미입니다.
- 이 동사는 구어에서 줄임 표현이 사용되는데, 우리가 익히 알고 있는 '따봉!'이란 표현의 '따'가 바로 Estar 동사의 활용 형태 está를 줄여 발음한 tá입니다. 이런 식으로 아래 도표의 Estar 동사활용은 일상생활 속에서는 '또우, 따, 따무스, 떠웅'으로 발음합니다. 다만 '또우'는 '또'(tô)라고 발음합니다.

1) 직설법 현재 활용

주어	Estar
eu	estou
você / o senhor / a senhora / ele / ela / a gente	está
nós	estamos
vocês / os senhores / as senhoras / eles / elas	estão

2) 용법

• 일시적 위치	O carro está na oficina.
• 일시적인 상태 또는 상황	Estou doente.
	Você está com fome?
	Estamos tristes.
	Vocês estão cansados?
• 자세	Eu estou sentado.
• 「estar + com」 구문	Ele está com calor.
	Ela está com dor de cabeça.
	Meus filhos estão com preguiça.
	Meus alunos estão com sono.
• 날씨	Está nublado.
	Está quente.

3) Estar 동사와 Ser 동사의 의미상 차이

• 동사를 선택함에 있어 어느 시점의 '상태'를 나타내고자 할 때는 estar를, '영구적 속성'을 의미할 때는 ser를 사용합니다.

Maria é bonita. (Ela é sempre bonita.) ≠ Maria está bonita hoje.
Ela é gorda. (sempre) ≠ Ela está gorda. (no momento presente)

3. 형용사 (성)

- 형용사는 주로 명사의 속성이나 상태를 나타내며, 명사의 성과 수에 따라 형태가 변합니다.
- 형용사는 영어와 달리 일반적으로 명사의 뒤에 위치합니다.
- 사전에는 남성단수형으로 표기되어 있으므로, 남성형으로부터 여성형을 만드는 방법을 활용해야 합니다.

남성	여성
o amigo brasileiro	a amiga brasileira
os amigos brasileiros	as amigas brasileiras

- **남성형 형용사에서 여성형 만들기**

⊙ -o로 끝나는 단어: -o ➡ -a

남성	여성
bonito, feio, caro, barato	bonita, feia, cara, barata

⊙ -ão으로 끝나는 단어: -ão ➡ -ã 또는 -ona

남성	여성
são, alemão	sã, alemã
chorão, brincalhão	chorona, brincalhona

⊙ -ês, -or, -u로 끝나는 단어: + -a

남성	여성
japonês, chinês	japonesa, chinesa
amador, sedutor	amadora, sedutora
cru, nu	crua, nua

⊙ -a, -e, -l, -m, -r, -s, -z로 끝나는 단어: 남녀성 동형

남 • 여성 동형	
-a	indígena, carioca
-e	inteligente, forte
-l	fácil, difícil
-m	comum, jovem
-r	exemplar, particular
-s	simples, cortês, mais, menos
-z	feliz, capaz

예외

남성	여성
europeu	europeia
mau	má

4. 자주 쓰면 좋은 표현

A	B
Por favor.	Pois não.
Com licença.	Claro. Pois não.
Obrigado/a.	De nada. Não tem de quê. Às ordens.
Desculpe.	Não foi nada. Não tem importância. Tudo bem. Não tem problema.

Vocabulário

a hora 시간
a universidade 대학교
viajar por ~를 여행하다
com 함께
melhor 더 좋은
a sala de aula 교실
o carro (자동)차
a oficina 자동차 정비소
doente 아픈
a fome 배고픔
cansado 피곤한(m)
sentado 앉아 있는(m)
o calor 열기/더위
a dor de cabeça 두통
a preguiça 나태함/게으름
o sono 잠
nublado 흐린(m)
quente 더운/뜨거운
sempre 항상
gorda 뚱뚱한(f)
o amigo 친구

brasileiro 브라질인/의(m)
bonito 잘생긴(m)
feio 못생긴(m)
caro 비싼(m)
barato 싼(m)
são/sã 성스러운
alemão/alemã 독일인/의
chorão/chorona 울보의
brincalhão/brincalhona 장난을 좋아하는
japonês/japonesa 일본인/의
chinês/chinesa 중국인/의
amador/amadora 아마추어의
sedutor/sedutora 유혹적인
cru/crua 날것의
nu/nua 나체의
indígena 원주민의
inteligente 똑똑한
forte 강한/튼튼한
fácil 쉬운
difícil 어려운

comum 보통의/공통의
jovem 젊은
exemplar 모범의/전형적인
particular 특정한/개인의
simples 단순한/간단한
cortês 정중한
mais 더 많은
menos 더 적은
feliz 행복한
capaz 유능한/~할 수 있는
europeu/europeia 유럽의
mau/má 나쁜
o favor 부탁/호의
a licença 허락
obrigado 고맙습니다(m)
nada 아무것도 (아니다)
a ordem 명령/주문
desculpe 죄송합니다
a importância 중요성
o problema 문제
carioca 리우(Rio)주 출신의

Exercícios

1. 다음 문장에 알맞은 Estar 동사의 형태를 써넣고 해석해보세요.

1) Eu ____________ bem.

2) Você ____________ contente?

3) Ele ____________ cansado.

4) Ela ____________ sentada?

5) A gente ____________ com pressa.

6) O senhor Kim ____________ com sono?

7) A senhora Park ____________ bonita hoje.

8) Nós ____________ na sala de aula.

9) Vocês ____________ com calor?

10) Eles ____________ com fome?

11) Elas ____________ com frio.

12) Os senhores ____________ com vontade de sair?

2. 다음을 읽고 연습해보세요. – 국적, 성품, 기분

1) A: Marisa, você é brasileira? B: Sim, sou.
A: O senhor é japonês? B: Não, sou da Coreia.

2) A: Eles são americanos? B: Não, são brasileiros.
A: Os brasileiros são otimistas? B: Sim, são.

3) A: O seu marido é comunicativo?
B: Não, ele é reservado. Mas eu sou alegre.
A: Que bom!

4) A: Você está feliz? B: Estou. E você?
A: Estou um pouco triste. B: Que pena!

3. 42쪽의 표를 참조하여 문장을 만들어보세요.

1) 저는 한국 사람입니다. ______________________________

2) 너는 일본 사람이니? ______________________________

3) 그녀들은 브라질 사람인가요? ______________________________

4) 선생님(남성)은 미국인이세요? ______________________________

5) 우리는 중국 사람입니다. ______________________________

4. 다음을 읽고 해석해보세요.

Minha amiga Luísa é brasileira.
Ela é professora de português. É inteligente e simpática.
Agora ela está na sala de aula. Está muito bonita e elegante.
Ela está feliz em trabalhar na Coreia.

✤ 포르투갈어로 국적을 어떻게 말할까요?

국가 및 대륙	이름	출신 국적/대륙
아프리카	a África	africano/a
독일	a Alemanha	alemão/alemã
아르헨티나	a Argentina	argentino/a
아시아	a Ásia	asiático/a
오스트레일리아	a Austrália	australiano/a
브라질	o Brasil	brasileiro/a
캐나다	o Canadá	canadense
칠레	o Chile	chileno/a
중국	a China	chinês/chinesa
대한민국	a Coreia	coreano/coreana
유럽	a Europa	europeu/europeia
프랑스	a França	francês/francesa
스페인	a Espanha	espanhol/espanhola
네덜란드	a Holanda	holandês/holandesa
인도	a Índia	hindu, indiano/a
영국	a Inglaterra	inglês/inglesa
이탈리아	a Itália	italiano/a
일본	o Japão	japonês/japonesa
멕시코	o México	mexicano/a
미국	os Estados Unidos	(norte-)americano/a
포르투갈	_ Portugal	português/portuguesa
파라과이	o Paraguai	paraguaio/a
러시아	a Rússia	russo/a
스위스	a Suíça	suíço/a
우루과이	o Uruguai	uruguaio/a

✤ 커피

세계 최대 생산국이자 두 번째 소비국! 브라질의 아침은 커피로 시작됩니다. 그래서 아침식사란 표현도 까페 다 망야(Café da manhã)입니다. 세계 커피의 30퍼센트를 생산하고 다시 전 세계 커피의 14퍼센트를 소비하는 브라질에 커피가 들어온 것은 1727년. 브라질 해군 장교 프랑시스꾸 지 멜루 빨예따(Francisco de Melo Palheta)와 사랑에 빠진 프랑스령 기아나의 총독 부인이 프랑스 정부의 엄격한 감시와 통제를 피해서 그에게 준 커피 묘목을 동북부 빠라(Pará)주에 심은 것이 시초였죠. 이후 유럽과 미국의 커피 수요가 급증하면서 1830년대 리우가 첫 커피 생산지가 되었습니다. 그 이유는 리우가 미나스 제라이스주의 황금 주기 당시 구축된 운송 인프라를 가지고 있었기 때문입니다. 1880년대부터는 상파울루(São Paulo)가 커피의 주요 생산지로 부상했는데, 그 이유는 남회귀선상에 위치하면서 해발고도가 1,000미터에 근접하고, 토양이 커피에 적합한 테라로사였으며, 쌍뚜스항이 가까이 있었기 때문이었습니다. 급기야 1890년대에는 전 세계 커피 생산의 85퍼센트를 차지하기에 이르렀죠. 당시 커피 농장에서는 노동력이 부족해서 19세기 후반 브라질 정부는 유럽인과 아프리카인 그리고 아시아인까지 브라질로의 이민을 추진하게 되었습니다. 현재 빠울리스따 대로(Avenida Paulista)의 저택들은 커피가 국가경제의 중심이었던 당시의 모습을 잘 반영하고 있습니다. 이렇게 커피로 얻어진 이익은 상파울루와 리우에서 산업에 투자되어 브라질 산업화의 초석이 되었습니다.

Lição 3

브라질리아

세계적으로 유명한 인공도시 브라질리아(Brasília)! 현대와 미래가 어우러진 독창적인 도시로 인정받아 1986년 세계문화유산에 등록된 브라질의 수도! 브라질리아는 싸우바도르(1549~1763), 리우(1763~1960)에 이어 세 번째 수도로서, 1960년 쿠비체크 대통령 시절, 해안에 편중된 인구의 분산과 내륙의 균형적인 경제발전을 도모하기 위해 탄생되었습니다. 아무것도 없는 고원에 5년(1956~1960) 만에 완공된 계획도시 브라질리아는 즐비한 초현대적 건물들로도 유명합니다. 천재적인 도시계획가 루씨우 꼬스따(Lúcio Costa)와 유엔빌딩의 설계자인 건축가 오스까르 니에마이어(Oscar Niemeyer)가 공동 설계했죠. 루씨우 꼬스따가 나비를 연상하고 설계했다고 밝힌 브라질리아는 하늘에서 내려다보면 거대한 제트기 모양을 하고 있습니다. 동체의 중앙에 해당하는 곳은 왕복 8차선의 도로가, 비행기 조종실에 해당하는 곳에는 정부기관 건물들이 배치되어 있고, 좌우 날개 부분에는 주택가와 상점가가 조성되어 있습니다.

기하학적으로 잘 꾸며진 각종 건물이 현대 첨단 건축물 전시장을 방불케 하는 브라질리아. 이곳의 볼거리로는 가시관 모양의 대성당, 높은 기둥과 많은 유리창이 특징인 대통령 관저, 위로 향한 접시 모양의 하원과 아래로 향한 접시 모양의 상원 건물 그리고 건조한 날씨 때문에 안정적인 용수공급을 위해 만들게 된 총면적 약 44제곱킬로미터의 인공호수 빠라노아(Paranoá) 등이 있어요. 브라질리아는 4월 하순부터 6월 초순까지가 여행하기에 가장 좋으며, 8월과 9월은 너무 건조하므로 피하는 게 좋습니다.

- que, quem, qual(와 그 변화형), quanto(와 그 변화형)는 의문대명사, quando, como, onde, por que는 의문부사입니다.
- 의문대명사나 의문부사는 문장의 맨 앞에 위치합니다.
- 의문사가 없는 의문문은 평서문 문장에 물음표만 붙이면 되며, 말할 때는 문장의 끝을 살짝 높여주면 됩니다.

1. 의문대명사

1) que

- que는 주로 사물에 쓰이는데, 명사적으로는 '무엇'을 의미하며, 뒤에 명사가 따라오면 형용사적으로 쓰인 것으로 '어느'란 의미입니다.

Que é isto? (= O que é isto?)
(O) que é isso?

✐ 의문문의 경우 que 대신 o que(강조)를 쓸 수 있습니다.

O que significa isso? (= Isso significa o quê?)

✐ que가 문장의 마지막에 올 때는 악센트 ' ^ '를 써줍니다.

Que dia é hoje? (= Hoje é que dia?)
Que horas são?

2) quem

- '누구'란 의미를 가진 대명사로 사람에게만 사용합니다.

Quem é seu professor de português?

- 전치사 'de'가 앞에 오면 '누구의'라는 의미입니다.

De quem é esta caneta? (= Esta caneta é de quem?)

3) qual, quais

• 선택의 의미를 포함하며 단수형과 복수형이 있습니다.

Qual é a capital da Coreia?
Quais livros são seus?

(o) que는 주로 어떤 것의 정의나 개념을 물을 때 사용됩니다.
O que é democracia?

• 개인 신상과 관련, 이름, 나이, 주소, 이메일, 키 등을 질문할 때도 쓰입니다.

Qual é o seu nome?
Qual é a sua idade?

4) quanto, quanta, quantos, quantas

• 사물과 사람에게 모두 사용되며, 성과 수에 따라 4개의 형태가 있습니다.
• 단수로 쓰이면 양을, 복수로 쓰이면 수의 개념을 나타냅니다.
• 뒤에 명사가 오는 경우는 형용사입니다.

Quanto é a rosa?
Quanto é a diária?
Quanta água existe no planeta Terra?
Quantos dias você trabalha?
Quantas horas tem um dia?
Você tem muitos alunos? Quantos são ao todo?

2. 의문부사

• quando, como, onde, por que는 각각 '언제, 어떻게, 어디에, 왜'란 의미입니다.

Quando é seu aniversário?
Como o senhor vai para o seu trabalho?
Onde está o professor agora?
Por que você não quer falar comigo?

3. 수사 (1)

기수 (0~9)		기수 (10~19)		기수 (20~101)		서수 (1°~10°)	
0	zero	10	dez	20	vinte	1°	primeiro/a
1	um/uma	11	onze	30	trinta	2°	segundo/a
2	dois/duas	12	doze	40	quarenta	3°	terceiro/a
3	três	13	treze	50	cinquenta	4°	quarto/a
4	quatro	14	quatorze	60	sessenta	5°	quinto/a
5	cinco	15	quinze	70	setenta	6°	sexto/a
6	seis	16	dezesseis	80	oitenta	7°	sétimo/a
7	sete	17	dezessete	90	noventa	8°	oitavo/a
8	oito	18	dezoito	100	cem	9°	nono/a
9	nove	19	dezenove	101	cento e um	10°	décimo/a

• 기수 1과 2 그리고 서수는 남녀성이 다릅니다. 서수의 표기는 남성형은 1°, 여성형은 1ª 식으로 합니다.

um livro　　　uma casa

o primeiro lugar　　　a primeira semana

• 서수는 명사와 함께 쓰일 때 관사를 동반합니다.

A sala de aula é no segundo andar.

Estamos no primeiro andar.

• 21 이상의 수는 접속사 'e'로 연결합니다.

vinte e uma mesas

cinquenta e cinco livros

cem은 '일백'의 의미로만 쓰이며, 그 이상의 수는 'cento'와 그 변형을 사용합니다.

4. 시간 표현

1) 「ser 동사 + 수 + hora(s) + e + 수 + minuto(s)」

- 시간 앞에 오는 수가 1(uma)이거나 '정오'와 '자정'을 의미하는 단수명사가 오면 ser 동사는 'é', 그 외에는 'são'을 씁니다.

É uma hora.
É meio-dia.
É meia-noite.
São duas horas.
São três e dez.
São quatro e quinze.

구어에서는 일반적으로 hora(s)나 minuto(s)를 생략합니다.

2) 30분: meia hora(반 시간) 또는 trinta minutos(삼십 분)

São cinco e meia.
São sete (horas) e trinta.

'~시 반이다'라고 할 때 meia 다음에는 hora를 생략합니다.

3) '~시 ~분 전': 「ser + 분 + para a(s) + 시간」

São vinte para as seis.
São dez para as oito.

4) '새벽, 오전, 오후, 밤 ~시': 시간 + da madrugada / da manhã / da tarde / da noite

São 9 da manhã.
É uma da tarde.
São 7 da noite.

5) '정각': 「em ponto」

São 3 (horas) em ponto.

6) '~시에': 전치사 'a'

A que horas começa a aula de português?

(Começa) às duas da tarde.

(Começa) ao meio-dia e meia.

5. 시간 관련 단어

o segundo, o minuto, a hora, o dia, a semana, o mês, o ano, o relógio

Um minuto tem 60 segundos.

Uma hora tem 60 minutos.

Um dia tem 24 horas.

Uma semana tem 7 dias.

Um mês tem 30 dias.

Um mês tem 4 semanas.

Um ano tem 12 meses.

Vocabulário

isto 이것
isso 그것/이것
que 무엇
quem 누구
qual 무엇/누구(선택의 의미)
quanto 얼마나 많은(m)
quando 언제
como 어떻게
por que 왜
significar 의미하다
a caneta (볼)펜
a capital 수도
o capital 자본
a democracia 민주주의
a rosa 장미
a diária 하루 숙박요금

a água 물
existir 존재하다
o planeta 행성
a Terra 지구
trabalhar 일하다
ao todo 합하여
o aniversário 생일
para 향하여
falar 말하다
comigo 나와 함께
o lugar 등위/장소
o andar 층
e 그리고
a mesa 책상
o meio-dia 정오
a meia-noite 자정

meia 반(f)
a madrugada 새벽
a manhã 오전
a tarde 오후
a noite 밤
em ponto 정각
começar 시작하다
o segundo 초
o minuto 분
a hora 시간
o dia 하루/낮
a semana 주
o mês 달
o ano 년/해
o relógio 시계

Exercícios

1. 다음 문장을 해석하고 대답해보세요.

1) Onde você trabalha? ____________________

2) Como está o tempo? ____________________

3) Quem é seu professor? ____________________

4) Quantos segundos tem um minuto? ____________________

5) Quantas pessoas tem na sala de aula? ____________________

6) Por que ele estuda português? ____________________

7) Qual é o seu nome? ____________________

8) Qual é o seu nome completo? ____________________

9) De onde você é? ____________________

10) Qual é o número do seu celular? ____________________

2. 다음을 읽고 연습해보세요. – 직업, 전화, 시간

1) A: Qual é a sua profissão? B: Eu sou estudante.

A: O que você faz? B: Eu sou jornalista.

2) A: Onde você mora?
B: Eu moro no Bom Retiro.

3) A: Qual é o seu telefone? B: É 1234–5678.

4) A: Qual é o seu e-mail?
B: Meu e-mail é olinda@hanmail.net.

5) A: Alô? De onde fala? B: (É) 2345–6709.
A: Queria falar com a Ana, por favor. B: É ela mesma.
A: Quem está falando? B: Paulo.

A: Quem queria falar com a Luci? B: Aqui é Soomin.
A: Um momento, por favor. B: Obrigado. Aguardo.

A: O Paulinho está?
B: Ele não está no momento.
A: Então, vou ligar mais tarde. Obrigada.

6) A: Que horas são?
B: São quatro e quinze. / Uma da tarde.

A: Que horas são? B: São dez para a uma.
A: Já? Estou atrasado(a)!

3. 다음을 작문하세요.

1) 수업이 몇 시에 시작합니까? ______________________

2) 12시(정오)에 시작합니다. ______________________

3) 오후 1시 47분입니다. ______________________

4) 우리는 3층에 있습니다. ______________________

5) 넌 몇 살이니? ______________________

4. 다음을 읽고 해석해보세요.

Meu tipo ideal

– Eu queria conhecer um homem de 25 anos, alto, bonito, magro, simpático, intelectual, de cabelo preto e liso e com os olhos castanhos.
– Eu gostaria de conhecer uma moça de 20 anos, alta, simpática, forte, tipo esportista, de olhos grandes e voz suave.

✤ 대통령 룰라

1945년 10월 브라질 북동부 오지에서 극도로 가난한 집안의 8남매 중 일곱째로 태어난 룰라 대통령의 정식 이름은 루이스 이나씨우 룰라 다 씨우바(Luiz Inácio Lula da Silva)입니다. 그는 상파울루로 이주하여 파벨라(favela, 빈민촌)에서 성장했습니다. 그는 자동차부품 생산공장에서 왼쪽 새끼손가락을 잃었으며, 병원에서 치료 한번 제대로 받지 못해 만삭의 아내와 뱃속의 아들을 잃는 아픔을 겪어야 했습니다. 그 누구보다 배고픔과 사회적 불평등을 뼈저리게 체험하고 2003년 대통령직에 오른 룰라는 재임 기간 8년간 '배고픔이 없는 나라'를 만들기 위해 최대 역점 사업으로 '포미 제루(Fome Zero, 배고픔 제로)'라는 빈곤퇴치사업을 추진했죠. 그의 이러한 노력은 2023년 중임으로 대통령직에 재취임한 이후 지금까지도 계속되고 있습니다.
룰라의 가장 큰 특징은 카리스마! 쉬운 말로 대중의 마음을 쉽게 움직이는 데다, 이들을 이끌 때의 대화 능력과 힘은 그가 노조 지도자였을 때부터 정평이 나있었죠. 그의 소박하고 인간적인 면모는 대중과의 친화력 상승과 인기로 이어졌습니다. 이념보다는 현실을 중요시하고, 폭력적인 방법은 반대하였으며, 언행이 일치하고 의리 있는 친구 같은 인물이었습니다. 그는 또한 선거운동 중에도 주말이면 가족과 함께 보낼 정도로 가정적이었습니다.

✤ 브라질을 대표하는 여성

21세기에 접어든 이래 오늘날 브라질을 대표하는 여성 2인을 꼽으라고 한다면, 먼저 브라질 역사상 최초, 세계에서는 11번째 여대통령인 지우마 호우세피(Dilma Rousseff)를 꼽을 수 있습니다. 불가리아 이민자의 후손으로 1970년대 게릴라 활동을 한 전력이 있는 여장부예요. 그다음으로는 세계적인 모델 지젤 번천(Gisele Bündchen)을 들 수 있습니다. 브라질 남부 출신으로 1999년 보그의 표지모델로 등장한 이후, 패션모델로서뿐만 아니라 사업가로서도 크게 성공했죠. 2008년 5월 미국의 경제 전문지 『포브스』에 따르면, 당시 세계에서 수입이 가장 많은 모델이었습니다.

Lição 4

뽀르 파보르!

다른 사람이 부탁을 해오면 적극 도와주는 브라질 사람들! 마치 순박하고 친절한 우리나라 시골사람 인심을 닮았습니다. 그래서 브라질에서는 포르투갈어를 잘 알지 못해도, '뽀르 파보르'(por favor, 영어의 please)만 알면 큰 걱정은 접어도 됩니다. 언제 어디서나 '뽀르 파보르'란 말과 함께 적절한 몸동작만 보여주면 음식 주문은 물론, 길도 물을 수 있으니까요.

브라질 사람들의 문화

브라질 사람들은 아름다움에 대한 욕구가 매우 강해 성형수술, 치아교정 등을 많이 합니다. 하지만 다른 사람의 옷차림이나 신체에 대해 관심을 두거나 언급하는 것은 즐기지 않습니다.

자신의 감정 표현에 솔직한 브라질에서는 어딜 가나 곳곳에서 주변 사람들의 시선에 아랑곳하지 않고 진한 키스를 나누는 커플들을 많이 볼 수 있습니다. 남녀 할 것 없이 닭살스런 애정표현이 많은 그들은 혼전 동거도 많은 편인데, 프러포즈에 있어서는 지나칠 정도로 신중합니다.

과감한 패션을 즐기는 사람들도 꽤 있습니다. 특히 목 부분이 깊게 파인 옷을 입은 여성이 많습니다. 뭐니 뭐니 해도 그들의 과감함을 단적으로 보여주는 예는 삼바 의상이라고 할 수 있겠죠?

해변 의상도 빠뜨릴 수 없는데, 아슬아슬한 '치실'이란 별칭의 피우 덴따우(fio dental)는 브라질의 상징! 원피스형 수영복도 마찬가지여서 다른 나라의 수영복보다 노출 정도가 더 심해요. 브라질 사람들도 어딜 가나 브라질 비키니는 금방 알아볼 수 있다고 농담 삼아 말할 정도니 말입니다.

1. 직설법 현재 (Presente do indicativo)

1) 규칙동사

- 동사는 주어의 인칭과 수, 시제에 따라 활용되는데 보편적인 규칙에 따라 어미가 변하는 동사는 규칙동사, 그렇지 않은 동사는 불규칙동사입니다.
- 앞서 배웠던 ser와 estar는 불규칙동사이고 다음의 동사들은 규칙동사입니다.

-ar 제 1규칙동사: -o, -a, -amos, -am

-er 제 2규칙동사: -o, -e, -emos, -em

-ir 제 3규칙동사: -o, -e, -imos, -em

주어	Falar	Comer	Partir
eu	fal*o*	com*o*	part*o*
você / o senhor / a senhora ele / ela / a gente	fal*a*	com*e*	part*e*
nós	fal*amos*	com*emos*	part*imos*
vocês / os senhores as senhoras / eles / elas	fal*am*	com*em*	part*em*

Nós falamos muito da cultura brasileira.

Eu como de tudo.

Lula parte para o Oriente Médio este sábado.

Eu moro em Seul.

Você entende tudo?

Maria abre a janela da sala de aula, todas as manhãs.

2) 불규칙동사 (1)

ir	ter	ver	vir	dar
vou	*tenho*	*vejo*	*venho*	*dou*
vai	*tem*	*vê*	*vem*	*dá*
vamos	*temos*	*vemos*	*vimos*	*damos*
vão	*têm*	*veem*	*vêm*	*dão*

Eu vou ao cinema.
A gente tem uma pergunta.
Ele vê tudo com atenção.
Ele vem à academia todos os dias.
Eu dou um exemplo agora.

3) 직설법 현재 용법

• 말하는 순간에 발생하는 사실이나 행동

Eu não tenho tempo para conversar com você hoje.
Quanto devo pagar?

• 불변의 진리나 습관

Eles gostam de praia.
Eu vejo diferença entre as cidades de Seul e São Paulo.
Os pais dão apoio aos filhos.
Por que o girassol gira conforme o Sol?
A Terra é redonda.
As crianças aprendem tudo rápido.

• 현재의 어떤 상태나 위치

Você está perto da estação de metrô?
Minha namorada está muito feliz.
O Aeroporto Internacional de Incheon é moderno.

O restaurante brasileiro está aberto.

Eu tenho muita sorte.

4) 불규칙동사 (2)

• 1인칭 단수만 불규칙인 동사

sentir	dormir	saber	perder	poder
sinto	*durmo*	*sei*	*perco*	*posso*
sente	dorme	sabe	perde	pode
sentimos	dormimos	sabemos	perdemos	podemos
sentem	dormem	sabem	perdem	podem

Sinto saudade de você.

Os peixes sentem sede?

Eu durmo 8 horas por dia.

Quem dorme pouco engorda mais.

Sei lá!

Não sei cozinhar feijão.

Eu perco a hora quando estou na frente do computador.

Por que tem gente que perde dinheiro na Bolsa?

Eu sempre ganho. Você sempre perde!

Os amigos brasileiros podem vir amanhã aqui.

5) 불규칙동사 (3)

• 1인칭 단수, 3인칭 단수, 3인칭 복수가 불규칙인 동사

querer	fazer	subir
quero	*faço*	subo
quer	*faz*	*sobe*
queremos	fazemos	subimos
querem	fazem	*sobem*

Você quer um suco de laranja?

Eu faço este trabalho porque quero.

Isso faz sentido.

Às vezes eu subo a montanha perto da minha casa.

O custo de vida sobe sempre em Seul.

2. 유용한 동사구

• 조동사 현재형 + 동사원형

Ir + 동사원형	~할 예정이다, ~하러 갈 것이다
Ter que / de + 동사원형	~해야만 한다
Querer + 동사원형	~하기를 원한다
Poder + 동사원형	~할 수 있다

Vou tomar café da manhã.

Vamos almoçar?

Vamos ter uma pausa?

Tenho que escrever um e-mail para meu professor.

O senhor tem que ir agora?

A senhora quer tomar um café?

A gente quer ver um filme no fim de semana.

Posso fumar aqui?

Podemos terminar a aula mais cedo?

Pode abrir a janela, por favor?

Vocabulário

falar 말하다
comer 먹다
partir 떠나다
a cultura 문화
o Oriente Médio 중동
este 이(것)
o sábado 토요일
morar 살다/거주하다
entender 이해하다
abrir 열다
a janela 창문
todas as manhãs 매일 오전
ir 가다
ter 가지다
ver 보다
vir 오다
dar 주다
a pergunta 질문
a academia 신체단련장
todos os dias 매일
o exemplo 예/보기
agora 지금
o tempo 시간
conversar 대화를 나누다
hoje 오늘
quanto 얼마나 많은(m)
dever ~해야만 하다
pagar 지불하다
gostar de ~을 좋아하다
a praia 해변
a diferença 차이

entre 사이에
a cidade 도시
dar 주다
o apoio 지지/지원
o girassol 해바라기
girar 돌다
conforme ~에 따라
o Sol 태양
a Terra 지구
redonda 둥근(f)
a criança 어린이(m, f)
aprender 배우다
tudo 모든 것
rápido 빨리/빠른(m)
perto de ~로부터 가까이
a estação de metrô 전철역
a namorada 여자친구
o aeroporto 공항
internacional 국제의
moderno 현대적인(m)
aberto 열린/영업 중인(m)
sentir 느끼다
dormir 자다
saber 알다
perder 잃어버리다
poder 할 수 있다
a saudade 그리움
o peixe 물고기/생선
pouco (부정의 의미) 조금(m)
engordar 살이 찌다
lá 저기/강조사

cozinhar 요리하다
na frente de ~의 앞에
o computador 컴퓨터
o dinheiro 돈
a Bolsa 증권시장
ganhar 벌다/얻다
aqui 여기
querer 원하다
fazer 하다/만들다
subir 올라가다
o suco 주스
a laranja 오렌지
porque 왜냐하면
o sentido 의미
às vezes 가끔은
a montanha 산
a casa 집
o custo 비용
a vida 생활/삶/생명
tomar 마시다
o café da manhã 아침식사
almoçar 점심을 먹다
a pausa 멈춤/휴지
escrever 쓰다
o e-mail 이메일
para ~에게
o café 커피
o filme 영화
fumar 담배를 피우다
terminar 끝나다/끝내다
cedo 일찍

Exercícios

1. 다음 문장에 알맞은 동사의 형태를 채워 넣고 해석하세요.

1) O que você ______________ de fazer quando tem tempo livre? (gostar)

2) Paulo ______________ muito Luciana. (amar)

3) Eu ______________ português na aula. (falar)

4) A gente ______________ churrasco brasileiro. (comer)

5) Ela sempre ______________ : Tudo vai ficar bem. (repetir)

6) Quando você ______________ aniversário? (fazer)

7) Como a gente ______________ inglês mais rápido? (aprender)

8) Os brasileiros ______________ futebol muito bem. (jogar)

9) Minha mãe ______________ a loja muito cedo. (abrir)

10) Eu ______________ o apartamento com meu amigo. (dividir)

2. 다음을 읽고 연습해보세요. – 취미, 약속, 시간, 가까운 미래, 호텔

1) A: Qual é o seu passatempo? B: Gosto de música.
A: O que você gosta de fazer quando tem tempo livre?
B: Eu gosto de navegar na Internet. / Eu gosto de ver filmes.

2) A: Quem é o seu jogador favorito? B: É Ji Sung Park.

3) A: O que você vai fazer agora? B: Eu vou nadar. E você?
A: Eu vou jogar futebol. B: Com quem?
A: Com meus amigos.

4) A: Você tem tempo livre? B: Tenho, sim.
A: Vamos ver um filme? B: Vamos. A que horas?
A: Às 4. B: Tá bem.

5) A: Vamos dançar hoje à noite? B: Que pena, não posso.
A: Tem compromisso?
B: Tenho. Mas amanhã estou livre.

6) A: Você vai viajar amanhã?
B: Vou. Volto na próxima semana.
A: Você vai escrever um e–mail para mim?
B: Claro.

7) A: Como vai ser o tempo amanhã?
B: Acho que vai fazer sol. / Vai chover.

8) A: Tem um quarto livre?
B: Desculpe. Está tudo lotado.
A: Quanto é a diária? B: É 150 reais por dia.

3. Gostar 동사는 목적어를 이끌 때 전치사 de를 동반합니다. 다음 질문에 대답해 보세요.

A: Você gosta de ver filmes?
B: Sim, gosto./ Não, não gosto.

1) A: Vocês gostam de ver filmes? B: ____________________

2) A: Ela gosta de música coreana? B: ____________________

3) A: Você gosta de viajar? B: ____________________

4) A: Eles gostam de navegar na Internet? B: ____________________

5) A: A senhora Olívia gosta de você? B: ____________________

6) A: Ronaldo gosta de futebol? B: ____________________

7) A: Você gosta de jogar tênis? B: ____________________

8) A: Vanderlei gosta de maratona? B: ____________________

9) A: Michael Jordan gosta de basquete? B: ____________________

10) A: Chan Ho Park gosta de beisebol? B: ____________________

4. 다음을 읽고 해석해보세요.

Primeiro, eu vou falar sobre meus hobbies.
Depois de acabar o trabalho, às vezes janto fora com meus colegas de trabalho. Eu gosto de ir a restaurantes bons e famosos com eles. Comer comida boa com pessoas legais é meu primeiro hobby.
Eu geralmente faço exercício uma hora por dia. Este é o meu segundo hobby.

✤ 축구

세계인이 인정하는 브라질의 국민 스포츠 축구!

브라질은 1930년 제1회 우루과이 월드컵에서부터 현재에 이르기까지 유일하게 전 대회 출전이라는 신화를 거듭하며 최다 5회 월드컵 우승을 기록한 바 있습니다. 2014년 월드컵과 2016년 남미 최초 올림픽 유치라는 쾌거까지 이룬 브라질! 그들은 유니폼이나 축구화가 없어도, 길목이나 공터에서 둥그런 것만 있으면 공으로 삼아 동네축구(pelada)를 벌입니다. 서로 다른 팀을 응원하는 사람들이 결혼을 통해 한 가족을 이루게 되면, 각자 자기 팀을 따로 응원한다고 합니다. 브라질 여성들도 전문가 수준의 지식을 가지고 열띤 토론을 하는 경우가 많아요. 이처럼 유난히 좋아하는 것에는 다소 민감할 수도 있겠죠? 술 한잔했을 때는 가급적 축구나 정치 그리고 종교에 대해서는 길게 얘기하지 않는 게 좋습니다.

✤ 브라질 축구선수 유니폼

브라질 축구선수 유니폼의 등 쪽에는 선수의 성은 빼고 이름만 새겨져 있습니다. 브라질 사람들은 서로의 '이름'을 즐겨 부르기 때문인데, 이따금씩 자타가 인정하는 별명을 새기기도 하고, 이름보다 성으로 더 잘 알려져 있는 경우는 성을 새기기도 해요. 펠레로 더 잘 알려진 축구의 황제 에지쏭 아랑찌스 두 나씨멩뚜(Edson Arantes do Nascimento)의 유니폼에는 '뻴레(Pelé)'라고 새겨져 있는데, 브라질 선수들의 이름이 같거나 너무 길어서 다 새길 수 없는 이유도 있지만, 무엇보다도 팬들에게 친숙한 느낌을 주기 때문에 그렇습니다.

Lição 5

리우데자네이루

국제적으로 유명한 관광 도시 리우데자네이루(Rio de Janeiro). 삼바와 카니발로 유명한 리우는 브라질 남동부의 대서양 연안에 위치한 도시로 일찍이 내륙 지방에서 발견된 금 등의 수송기지로서 발전했습니다. 꼬빠까바나(Copacabana), 이빠네마(Ipanema), 레블롱(Leblon) 등 세계적으로 유명한 해변, 케이블카를 타고 오르는 빠웅 지 아쑤까르(Pão de Açúcar), 꼬르꼬바두(Corcovado) 산 정상에 있는 예수상(Cristo Redentor)으로도 유명하죠. 리우의 상징이자 브라질의 상징이기도 한 이 예수상은 높이 38미터, 양팔의 길이 28미터에 무게는 1,145톤이나 되는데 1822년 포르투갈에서 독립한 브라질이 100주년을 기념하여 세운 것입니다.

리우의 명물 중 하나는 마라까낭(Maracanã) 축구장! 상암 월드컵운동장의 두 배 정도에 달하는 이 운동장은 1950년에 건설된 건물로 본래 12만 2천 석이 넘었지만 개보수를 하여 10만 석 남짓으로 좌석이 줄었습니다.

앙그라 두스 헤이스

리우데자네이루주에 있는 천혜의 명소 앙그라 두스 헤이스(Angra dos Reis). 상파울루에서는 396킬로미터, 리우에서는 157킬로미터 떨어진 이 도시는 1502년에 발견된 역사도시로 브라질에서 가장 오래된 도시 중 하나입니다. 문화행사도 다양하고 환경도 아주 잘 보존되어 있는 곳이죠. 365개의 섬과 2천 개나 되는 해변을 가진 이 명소는 매년 관광객들의 발길이 끊이지 않습니다. 브라질이 배출한 F1 경기의 전설 아이르똥 쎄나(Ayrton Senna)의 별장도 여기에 있었다고 합니다.

• 소유사는 문장 속의 기능에 따라 형용사 또는 대명사의 역할을 하며, 명사와 함께 쓰이면 형용사, 명사가 없이 관사와 쓰이면 대명사입니다.
• 지시사도 마찬가지로 명사의 존재 여부에 따라 형용사 또는 대명사입니다.

1. 소유형용사 · 소유대명사

• 소유형용사를 쓸 때, 수식하는 명사의 성과 수에 따라 형태를 선택합니다.

주격 인칭대명사	남성명사를 수식할 때		여성명사를 수식할 때	
	단수	복수	단수	복수
eu	meu	meus	minha	minhas
você o senhor a senhora	seu	seus	sua	suas
ele / ela	(남성명사 단수) + de + 주격 인칭대명사	(남성명사 복수) + de + 주격 인칭대명사	(여성명사 단수) + de + 주격 인칭대명사	(여성명사 복수) + de + 주격 인칭대명사
nós (a gente*)	nosso	nossos	nossa	nossas
vocês os senhores as senhoras	seu	seus	sua	suas
eles / elas	(남성명사 단수) + de + 주격 인칭대명사	(남성명사 복수) + de + 주격 인칭대명사	(여성명사 단수) + de + 주격 인칭대명사	(여성명사 복수) + de + 주격 인칭대명사

meu livro interessante
minha caneta preta
suas amigas bonitas
o marido dela
o genro da Dona Paula
nossa aula de português
nossos amigos brasileiros
Essa é sua foto, a minha é esta.

Vou vender os meus livros, não os seus.

Este carro é deles. O nosso está lá.

✐ a gente의 경우 소유관계는 'nosso와 그 변형 형태'를 사용하기도 합니다.
a viagem da gente = nossa viagem

✐ de + ele(s) ⇒ dele(s), de + ela(s) ⇒ dela(s)

• **심화학습 차원의 총정리!**

⊙ o senhor, a senhora, os senhores, as senhoras + 고유명사 ➡ '~씨'

➡ 영어의 'Mr. 고유명사', 'Ms. 고유명사'에 해당합니다.

➡ 표현 「de + o senhor / a senhora / os senhores / as senhoras + 고유명사」

a empresa dos senhores Kim e Park

⊙ seu, seus, sua, suas ➡ 문법상 3인칭 소유사

➡ 대화상의 2인칭이나 문법적으로 3인칭인 você나 senhor(a)에 관련되기도 합니다.

➡ 3인칭 주어 ele, ela, o senhor(+ 고유명사), a senhora(+ 고유명사), eles, elas, os senhores(+ 고유명사), as senhoras(+ 고유명사)의 소유사이기도 하지만, 주어진 상황이나 문맥 속에서 해당 인칭 파악이 가능합니다.

➡ de você(s) / do(s) senhor(es) / da(s) senhora(s) 표현도 쓰입니다.

o seu filho: o filho de você(s) / o filho deles / o filho do senhor Kim

✐ a senhorita는 '아가씨'를 부를 때 쓰는 호칭이나, 실제로는 흔히 들을 수 없으며 몇몇 상황에서만 사용합니다.

2. 지시형용사 · 지시대명사

• 지시사는 형용사적 또는 대명사적 기능을 가집니다.

• 수식하는 명사의 성과 수에 따른 변화형과 불변형이 있습니다.

남성단수	남성복수	여성단수	여성복수	불변형대명사	장소 관련 부사
este(esse)	estes(esses)	esta(essa)	estas(essas)	isto(isso)	aqui
esse	esses	essa	essas	isso	aí
aquele	aqueles	aquela	aquelas	aquilo	ali, lá

Este livro aqui é meu.

Isto é um livro.

Aquele livro lá é meu.

Esse livro aí é meu.

O seu livro é aquele ali, não este.

1) esse, essa, esses, essas, isso는 구어에서 este, esta, estes, estas, isto 대신에 사용되기도 합니다.

Este livro aqui é muito importante.

(= Esse livro aqui é muito importante.)

2) isso(그것, 이것)는 앞선 어떤 사실을 표현합니다.

Isso é verdade.

Isso é mentira?

Isso é certo?

Isso é possível?

Isso é difícil.

Isso é permitido?

Isso é proibido.

3) 전치사 de, em, a와 지시대명사의 결합 형태

전치사	남성	여성	불변형
de	deste(s)	desta(s)	disto
	desse(s)	dessa(s)	disso
	daquele(s)	daquela(s)	daquilo
em	neste(s)	nesta(s)	nisto
	nesse(s)	nessa(s)	nisso
	naquele(s)	naquela(s)	naquilo
a	àquele(s)	àquela(s)	àquilo

Você precisa deste livro?

Moro nessa rua.

Adriana mora naquela esquina?

Mário não gosta disto?

Eu ainda não posso falar nisso.

Os amigos de José e Maria querem ir àquele museu lá.

3. 요일 (Dias da semana)

a segunda-feira	a terça-feira	a quarta-feira
a quinta-feira	a sexta-feira	o sábado
o domingo		

✐ 구어에서는 흔히 -feira를 빼고 월요일을 a segunda라고 말하며, 문어에서는 a segunda-f.로 줄여 표현하기도 합니다.

A: Que dia (da semana) é hoje? B: (Hoje é) Segunda-feira.

A: Que dia (da semana) é amanhã? B: Amanhã é terça(-feira).

A: Que dia (da semana) foi ontem? B: Foi domingo.

4. 월 (Meses do ano)

janeiro	fevereiro	março
abril	maio	junho
julho	agosto	setembro
outubro	novembro	dezembro

✐ 월명 앞에는 관사를 붙이지 않습니다.

A: Em que mês estamos?

B: Estamos em abril. / Já estamos em outubro.

A: Que dia do mês é hoje? (= Qual é a data de hoje? Que dia é hoje?)

B: É vinte e oito de novembro.

5. 계절 (Estações do ano)

a primavera	o verão
o outono	o inverno

A: Em que estação estamos?

B: Estamos no verão.

A: De que estação você mais gosta?

B: Gosto mais do outono.

Vocabulário

o livro 책
interessante 흥미로운
a caneta (볼)펜
preta 검은색의(f)
o marido 남편
o genro 사위
a aula de português 포르투갈어 수업
vender 팔다
o carro (자동)차
a viagem 여행
a empresa 회사
aqui 여기
aí 거기
ali 저기
lá 저기(ali보다 먼 거리)
isso 그것/이것
muito 매우
importante 중요한
a verdade 진실

a mentira 거짓말
certo 확실한(m)
possível 가능한
permitido 허락된/허용된(m)
proibido 금지된(m)
precisar de ~을 필요로 하다
a rua 길/거리
a esquina 모퉁이
ainda 아직
o museu 박물관
os dias da semana 요일
a segunda-feira 월요일
a terça-feira 화요일
a quarta-feira 수요일
a quinta-feira 목요일
a sexta-feira 금요일
o sábado 토요일
o domingo 일요일
ontem 어제
os meses do ano 월(명)

janeiro 1월
fevereiro 2월
março 3월
abril 4월
maio 5월
junho 6월
julho 7월
agosto 8월
setembro 9월
outubro 10월
novembro 11월
dezembro 12월
a data 날짜
as estações do ano 계절
a primavera 봄
o verão 여름
o outono 가을
o inverno 겨울

Exercícios

1. 다음 문장을 해석해보세요.

1) O que é isso?
2) Quando você vai fazer este trabalho?
3) Qual é a sua cidade natal?
4) Quais são os nossos DVDs?
5) Aquele aluno bonito e alegre é seu aluno?
6) Em que dias você tem aula de português?
7) Eu gosto de você. E penso muito em você.
8) Em que mês você faz aniversário?
9) O meu pai vai me dar um presente especial.
10) O menino gosta muito deste jogo.

2. 다음을 읽고 연습해보세요. – 여가, 여행, 소개

1) A: Vamos passear no Parque Ibirapuera?
B: Em que dia (da semana)?
A: Pode ser amanhã?
B: Que tal no sábado?
A: Ótimo.
B: Onde vamos nos encontrar?
A: Que tal em frente do portão principal da universidade?
B: Tá bem.

2) A: Com licença. Onde fica o Maracanã?
B: Fica perto daqui. Fica perto da estação de metrô Maracanã.
A: Como posso chegar até lá?
B: Pode pegar a linha 2.

3) A: Uma informação, por favor. Como posso chegar até o cinema Bristol?
B: De ônibus.
A: Obrigado.

4) A: A que horas é a próxima sessão?
B: Às 3 (horas).
A: Dois ingressos, por favor.

5) A: Gostaria de reservar um voo para São Paulo.
B: Tem um voo às 21 horas pela KAL.
A: Tudo bem.
B: Quantas pessoas?
A: Duas.

6) A: Onde é o balcão da Tam? B: É ali.
C: Poderia me mostrar o seu cartão de embarque?
A: Aqui está. Qual é o número do portão? C: Portão 15. Boa viagem.

7) A: Lim, este é meu namorado João.
B: Muito prazer, João. Quanto tempo faz que está na Coreia?
C: Vai fazer um mês amanhã.

8) A: Vocês ainda não se conhecem? B,C: Não.
A: Pedro, esta é minha amiga Gisele. Gisele, este é meu colega de trabalho Pedro.
B, C: Muito prazer. / O prazer é meu. / O prazer é todo meu.

3. 월명을 포르투갈어로 써보세요.

__________ __________ __________
__________ __________ __________
__________ __________ __________
__________ __________ __________

4. 다음을 읽고 해석해보세요.

Meu dia a dia

Durante a semana eu acordo às 6 horas.
Saio de casa sempre às 6 e meia. Chego na minha empresa, tomo o café da manhã e depois vou para o meu escritório.
Meu trabalho começa às 8 horas da manhã e termina às 5 da tarde. Eu trabalho no departamento de compras, por isso tenho muitas reuniões de manhã. O horário de almoço é do meio-dia até a uma da tarde. Começo a trabalhar de novo à uma. Às vezes tenho encontros com clientes à tarde, especialmente nas terças e quintas.
Oficialmente eu trabalho até as 5, mas quase sempre tenho horas extras. Assim, de noite, quase sempre janto fora. Acho que o dia é muito curto.

✤ 한국 기업의 브라질 진출

상파울루의 과룰유스 국제공항(Aeroporto Internacional de Guarulhos)에 내리면 티켓팅 데스크 위로 삼성과 LG사의 TV 스크린들이 눈에 확 들어옵니다. 한국인인 게 자랑스러워지는 순간이죠. 대형할인점에서도 삼성과 LG의 제품이 입구 가장 가까이에 진열되어 있어 마음이 뿌듯해집니다. 상파울루 시내를 가로지르는 아베니다 빠울리스따(Avenida Paulista) 대로에서도 우리나라 굴지의 회사 광고들을 곳곳에서 찾아볼 수 있습니다.

그리고 KOTRA의 자료에 따르면 2021년 브라질의 對아시아 국가 수출액 기준으로 우리나라는 중국, 싱가포르에 이어 3위를 차지하고 있으며 아시아 국가들의 對브라질 수출액을 기준으로 보면, 중국, 인도, 일본에 이어 4위를 차지하고 있습니다. 한편 아시아 국가들의 對브라질 직접투자액의 경우 2021년 싱가포르가 8억 2,100만 불로 1위를 차지했으며 이어 우리나라가 5억 8,800만 불로 2위를 차지하였습니다. 아울러 KOTRA의 자료에 의하면 2023년 현재 브라질에서 법인체를 세워 활동 중인 우리나라 기업은 금융 분야의 경우 한국수출입은행, 한국무역보험공사, 한국산업은행, KEB하나은행, 우리은행, 미래에셋이 있으며 제조업 분야의 경우 삼성전자, LG전자, LG화학, 현대자동차, 현대모비스, POSCO와 CJ바이오, 효성, 한국타이어, 금호타이어, 넥센타이어, 셀트리온 등이 있습니다.

✤ 브라질 내 한국 문화

전 세계적으로 한류의 주역이 되고 있는 K-POP(한국 대중가요)은 브라질에서도 인기 급증! 젊은이들 사이에서 정기적으로 모임을 가지며 자신이 좋아하는 한국 가수에 관해 이야기를 나누고 춤과 한국어 가사를 익히는 분위기가 확산되고 있습니다.

2011년 8월 5일 브라질에서는 브라질 한인 부모들의 모임 '청소년을 사랑하는 모임(청사모)'의 주최로 제9회 꿈의 콘서트이자, 제1회 브라질 K-POP 콘테스트가 열린 데 이어 2023년 7월에는 제12회 K-Pop Festival이 열렸는데, 브라질 청소년들의 반응이 매우 뜨거웠습니다. 동양인을 볼 때마다 "일본 사람이세요?"라는 질문만 할 줄 알던 브라질 사람들이 이제는 "한국 사람이세요?"라고 묻는 계기가 되고 있습니다. 특히, K-POP 붐과 더불어 한류에 대한 현지의 관심이 가히 폭발적이라 할 수 있는데요. 2023년 개원 10주년을 맞이한 주브라질 한국문화원의 웹사이트(https://brazil.korean-culture.org/ko)에 접속해보면 K-뷰티부터 한국어 강좌와 한국무용 강좌, 한국 현대무용 공연, 한식 페스티벌, '나의 한국 여행기 사진, 영상 포스터 공모전', '디아스포라 영화제', 한국어능력시험(TOPIK) 등 다양한 교육, 문화행사들이 열리며 한국의 위상을 드높이고 있음을 알 수 있습니다.

Lição 6

꾸리찌바

국제사회가 인정한 꿈과 희망의 생태도시 꾸리찌바(Curitiba)! 꾸리찌바는 우리에게도 잘 알려져 있는, 브라질 남부 빠라나(Paraná)주의 주도로서, 넓은 녹지면적과 버스 전용도로, 장애인이 아무런 불편 없이 승하차할 수 있게 한 버스 승강대와 높이가 같은 플랫폼, 원통형 정류장 등 효율성 높은 통합대중교통 시스템으로 유명합니다. 도로의 포장이나 도로 폭, 조명, 안전시설 등 세심한 사항까지 고려한 100킬로미터가 넘는 자전거 도로망도 이곳에 있으며, 브라질 최초 보행자 전용도로 '꽃의 거리'도 이 도시에 있습니다. 꾸리찌바는 이처럼 사람을 우선시하는 교통정책과 도시설계로 잘 알려졌으며, 현재 세계 최고의 교통체계를 갖추고 있다는 평가를 받고 있죠. 2004년 서울시가 도입한 버스 전용 차선이나 굴절버스 등 새로운 버스교통체계는 바로 꾸리찌바에서 빌려온 아이디어였습니다.

그 외에도 꾸리찌바는 생활쓰레기를 먹을 수 있는 음식으로 바꿔주는 혁신적인 재활용 복지정책으로도 유명합니다. 볼거리로는 꾸리찌바의 관광엽서에 가장 많이 등장하는 식물원(Jardim botânico)이 있는데, 런던의 수정궁에서 영감을 얻어 1991년 생겨난 공원으로 프랑스 스타일의 정원과 유리 온실이 유명합니다. 사람의 눈 형상을 본뜬 오스까르 니에마이어 박물관도 있습니다.

- 명사와 형용사는 성과 수에 따라 형태가 변합니다.
- 명사와 형용사의 복수형은 규칙이 동일합니다.

1. 명사와 형용사의 복수형

1) 복수형 만들기

- 모음으로 끝나는 단어에는 -s를 첨가
- -m으로 끝나는 단어는 -m을 제하고 -ns를 첨가
- -r, -s, -z로 끝나는 단어에는 -es를 첨가
- 마지막 음절이 강세가 없이 -s로 끝나는 단어는 단수와 복수가 동형

	명사		형용사	
	단수	복수	단수	복수
-모음	o livro	os livros	caro	caros
	a maçã	as maçãs	barata	baratas
-m	o jardim	os jardins	jovem	jovens
-r, -s, -z	o pintor	os pintores	particular	particulares
	o mês	os meses	cortês	corteses
	a voz	as vozes	feliz	felizes
* -s (마지막 음절에 강세가 없을 때)	o ônibus o lápis	os ônibus os lápis	simples	simples

- -ão으로 끝나는 단어: -ão ➡ -ões / -ães / -ãos

	명사		형용사	
	단수	복수	단수	복수
-ões	a canção	as canções	brincalhão	brincalhões
-ães	o pão	os pães	alemão	alemães
-ãos	o cidadão	os cidadãos	vão	vãos

• -al, -el, -il, -ol, -ul로 끝나는 단어: -l ➡ -is

단수	복수	명사		형용사	
		단수	복수	단수	복수
-al	-ais	jornal	jornais	oval	ovais
-el	-éis	papel	papéis	fiel	fiéis
	-eis	móvel	móveis	amável	amáveis
-il	-eis	fóssil	fósseis	fácil	fáceis
	-is	barril	barris	gentil	gentis
-ol	-óis	farol	faróis	espanhol	espanhóis
	-ois	lençol	lençois	-	-
-ul	-uis	azul	azuis	azul	azuis

✐ 예외: gol ➡ gols

2) 단수 또는 복수형으로만 쓰이는 명사

단수	복수
o leite, a preguiça, a fé o socialismo, o dinheiro	os óculos, os pêsames os parabéns, as férias

✐ 단, 추상명사도 보통명사로 바꾸면 복수형으로 쓸 수 있습니다: dois leites

3) 단수와 복수가 각각 그 의미가 다른 명사

o pai (아버지) os pais (부모, 아버지들)

2. 현재진행형 구문 (Presente contínuo do indicativo)

• 「estar의 현재시제 + -ndo 형태의 동사」
• 현재 진행 중인 사실이나 동작을 표현하는 이 동사구의 두 번째 동사는 동사원형에서 -r을 빼고 -ndo를 첨가하여 만듭니다.

falar ➡ fal*ando*

comer ➡ come*ndo*

partir ➡ parti*ndo*

Eu estou escrevendo uma carta.

Você está falando coreano?

Nós estamos partindo de Daejeon para Seul.

Vocês estão estudando português?

3. 직설법 완전과거 (Pretérito perfeito do indicativo)

1) 규칙동사

-ar 제 1규칙동사: -ei, -ou, -amos, -aram

-er 제 2규칙동사: -i, -eu, -emos, -eram

-ir 제 3규칙동사: -i, -iu, -imos, -iram

주어	Falar	Comer	Partir
eu	fal*ei*	com*i*	part*i*
você / o senhor / a senhora ele / ela / a gente	fal*ou*	com*eu*	part*iu*
nós	fal*amos*	com*emos*	part*imos*
vocês / os senhores as senhoras / eles / elas	fal*aram*	com*eram*	part*iram*

Já falei para ele sobre isso.

Eu comi demais.

O ônibus das 9 para Busan já partiu.

2) 불규칙동사 (1)

ir	ser	vir	ver	fazer	ter	estar
fui	*fui*	*vim*	vi	*fiz*	*tive*	*estive*
foi	*foi*	*veio*	*viu*	*fez*	*teve*	*esteve*
fomos	*fomos*	*viemos*	*vimos*	*fizemos*	*tivemos*	*estivemos*
foram	*foram*	*vieram*	*viram*	*fizeram*	*tiveram*	*estiveram*

Eu fui à conferência de ontem.

Ele foi muito tímido quando criança, mas agora não.

O que veio primeiro, o ovo ou a galinha?

Nós vimos você no shopping esta semana.

O que você fez nas férias do verão passado?

Quem teve que pagar por tudo isso?

Você esteve aqui ontem ou eu sonhei?

3) 직설법 완전과거의 용법

• 지난 사실이나 끝난 사실을 표현

Hoje de manhã tive um problema.

No sábado eu bebi muito.

• já, nunca, ainda não 등과 같은 부사(구)와 함께 사용

Eu já estudei a lição.

Pedro já chegou do centro.

Eu nunca visitei os Estados Unidos.

Eles nunca chegaram na aula tão tarde.

Ainda não aprendi bem espanhol.

Você ainda não descobriu onde é o restaurante?

4) 불규칙동사 (2)

dar	saber	querer	poder	trazer	dizer	pôr
dei	*soube*	*quis*	*pude*	*trouxe*	*disse*	*pus*
deu	*soube*	*quis*	*pôde*	*trouxe*	*disse*	*pôs*
demos	*soubemos*	*quisemos*	*pudemos*	*trouxemos*	*dissemos*	*pusemos*
deram	*souberam*	*quiseram*	*puderam*	*trouxeram*	*disseram*	*puseram*

Ontem não pude ir ao cinema.

Eu dei um relógio de pulso de presente para meu filho.

Tudo deu certo?

Como é que vocês souberam do meu curso de português?

O que é que ele quis dizer?

Eu pude chegar a tempo graças a você.

Como você pôde fazer isso comigo!

Você trouxe a carteira?

Meus pais disseram toda a verdade.

Ontem eu pus a mesa de jantar respeitando minha dieta.

Vocabulário

a maçã 사과
o jardim 정원
o pintor 화가
o mês 달/월
a voz 목소리
o ônibus 버스
o lápis 연필
a canção 노래
o pão 빵
o cidadão 시민/주민
vão 빈/헛된(m)
o jornal 신문
o papel 종이
o móvel 가구
o fóssil 화석
o barril 배럴/통
o farol 등대/신호등
o lençol (침대에 까는) 시트
o azul 파란색
oval 타원형의
fiel 충성스러운
amável 상냥한/다정한
gentil 온화한/친절한
espanhol 스페인어/의(m)
o gol 골

o leite 우유
a preguiça 나태함/게으름
a fé 믿음/신앙(심)
o socialismo 사회주의
os óculos 안경
os pêsames 애도
os parabéns 축하
os pais 부모
a carta 편지
sobre ~에 대하여
demais 지나치게
já 이미
a conferência 회의/학회
muito 매우
tímido 소심한(m)
primeiro 먼저
o ovo 달걀
ou 또는
a galinha 암탉
o shopping 쇼핑센터
passado 지난/과거의(m)
por ~에 대해
sonhar 꿈을 꾸다
beber (술을) 마시다
estudar 공부하다

a lição (책의) 과
chegar 도착하다
o centro 중심지/시내
nunca 절대로 ~않다
visitar 방문하다
tão 이렇게/그렇게
bem 잘
descobrir 알아내다
o restaurante 식당
trazer 가져오다
dizer 말하다
pôr 놓다
o pulso 손목
o presente 선물
dar certo 일이 잘되다
o curso de português 포르투갈어 과정
a tempo 시간 맞춰/늦지 않게
graças a ~ 덕분에
a carteira 지갑
pôr a mesa 상을 차리다
respeitar 존중하다/준수하다
a dieta 식이요법

Exercícios

1. 다음 문장을 해석해보세요.

1) Os meninos são bonitos.

2) Os papéis estão sobre o jornal.

3) Esses exercícios foram muito difíceis.

4) Meus irmãos são pequenos.

5) Eles são espanhóis.

6) Os ônibus estão atrasados.

7) Os pais de Márcia são alemães.

8) Os funcionários da universidade são gentis.

9) Eu já lavei minhas mãos.

10) Os móveis antigos são muito caros.

2. 다음을 읽고 연습해보세요. – 지난 일, 현재진행형 구문

1) A: Gostou do filme?
B: Gostei. O filme foi muito interessante.
A: Que filme você viu? B: Megamind.

A: Como foi o jantar de ontem? B: Foi ótimo.

2) A: Como está o tempo?
B: Está fazendo sol. / Está chovendo.

A: Como está o tempo hoje?
B: Está nevando. / Está ventando muito.

3) A: O que fez no fim de semana? B: Nada especial. E você?
A: Eu fui visitar meus pais. B: Que bom!

4) A: O que aconteceu com ele?
B: Ele bateu o carro e se machucou um pouco.
A: Que pena!

5) A: Eu não tive a aula de inglês ontem porque foi cancelada.
B: Eu tive aula o dia inteiro.

6) A: Nós viajamos para o Rio de Janeiro em janeiro no ano passado com os amigos. Nós estivemos no Pão de Açúcar e no Corcovado. Achamos tudo lindo. Quero voltar lá algum dia.
B: Quantos dias viajaram?

7) A: Já pediu o prato?
B: Eu pedi uma feijoada e uma salada mista.

3. 다음 문장에 적당한 동사의 형태를 써넣으세요.

1) (ao telefone) A: Com quem estou __________ (falar)?
B: Aqui é Olinda.

2) (ao telefone) A: A Ana está?
B: Está __________ (atender) o celular.

3) Estou __________ (procurar) um apartamento perto do centro.

4) O senhor Silva está __________ (ler) o jornal.

5) A senhora está __________ (escrever) um artigo para a revista *Veja*?

6) Nós já estamos __________ (tomar) um aperitivo.

7) Os alunos do professor Miguel estão __________ (estudar).

8) A senhora Roberta está __________ (ensinar) português aos alunos coreanos.

9) Com que professor ele está _________ (fazer) o curso de português?

10) (na porta) A: Sou eu. Pode abrir a porta, por favor.
B: Estou _______ (ir).

4. 다음 질문에 포르투갈어로 대답해보세요.

A: Você entendeu tudo?
B: Sim, entendi. / Não, não entendi.

1) A: Você tomou café da manhã hoje? B: ________________________

2) A: Você fez o trabalho de casa? B: ________________________

3) A: Seu amigo já resolveu o problema? B: ________________________

4) A: A seleção coreana ganhou da italiana? B: ________________________

5) A: Eles puderam mandar um e-mail? B: ________________________

6) A: Sua mãe esteve no Brasil? B: ________________________

7) A: Você foi ao cinema ontem? B: ________________________

8) A: Eu fui bem na prova, professor? B: ________________________

5. 다음을 읽고 해석해보세요.

Restaurante Brasileiro

Ontem, eu fui a um restaurante brasileiro com meus amigos.
A gente tomou caipirinha, um coquetel brasileiro, como aperitivo e comeu churrasco. Gostei muito de picanha, contrafilé e alcatra. Depois, fomos ao cinema para ver um filme. Depois do filme, fomos a um bar para tomar cerveja e conversar. É sempre muito bom passar tempo junto com os amigos e comer comida brasileira de vez em quando.

✤ 이구아수 폭포

브라질 관광의 최고 명소는 단연 이구아수 폭포! 이구아수(Iguaçu)는 원주민 인디언 언어로 '거대한 물'이란 뜻입니다. 예전에 미국의 루스벨트 대통령 부인이 이구아수 폭포를 보고는 "아, 불쌍한 나이아가라여!"라고 했다는 말이 전해질 정도로 어마어마한 규모를 자랑합니다. 2005년 우리나라를 방문했을 때 룰라 대통령은 여기에 한술 더 떠, 이구아수 폭포에 비하면 나이아가라 폭포는 샤워기라고 말했다고 합니다. 그럴 만도 한 것이, 이구아수 폭포는 275개의 폭포가 서로 이어져 있어 폭이 총 4킬로미터, 평균 높이가 70미터에 달하기 때문입니다.

자연이 만든 최고의 예술작품! 사방으로 드리워진 무지개와 거대한 양의 물이 한꺼번에, 무섭게 쏟아져 내리는 '악마의 목구멍'의 웅장함은 말로 표현할 수 없을 정도입니다. 폭포 바로 아래까지 직접 들어가 볼 수 있는 스릴 만점의 래프팅 보트 관광은 TV나 사진으로만 보던 것과는 견줄 수 없는 감동을 선사해요. 이구아수 폭포를 여행할 때 꼭 들러야 하는 곳으로, 중국 양쯔강의 샨샤 수력발전소가 완공되기 전만 해도 세계에서 가장 규모가 컸던 이따이뿌(Itaipu) 수력발전소가 있습니다. 이 발전소는 브라질과 파라과이 두 나라의 협력하에 1975년에 착공되었으며, '세계 7대 현대건축물'로 평가받고 있습니다.

Lição 7

과라나

브라질의 남녀노소가 즐기는 대표적인 청량음료 과라나(guaraná)! 아마존 지역에서 나는 관목 과라나의 열매로 만듭니다. 과라나 열매는 커피열매 정도의 크기로 껍질은 붉은색이에요. 그런데 특이한 것은, 열매가 익으면 껍질이 벌어지면서 하얀 과육에 검은 씨앗이 보이는데 마치 사람의 눈을 쏙 빼닮았습니다. 이 열매에 다량 함유된 천연 카페인은 뇌세포의 기능을 활발히 해주고, 기분이 좋아지게 할 뿐만 아니라, 노폐물도 제거해주는 것으로 유명합니다.

아싸이

아싸이(açaí)는 인디오들이 식량 대용으로 먹던 과일로, 주로 아마존 지역에서 많이 나는 일종의 야자나무 열매입니다. 블루베리처럼 생긴 아싸이는 특별한 맛이 없어 아이스크림, 밀크셰이크, 초콜릿, 케이크 등에 곁들여 먹습니다. 북부지방에서는 과육에 설탕, 꿀 등을 넣어 먹기도 해요. 검보라색 껍질에는 항산화 물질인 안토시안이 많아, 노화나 암 예방에 탁월한 효능이 있고, 칼슘, 철분, 비타민 A, 단백질도 풍부하다고 합니다. 현재 참살이 식품이자 다이어트 식품으로 세계인의 사랑을 받고 있는 아싸이는 과다 섭취하더라도 부작용이 없고 카페인이 없는 게 특징! 우리나라에도 아싸이 주스가 수입되고 있답니다.

까이삐링야

브라질 하면 저절로 떠오르는 단어 중 하나, 까이삐링야(caipirinha)! 이것은 감기약으로 마시던 '차'에 알코올을 첨가하여 만든 일종의 칵테일입니다. 해변에서는 파도소리와 레몬즙을 뿌린 석화를 안주 삼아 마시기에 최적이며, 보통 식사 때도 가장 많이 찾는 칵테일이에요. 직접 만들어보고 싶다면, 이렇게 해보세요. 먼저 유리잔을 준비한 후, 레몬 조각과 설탕을 적당히 넣고 방망이로 레몬을 살짝 으깬 다음, 얼음 조각과 삥가(pinga, 브라질의 사탕수수 증류주)를 넣어 저어주면 완성! 삥가 대신 보드카를 넣어도 좋습니다.

- 부사는 형태불변 품사이나 축소형 어미를 붙여쓰기도 합니다.
- 문장의 동사나 형용사 또는 다른 부사를 수식하거나 문장 전체를 수식합니다.

1. 부사 (1)

1) 시간을 나타내는 부사(구)

- 어제, 오늘, 내일,…

Ontem	Hoje	Amanhã
Ontem cedo Ontem de manhã Ontem à tarde Ontem de tarde Ontem à noite Ontem de noite	Hoje cedo Hoje de manhã Hoje à tarde Hoje de tarde Hoje à noite Hoje de noite	Amanhã cedo Amanhã de manhã Amanhã à tarde Amanhã de tarde Amanhã à noite Amanhã de noite
Na semana passada No mês passado No ano passado	Nesta semana Neste mês Neste ano	Na próxima semana No próximo mês No próximo ano

na próxima semana, no próximo mês, no próximo ano
= na semana que vem, no mês que vem, no ano que vem
hoje de manhã, hoje à tarde, hoje à noite
= esta manhã, esta tarde, esta noite

2) 꼭 알아둬야 할 시간 관련 구문

antes de + 명사 또는 동사	depois de + 명사 또는 동사
daqui a pouco	daqui para frente
a partir de	

Antes de sair, eu leio o jornal.

Nós tomamos cafezinho depois de almoçar.

Antes do almoço, eu tomo um aperitivo.

Depois da aula, nós ficamos cansados.
Daqui a pouco, vou ao centro.
Daqui para frente tudo vai ser diferente.
A partir de hoje, começo a fazer regime.

3) 장소를 나타내는 부사

aqui	aí	ali	lá (ali보다 먼 개념)

Eu estou aqui com o meu namorado.
Você está aí sozinha. Eu estou aqui sozinho. Por que a gente não se encontra?
O aniversariante está ali cercado de amigos.
Então como é que a gente chega lá?

✐ lá 외의 장소부사는 de와 결합하여 daqui, daí, dali가 됩니다.

4) -mente형 부사

- 일반 부사 외에도 -mente형 부사가 있습니다.
- -o로 끝나는 형용사는 -o 대신 -a를 첨가하여 여성형으로 만든 다음 -mente를 붙이고, 자음으로 끝나는 형용사는 그대로 -mente를 붙여줍니다. 단, 악센트는 사라집니다.

형용사	부사
antigo, último, imediato, fácil, feliz	antigamente, ultimamente, imediatamente, facilmente, felizmente

- 두 개 이상의 부사를 연속 사용할 경우, 마지막 부사에만 -mente를 붙입니다.

Antigamente bebia muito. Agora nunca bebo.
Ultimamente você anda ocupado?
Imediatamente a gente começou a trabalhar.
Os brasileiros aprendem coreano facilmente.
Felizmente os meus pais chegaram à festa a tempo.
Quero enriquecer fácil e rapidamente.
O Brasil é um país muito importante político e economicamente.

5) 빈도부사

nunca	raramente
poucas vezes	algumas vezes
às vezes	muitas vezes
sempre	para sempre

Você nunca come carne, né?

Raramente eu minto.

Depois disso liguei para ela poucas vezes.

Algumas vezes na vida você encontra alguém especial.

Às vezes fico pensando na vida.

Muitas vezes fico com saudade de você.

Eu sempre falo com minha mãe por telefone.

Eu vou amar você para sempre.

2. 식사명, 먹을거리 그리고 가보고 싶은 곳

o café da manhã / o almoço / o jantar (a janta) / o brunch / o café da tarde (lanchinho)
o abacaxi / a banana / o coco / a laranja / o limão / a maçã / o mamão / a manga / a melancia / o melão / o morango / o pêssego / a uva / a tangerina / a goiaba / o figo
o sorvete de morango (de chocolate, de maracujá, de pêssego...) o bolo de chocolate (de chantilly, de banana, de maçã...) a coxinha, o misto quente, o pão de queijo a água mineral com gás, a água mineral sem gás o suco de laranja com gelo, o suco de laranja sem gelo
a padaria / a confeitaria / a cafeteria (o café) / o bar / o restaurante / a cervejaria / a choperia / a pizzaria / a lanchonete

Quantas vezes por semana você vai à choperia?

Onde você comprou este pão?

Quantas refeições você faz por dia?

Quais são as três refeições do dia?

Para onde devo ligar para pedir a pizza em casa?

O que você quer pedir como sobremesa?

Qual é a sua fruta predileta?

Que tipo de sorvete você mais gosta?

Qual você prefere, comer em casa ou em restaurante?

Vocabulário

ontem 어제
hoje 오늘
amanhã 내일
passado 지난(m)
próximo 다음의/가까운(m)
antes de ~ 전에
depois de ~ 다음에
daqui a pouco 잠시 후에
daqui para frente 지금부터 앞으로
a partir de ~부터
sair 나가다
o jornal 신문
o aperitivo (식사 전에 마시는) 반주
ficar ~ (상태가) 되다
cansado 피곤한(m)
tudo 모든 것
diferente 다른
o regime (체중감량을 목적으로 한) 식이요법
sozinha 혼자(f)
encontrar(-se) 만나다
aniversariante 생일을 맞은 주인공
cercado de ~로 에워싸인(m)
então 그럼/그때

chegar 도착하다
antigo 오래된/옛날의(m)
último 최근의(m)
imediato 즉각적인(m)
beber (술을) 마시다
nunca 절대로 ~ 않다
trabalhar 일하다
andar 걷다/지내다
ocupado 바쁜(m)
começar a ~하기를 시작하다
a festa 파티
enriquecer 부유해지다
o país 국가/나라
importante 중요한
político 정치의(m)
econômico 경제의(m)
raramente 드물게
poucas vezes (부정의 의미) 몇 번
algumas vezes (긍정의 의미) 몇 번
às vezes 때때로
muitas vezes 여러 번/자주
sempre 항상
para sempre 영원히
a carne (육)고기
mentir 거짓말하다

ligar 전화를 걸다
alguém 누군가
especial 특별한
pensar (em) 생각하다
a saudade 그리움
amar 사랑하다
o brunch 브런치
o café da tarde 오후 간식
o lanchinho 간단한 음식
o abacaxi 파인애플
a banana 바나나
o coco 야자열매
a laranja 오렌지
o limão 레몬
a maçã 사과
o mamão 마머웅
a manga 망고
a melancia 수박
o melão 메론
o morango 딸기
o pêssego 복숭아
a uva 포도
a tangerina 귤
a goiaba 구아바
o figo 무화과
o sorvete 아이스크림
o maracujá 마라꾸쟈

Vocabulário

o bolo 케이크
o chantilly 생크림
a coxinha 꼬쉬아(밀가루 반죽에 양념한 닭고기 소를 넣어 튀긴 것)
o misto quente 토스트(식빵 두 조각 사이에 햄과 치즈를 넣어 구운 것)
o pão de queijo 치즈빵
a água mineral com gás 탄산이 든 광천수
a água mineral sem gás 탄산이 들어 있지 않은 광천수
o suco 주스
o gelo 얼음
a padaria 빵가게
a confeitaria 제과점
a cafeteria 카페테리아
o café 커피전문점
o bar 바(음료, 술, 음식 등을 파는 가게)
o restaurante (고급)식당
a cervejaria 맥주집
a choperia 생맥주집
a pizzaria 피자가게
a lanchonete 간이식당
comprar 사다
a refeição 식사
pedir 주문하다
a sobremesa 후식
a fruta 과일
predileta (동일한 종류의 다른 것들보다) 좋아하는(f)
o tipo 종류
preferir 선호하다

Exercícios

1. 다음 문장을 해석해보세요.

1) Ontem eu cheguei no trabalho atrasado.

2) Felizmente hoje estou muito bem.

3) Você costuma fazer exercício antes de tomar café da manhã?

4) A gente sempre toma café expresso depois do almoço.

5) Ô, amigo, por que está aí sozinho?

6) Em que mês o inverno começa oficialmente na Coreia?

7) Em que dia da semana você tem aula de português?

8) Este livro aqui é muito caro. Mas é legal porque tem fotos lindas do Brasil.

9) Minha mãe sempre fala para mim: "Você fala muito sem pensar."

10) Às vezes, me olho no espelho e vejo a minha mãe.

2. 다음을 읽고 연습해보세요. – 시간 표현, -mente형/빈도/장소 부사, 먹을거리

1) A: Que dia é hoje?
B: Hoje é segunda-feira, dia 5 de março.

2) A: O que você vai fazer amanhã de manhã?
B: Ainda não tenho planos.
A: Eu estou pensando em viajar para Namiseom.
B: Posso ir junto com você?
A: Claro que sim!

3) A: Você costuma pensar duas vezes antes de falar ou agir?
B: Não. Sou impulsivo. Quero mudar.
A: Tudo bem. Cada um tem seu jeito de ser.

4) A: Eu vou caminhar um pouco depois do jantar.
B: Boa ideia.

A: O que você acha de passear junto comigo?
B: Você não se importa?

5) A: Eu acho que o professor Kim vai chegar antes da hora marcada.
B: (É) mesmo / verdade / sério?

6) A: Vamos tomar um sorvete? Que sabor você quer?
B: Morango. E você?
A: Eu vou querer um de goiaba. Ali tem uma sorveteria. Vamos para lá.

7) A: Hoje, as crianças coreanas raramente fazem refeições com os pais, porque eles voltam muito tarde do trabalho.
B: Pois é. Tenho muita pena delas. É uma coisa muito triste.

3. 다음 문장의 빈칸에 알맞은 -mente형 부사를 써넣고 해석해보세요.

1) ____________________ eu fumava muito. Mas agora não fumo mais para a minha saúde.

2) ____________________ minha irmã anda feliz. Não consigo entender o porquê.

3) Quando terminou a aula, os alunos ____________________ saíram para almoçar.

4) Quero umas dicas para ficar rico ____________________.

5) ____________________ meu pai não tem problema de coração.

4. 다음을 읽고 해석해보세요.

Muitas vezes eu paro e penso...

O que sinto por você?
Não sei bem. Mas você é diferente de todas as garotas que eu conheci. Quando estou com você, fico feliz. Quero você do meu lado. Quero sentir o brilho do seu olhar para sempre. Se isso é paixão, acho que posso dizer que estou apaixonado por você!!!

✤ 식사문화

브라질 사람들은 대체로 아침식사를 간단히 먹는 편입니다. 커피나 우유 또는 주스에 빵, 치즈, 과일 등을 먹어요. 아침식사를 집에서 챙겨 먹는 대신 출근길에 바(bar)나 랑쇼네찌(lanchonete)에 들러 갓 구운 빵과 커피를 서서 먹기도 하죠. 점심은 하루 중 가장 푸짐하게 먹는데 최소 한 시간 정도 할애를 합니다. 회사가 많은 도심의 식당들은 12시부터 1시까지 가장 북적입니다. 점심으로는 밥, 고기조각, 페이쟈웅(feijão, 콩죽), 샐러드를 주로 먹으며, 후식으로는 아이스크림, 커피, 과일, 조각 케이크 등을 먹습니다. 저녁은 점심에 비해 훨씬 가볍게 먹는데 아주 늦은 시간에 먹는 경우도 많아요. 주말 점심은 평일보다 더 풍성하고 여유롭게 즐기는 편으로, 외식을 하기도 합니다.

✤ 간편한 음식

브라질의 빵가게나 랑쇼네찌(lanchonete) 또는 바(bar)에서 주로 파는 다양한 종류의 브라질 간식 싸우가징유(salgadinho, 튀김이나 파이 종류)는 간편하게 먹기에 아주 좋습니다. 싸우가징유 중에서 가장 인기가 많은 것은 꼬쉉야(coxinha, 닭다리)예요. 꼬쉉야는 삶아 양념한 닭고기로 밀가루 반죽의 속을 채워 닭다리 모양으로 빚고, 빵가루를 입혀 기름에 튀긴 것입니다. 꼬쉉야 외에도 히쏠리(rissole), 빠스떼우(pastel) 등 파이나 튀김만두도 좋은 간식거리입니다. 미스뚜 껭찌(misto quente)라는 것도 있는데, 이것은 버터를 살짝 바른 식빵 두 장 사이에 햄과 치즈 한 조각을 끼워 철판에 구운 일종의 토스트예요. 기름진 것보다는 담백한 것이 먹고 싶을 때는 역시 빵가게의 갓 구워진 빠웅징유(pãozinho)가 최고죠. 빠웅 프랑쎄스(pão francês)라고도 하는 이것은 바게트 빵과 생김새나 맛이 비슷한데, 그냥 먹어도 좋지만 크림치즈(requeijão)를 바르거나 햄 또는 치즈 조각을 넣어 먹으면 더 맛있게 즐길 수 있습니다.

Lição

8

조심해야 할 칭찬

'참 미인이시군요.'란 말을 칭찬으로 건네는 우리의 언어습관을 그대로 외국어로 직역해서 외국인을 상대로 말하면 오해의 소지가 생깁니다. 남성이 브라질 여성에게 직접 얼굴을 마주하며 Você é bonita.(넌 아름다워.)라고 말하면, 브라질 여성 측에서는 '흑심'이 있는 것으로 오해할 수 있거든요. 우리나라 사람들은 그저 칭찬 삼아 한 말이지만, 경우에 따라 불쾌해할 수도 있어요. 특히 남성이 브라질 남성에게 Você é bonito.(넌 잘생겼어.)라고 말하면 민망한 분위기에 상상을 초월하는 반응이 나올 수 있습니다. 결론적으로 말씀드리자면, 상대의 외모에 대한 직접적인 발언은 피하는 게 좋고, 대신 제삼자에 대해서는 마음 편하게 표현하셔도 좋습니다.

조심해야 할 질문

브라질 사람과 사귈 때 상대방의 사생활 존중과 배려는 기본! 우리나라 사람들은 누군가를 새로이 알게 되었을 때, 상대방의 나이나 결혼 여부, 이성 친구의 유무 등에 대한 궁금증을 성급하게 풀고자 하는 습관이 있습니다. 하지만 이런 말들은 서로 상당한 친분이 쌓인 사이에서만 가능하죠. 서로에 대해 제대로 모를 때는 아예 이런 질문을 피해야 합니다. 대부분의 브라질 친구들이 사생활에 대한 질문을 받으면 당황스러워하기 때문이에요. 가족관계도 마찬가지인데, 높은 이혼율 때문에 더 민감할 수 있습니다. 정 궁금하면, '가족이 몇 명이냐' 대신 '대가족인지', '형제가 있는지' 등으로 물으면 됩니다.

- 포르투갈어의 기본문장은 '주어 + 동사 (+ 목적어 또는 보어)'입니다.
- 접속사를 사용하여 여러 개의 문장을 하나로 만들 수 있습니다.

1. 접속사(구) (1)

접속사			예
등위	연결	e além de que	Fui à escola e joguei bola no sábado passado. Além disso, ele me convidou para o almoço. Diga o seu nome, que eu digo o meu.
	반의	mas porém	O carro bateu, mas ninguém se feriu. Tentei ajudar, porém só coloquei você em risco.
	선택	(ou ~) ou	Você prefere café ou chá? Ou você sai ou eu saio.
	설명	porque	Ele vai ao trabalho porque precisa.
	결과	por isso portanto	Nunca fui tão feliz como agora. Por isso, fiz essa canção para você. Você é singular, portanto, não se compare com os outros!

✐ 연결접속사로 쓰인 que는 e로 바꿔 쓸 수 있습니다.

Ele me cumprimentou e saiu.

Gosto de comer chocolate, mas sei que me faz mal.

Ela quer fazer um curso de inglês ou de espanhol?

Morei no Brasil durante 3 anos, por isso falo português.

Não fico porque não posso.

Aquele é um bom aluno, portanto todo mundo gosta dele.

2. 재귀대명사

- 일부 동사는 재귀대명사와 함께 쓰입니다.
- 재귀대명사는 동사가 표현하는 행동이나 동작이 주어에게 되돌아가도록 하거나 상호적인 의미를 부여합니다.

eu	*me* levanto
você / o senhor / a senhora / ele / ela / a gente	*se* levanta
nós	*nos* levantamos
vocês / os senhores / as senhoras / eles / elas	*se* levantam

cortar–*se* vestir–*se*
divertir–*se* sentir–*se*

1) 재귀대명사가 없이 쓰일 때와의 의미상 차이

Eu me cortei com a faca.
A cabeleireira cortou o cabelo da minha filha muito bem.
Nós nos vestimos.
Nós vestimos os casacos nos meninos.
Ele se levanta.
Você levanta a mão.

구어에서는 재귀대명사를 생략하는 경우도 있습니다.
Ele levanta cedo.

2) '상호작용'을 의미하는 재귀대명사 se와 nos

Eles se amaram (um ao outro).
Ontem nós nos vimos no Café Brasil.

3. 비교구문 (1)

• 비교급은 서로 다른 사람 또는 사물의 특질을 비교하거나 동일한 사람이나 사물에 속하는 두 가지 특징을 비교할 때도 사용합니다.

1) 우등비교

•「mais + (형용사/부사/명사) + (do) que」

2) 열등비교

•「menos + (형용사/부사/명사) + (do) que」

3) 동등비교

•「tão + 형용사/부사 + quanto/como」
•「tanto (tanta, tantos, tantas) + (명사) + quanto/como」 - 구어에서는 사용 빈도가 낮습니다.

우등비교	mais (~) (do) que	Pedro é mais alto que eu. Ele viaja mais que você.
열등비교	menos (~) (do) que	Você é menos gordo que eu. Ele tomou menos cerveja que eu.
동등비교	tão ~ quanto/como tanto (~) quanto/como	Maria é tão bonita quanto Lúcia. Eu como tão devagar quanto você. Estou com tanta fome quanto vocês. Você comeu tanto quanto ela.

João é mais alegre que Pedro.
Eu leio livros impressos mais rapidamente do que e-books.
Hoje estou menos animado do que ontem.
O Brasil produz menos carros do que a Coreia.
Maria é tão inteligente quanto Júlia.
Eu estudo tanto quanto você.
Você está com tanta sede quanto eu.

4) 불규칙 비교급 형태를 갖는 형용사와 부사

• 아래 표의 bem과 mal은 부사로서 영어의 well, badly에 해당하며, 그 외는 모두 형용사입니다.

원급	비교급
bom / boa	melhor
bem	
mau / má / ruim	pior
mal	
grande	maior
pequeno(a)	menor

Este restaurante é melhor que aquele.
O Kaká joga futebol melhor que o Robinho?
Minha nota é pior (do) que a sua.
A esposa de João cozinha pior (do) que o marido.
Minha gripe está pior (do) que ontem.
Sua sala é maior (do) que a minha.
Meu filho é menor (do) que minha filha.

5) 기타 비교를 나타내는 표현

(ser) igual a　　(ser) diferente de　　preferir ~ a ~

Seus brincos são iguais aos meus.
Eu sou diferente de todos, ou sou uma pessoa normal?
Os brasileiros preferem café a chá.

preferir 동사는 전치사 a와 함께 쓰는 게 문법적으로 맞지만, 구어에서 a 대신 do que로 바꿔 쓰기도 합니다.
Os brasileiros preferem café do que chá.

6) 비교를 더 강조하고자 할 때, 비교급 앞에 bem, muito를 붙이면 '훨씬 더 ~ 한'의 의미가 됩니다.

Meu carro é bem (또는 muito) melhor do que o seu.

4. Ficar 동사

• Ficar 동사는 '머무르다', '~에 있다', '가지다', '~(이) 되다', '어울리다' 등 다양한 뜻으로 쓰이며 영어의 to stay, to be, to keep, to become 등에 해당합니다.

Vou ficar em casa hoje.
Isso fica entre nós.
O Brasil fica na América do Sul.
Posso ficar com sua foto?
Ele ficou triste com essa notícia.
O jantar ficou pronto.
A Terra está ficando cada vez mais quente.
Você fica bem de azul.
Esta saia fica bem em você.

Vocabulário

além de ~ 외에
que 그리고(접속사)
mas 그러나
porém 그러나
ou 또는
porque ~ 때문에
por isso 그래서
portanto 그래서
a escola 학교
jogar bola 공놀이를 하다
convidar 초대하다
diga 말하시오(dizer의 접속법 현재로 명령형)
bater 들이받다
ferir-se 상처를 입다
tentar 노력하다/해보다
ajudar 도와주다
colocar (어떤 위치에) 두다
o risco 위험
o chá 차
sair 나가다
o trabalho 일/직장
tão 이렇게/그렇게
a canção 노래

singular 고유한/특별한
comparar 비교하다
outro 다른(m)
me 나에게
cumprimentar 인사하다
fazer mal 해롭게 하다
o curso 과정
durante ~ 동안
todo mundo 모든 사람
levantar(-se) 일어나다
cortar-se 베이다
vestir-se 옷을 입다
divertir-se 즐기다
sentir-se (자기자신의 어떤 상태나 감정을) 느끼다
a faca 칼
a cabeleireira 미용사
cortar 자르다
o cabelo 머리카락
vestir 옷을 입히다
o casaco 외투
o menino 소년
a mão 손
um ao outro 서로서로

alto 키가 큰(m)
gordo 뚱뚱한(m)
a cerveja 맥주
devagar 천천히
alegre 명랑한
impresso 인쇄된(m)
animado 활기찬(m)
produzir 생산하다
jogar futebol 축구를 하다
a nota 점수
a esposa 부인
o marido 남편
a gripe 감기
a sala (거)실
o brinco 귀걸이
igual 동등한
normal 평범한
a notícia 소식/뉴스
pronto 준비가 된(m)
cada vez mais 점점 더
quente 따뜻한/뜨거운
a saia 치마

Exercícios

1. 다음 문장을 해석해보세요.

1) João subiu e desceu a escada.
2) Fui à escola, mas não levei meu caderno.
3) Pratiquei exercícios físicos, por isso me senti muito melhor.
4) Não quero comer mais, porque estou satisfeito.
5) Hoje tenho médico, portanto tenho que sair mais cedo.
6) Maria é mais aberta (do) que Júlia.
7) Este aluno é mais inteligente (do) que estudioso.
8) Minha mãe comprou mais roupas (do) que eu.
9) Fernando é menos alegre que Pedro.
10) Gabriela é menos simpática (do) que Júlia.
11) Rafael é tão aplicado como Diego.
12) Os carros da Hyundai são tão bons quanto os da Toyota.

2. 다음을 읽고 연습해보세요. – 접속사(구), 재귀대명사, 비교급

1) A: Você já tomou remédio? B: Tomei e já estou melhor. Obrigado.

2) A: Eu quero comer em casa, mas minha irmã prefere comer fora.
B: Às vezes é bom comer fora, porque você não precisa lavar pratos, né?

3) A: Sabe? Eu sou vegetariano.
B: Ah, é? Eu gosto mais de carne que verdura.
A: Comer verduras faz bem à saúde.
B: Sei disso. Mas acho que devemos comer proteínas da carne também.

4) A: Imagine! Hoje, meu amigo de quarto se levantou cedo. Além disso preparou o café para mim.
B: Legal! Por isso você está tão feliz hoje?

5) A: Em quanto tempo você se prepara para sair de casa de manhã?
B: Bom, em vinte: me levanto, me lavo, me visto e tomo café. Sou muito rápida.
A: E logo depois, você se despede dos seus pais e se dirige para o

trabalho?

6) A: Eu me sinto mal porque não pude me divertir na festa de ontem.
B: Brigou com alguém? A: Com um amigo meu.
B: Quando a gente está cansada, a gente não se comunica bem e se entende mal.

7) A: Vocês se cumprimentaram em português agora?
B, C: Sim. A: Fizeram muito bem.

3. 다음 빈칸에 알맞은 비교급 형용사 또는 부사를 써넣으세요.

1) Este livro azul é _______________ (do) que o verde. (bom)
2) Você fala português muito _______________ (do) que eu. (bem)
3) Ele é uma pessoa _______________ (do) que meu chefe. (mau)
4) Meu chefe fala inglês _______________ (do) que eu. (mal)
5) O carro dele é _______________ (do) que o do meu pai. (grande)
6) Minha casa é _______________ (do) que a sua casa. (pequena)

4. 다음을 읽고 해석해보세요.

Hoje não é meu dia!

Hoje me levantei mais tarde do que nos outros dias. Me lavei rapidinho, tomei somente um café, nada de pão, e me despedi da minha mãe, dizendo:

— Até a noite, mamãe.

'Esqueci o celular em casa', percebi quando cheguei no ponto de ônibus. Eu me aproximei de uma moça que estava ao telefone e esperei até ela terminar a ligação. Me apresentei e pedi para ela me emprestar o celular só por um instante. Eu não me senti bem em pedir esse tipo de favor, mas preciso me acostumar com essa situação, porque às vezes eu esqueço coisas.

Minha mãe trouxe o celular para mim. Assim pude ir à universidade com o celular. Que alívio! Foi um dia muito atrapalhado. Voltei para casa muito tarde e super cansada.

✤ 상파울루

남미 최대의 도시 상파울루(São Paulo)! 상파울루 외곽의 과룰유스(Guarulhos) 국제공항은 남아메리카 최대의 공항으로 전 세계 주요 도시들과 연결됩니다. 특히 시내에는 많은 은행과 증권시장 등이 자리잡고 있어 브라질의 금융 중심지로 통하죠. 게다가 박물관, 미술관, 극장, 공원, 쇼핑센터, 도서관, 축구경기장 등 볼거리가 많은 문화 관광의 중심지이기도 합니다. 상파울루시의 대표적인 쇼핑센터로는 삥예이루스강(Rio Pinheiros)을 따라 들어서 있는 모룽비(Morumbi) 외에도 이과떼미(Iguatemi), 이비라뿌에라공원(Parque Ibirapuera) 근처의 이비라뿌에라(Ibirapuera), 그리고 어마어마한 부지에 들어선 단층짜리 쎙떼르 노르찌(Center Norte)를 들 수 있는데, 이 쎙떼르 노르찌는 찌에떼강(Rio Tieté) 강변에 있습니다. 이들 백화점의 특징은 브라질이 땅덩어리가 넓은 나라여서인지, 보통 3~4층밖에 안 된다는 사실입니다. 그리고 이 백화점들 안에는 우리나라 백화점과 같이 옷가게를 비롯하여 전자제품, 음반, 신발가게들이 입점해 있는데, 휴대전화가게와 대형 서점 및 영화관이 있는 곳도 있습니다.
상파울루는 세계적인 음식문화의 도시로도 유명합니다. 파리, 뉴욕, 도쿄 등과 어깨를 나란히 하는 세계 4대 음식문화의 도시로 식당이 4천 개가 넘어요. 빠울리스따 대로(Avenida Paulista)를 중심으로 음식점을 섭렵하다 보면 브라질 전역의 전통음식은 물론 세계 각국의 음식을 거의 다 맛볼 수 있습니다.

✤ 브라질 화폐

타국을 여행할 때 가장 먼저 알아야 하는 것은 역시 화폐입니다. 브라질 화폐 단위는 헤알(real, 브라질 현지 발음은 헤아우), 동전은 헤알(real)과 쎙따부(centavo)가 있는데, 지폐로는 1, 2, 5, 10, 20, 50, 100 헤알짜리가 있고, 동전으로는 5, 10, 25, 50 쎙따부짜리가 있습니다.

Lição 9

전화 문화

오늘날 너나 할 것 없이 휴대전화를 사용하긴 하지만, 곳곳에서 볼 수 있는 원색의 귀처럼 생긴 공중전화는 한 번쯤 써보고 싶은 마음을 갖게 합니다.

그리고 우리나라와 다르게 택시 정류장에는 전화번호가 표기되어 있는데, 택시 정류장에서 대기하는 시간을 줄일 수 있는 편리한 시스템입니다.

전화할 때 '여보세요?'는 포르투갈어로 '알로(Alô)?'입니다. 그런데 한 가지 특이한 것은 우리나라의 경우, 전화를 거는 사람이 '거기 어디 맞나요?'라고 물으며 전화를 제대로 걸었는지 확인하는 것과는 반대로, 브라질에서는 전화를 건 사람이 '거기 어디예요?'라고 물음으로써 자신이 전화를 제대로 걸었는지를 확인합니다. 처음에는 이런 패턴에 익숙하지 않아 다소 당황할 수도 있습니다만 곧 적응됩니다. 서로 잘 아는 사이에서는 목소리만으로 상대를 확인하고 바로 용건을 말하면 됩니다.

택시 문화

브라질에서 택시 잡기는 그렇게 어렵지 않습니다. 특히 요즘은 우버 택시가 많아서 더욱 그렇습니다. 브라질에서 우버 서비스가 시작된 것은 월드컵이 열린 2014년이었는데요. 맨 처음 리우데자네이루에서 시작되어 상파울루, 벨로리종찌(Belo Horizonte), 브라질리아로 확산되었습니다. 우버 택시는 2023년 11월 현재 500개가 넘는 도시에서 운영되고 있을 정도로 이제는 브라질에서 상당 수준 보편화가 되었다고 볼 수 있습니다. 특히 앱에 운전자의 사진과 프로필은 물론이고 우버 택시가 어느 지점에 와있는지가 표시되는 등 안전성도 어느 정도 보장되는 것 같고, 또 무엇보다도 요금의 경우 교통이 혼잡하든 그렇지 않든 탑승 전에 이미 정해져서 여러모로 편하게 느껴집니다. 하지만 기존의 택시업계는 울상일 수밖에 없고 택시 운전사들도 이제 하나 둘씩 우버로 돌아선다고 합니다. 초창기에는 택시노조의 대규모 시위도 있었지만 결국 우버 서비스에 대한 브라질 국민의 우호적인 분위기에 힘을 쓰지 못하고 말았죠.

1. 전치사

- 주로 명사나 대명사 앞에 놓여 다른 단어와의 관계를 나타냅니다.
- 주요 전치사로는 a, com, de, em, para, por 등이 있습니다.

1) a

거리:	São Paulo fica a 400 km do Rio de Janeiro.
방향:	Vamos ao cinema.
분배:	Os alunos repetiram o diálogo dois a dois.
시간:	Saio às 7 horas.
	A Internet lá em casa cai a cada 30 minutos.
방법:	Os acessórios desta loja são feitos à mão.
	Gosto muito de andar a pé.
단위당 가격:	Ela comprou os livros a R$ 5 cada.

2) com

동반:	Você veio com ele?
방법:	Escrevo com atenção.
	Ele dirige com cuidado.

3) de

출신:	Ele é de São Paulo.
소유:	O livro é do professor.
재료:	A mesa do professor é de madeira.
	O copo é de vidro.
교통수단:	Vou de carro ao trabalho.
날짜:	O aniversário da Sara é 15 de outubro.

• 교통수단 · 여행수단

ir / viajar de trem	ir / viajar de ônibus
ir / viajar de avião	ir / viajar de navio
ir / viajar de carro	ir / viajar de bicicleta

✐ 걸어가거나 말을 타고 갈 때는 예외적으로 전치사 a를 씁니다.
a pé, a cavalo

Sempre viajamos de carro.
No ano passado eu viajei de navio.
Sempre viajo de trem-bala KTX.
Tenho medo de viajar de avião.

✐ Vim de carona com um amigo meu.

4) em

장소:	Estamos na sala de aula.
	O livro está na mesa.
	Moro no Rio.
	Estamos em São Paulo.
시간:	Você tem férias em dezembro?
	Eles saem de dois em dois dias.
분배:	Alunos, podem trabalhar em pares.
	Costumo subir a escada de dois em dois degraus.

5) para

방향:	Vamos para o laboratório.
목적:	Estudo para aprender.
	Queria alguma coisa para beber?
시간:	Temos planos para amanhã.
	O professor deu um trabalho para a segunda-feira.

6) por

통과지점:	Eles passaram pela Avenida Atlântica.
시간:	Estudei por cinco horas.
총 가격:	Compramos o livro por R$ 40.
대체:	Por favor, escreva o relatório por mim.
	Troquei reais por dólares.
분배:	Li os livros, um por um.
수동태의 행위자:	Este quadro foi pintado por Portinari.
이유:	Ele fez tudo isso por amor.
방법:	Escreva seu nome por extenso.

7) até

제한, 범위:	Estudo até tarde.
	Andamos até o Leblon.

8) entre

~ 사이에:	Estou sentado entre o Paulo e o Pedro.
	Igualdade entre homens e mulheres

9) contra

반대:	Não fique contra mim.

10) desde

출발점:	Estou no Rio desde abril.

11) sem

부재: Ele foi ao Corcovado sem mim.

결핍, 배제: Estamos sem luz.

Tome café sem açúcar.

12) sobre

상위: O livro está sobre a mesa.

주제: Sobre o que é o filme?

13) sob

하위: Eles estão sob as ordens do comandante.

Os alunos estudam sob a orientação do professor.

"Sob nova direção" (placa na frente de restaurante)

2. 과거분사

- 일부 동사는 규칙 과거분사와 불규칙 과거분사가 있습니다.
- 일반적으로 형용사적 기능을 수행하므로 수식하는 명사와 성과 수에 일치합니다.
- 과거분사는 완료시제 또는 수동태를 구성합니다.

1) 규칙 과거분사

-ar 규칙동사	-er 규칙동사	-ir 규칙동사
-ado	-ido	

fal-*ar* → fal*ado*

com-*er* → com*ido*

part-*ir* → part*ido*

Estes são os livros mais vendidos neste ano.

Ultimamente não tenho falado com ela.

2) 불규칙 과거분사

동사원형	과거분사
abrir	aberto
cobrir	coberto
dizer	dito
entregar	entregue
escrever	escrito
fazer	feito
ganhar	ganho
gastar	gasto
limpar	limpo
pagar	pago
pôr	posto
ver	visto
vir	vindo

Como é feito o chocolate?

Gosto de montanhas cobertas de neve.

Bem-vindo.

O céu está limpo e azul.

3) 「Estar + 과거분사」 구문은 상태를 표현

Eu estou perdida.

O serviço está incluído na conta.

Os livros estão cobertos de pó.

A mesa está posta.

Vocabulário

repetir 반복하다
o diálogo 대화
dois a dois 둘씩
a Internet 인터넷
cair 끊기다/떨어지다
cada 각각/~마다
o acessório 장신구
a loja 가게
feito 만들어진(m)
à mão 손으로
dirigir 운전하다
o cuidado 조심
a madeira 목재
o copo 컵
o vidro 유리
o aniversário 생일
o trem 기차
o ônibus 버스
o avião 비행기
o navio 배
a bicicleta 자전거
a pé 걸어서
a cavalo 말을 타고
o trem-bala 고속열차
o medo 두려움
a carona 태워주기
o par 짝

costumar ~하는 습관이 있다
a escada (난간으로 죽 이어져 있는) 계단
o degrau 계단(칸)
o laboratório 실험실
aprender 배우다
a coisa (사물을 가리키는) 것
o plano 계획
o trabalho 일/숙제
passar 지나가다
a avenida 대로
escreva 쓰시오(escrever의 접속법 현재로 명령형)
o relatório 보고서
mim 전치사 뒤에 오는 1인칭 단수 목적격 인칭대명사
trocar 바꾸다
o real 헤알(브라질 화폐단위)
o dólar 달러(미국 화폐단위)
o quadro 그림
pintado 그려진(m)
o amor 사랑
por extenso 전부/빠짐없이
até tarde 늦게까지
a igualdade 평등
a luz 전기(불)

o açúcar 설탕
o filme 영화
a ordem 명령
o comandante 사령관
a orientação 지도
nova 새로운(f)
a direção 경영진
a placa 간판
vendido 판매된(m)
cobrir 덮다
dizer 말하다
entregar 배달하다/건네다
ganhar 벌다/이기다
gastar 소비하다
limpar 청소하다
pagar 지불하다
pôr 놓다
a montanha 산
a neve 눈
o céu 하늘
perdida 길을 잃은(f)
o serviço 봉사(료)
incluído 포함된(m)
a conta 계산서
o pó 먼지

Exercícios

1. 다음 빈칸을 전치사 para 또는 por로 채우고 해석해보세요.

1) Eu dei uma carona ________ meu amigo.

2) Estou juntando dinheiro ________ viajar ao Brasil no próximo ano.

3) Este livro é ________ seu filho.

4) Tem planos ________ as férias do verão?

5) Você falou com o professor ________ pedir a correção da redação?

6) Eu faço ginástica todos os dias ________ cuidar da minha saúde.

7) ________ chegar até Busan, quanto tempo demora?

8) Quero trocar dólares ________ reais.

9) Eu nunca quero passar ________ esta rua.

10) Eu soube da morte duma atriz coreana ________ Alexandre.

11) Como eu não pude vir na aula, pedi ao meu amigo para entregar o meu trabalho ________ mim.

12) Como se escreve 2010 ________ extenso?

13) Meu pai comprou um computador ________ 700 reais.

14) Juro ________ Deus que jamais amei assim.

15) A exposição de carros antigos foi visitada _______ mais de 500 pessoas hoje.

2. 다음을 읽고 연습해보세요. – 전치사(구), 과거분사, 식사

1) A: Você tá com fome / sede / sono / frio?
   B: Tô. / Não tô.

2) A: Quer alguma coisa para beber / comer?
   B: Quero. / Não quero.

3) A: O que vai, senhor?
   B: Uma cerveja bem gelada, por favor.
   A: Olhe aqui.
   B: Obrigado.

4) A: Gostaria de reservar uma mesa.
   B: Pois não, senhora. Para o almoço ou para o jantar?
   A: Para o jantar.
   B: Para quantas pessoas?
   A: Para quatro pessoas.
   B: Fumantes ou não-fumantes?
   A: Não-fumantes, por favor.
   B: A que horas?
   A: Às sete.
   B: Em nome de quem?
   A: Do senhor Ricardo Kim.
   B: Tá reservado. Obrigado.

5) A: Por aqui, por favor. Esta mesa tá bem?
   B: Tá bem. O cardápio, por favor.
   A: O que os senhores vão pedir?
   B: Primeiro, um aperitivo, uma caipirinha, por favor. Depois eu quero um bife grelhado.
   C: Eu também.

A: Como o senhor quer o bife? Malpassado ou bem passado?
B, C: Ao ponto. Com pouco sal, por favor.
A: Tá bem.
A: Aqui está. Bom apetite.
B, C: Parece delicioso.

6) A: Qual é o prato típico do Brasil?
B: É feijoada.
A: Quero experimentar feijoada. Você conhece algum restaurante bom?

7) A: A carta de vinhos, por favor.
C: Aqui está, senhor.
A: Um vinho do Porto, por favor.
A, B: Saúde!

8) A: Mais alguma coisa, senhor?
B: Não, obrigado. Estou satisfeito.
A: O senhor gostaria de uma sobremesa?
B: Um sorvete de laranja, por favor.

3. 다음 빈칸에 알맞은 과거분사 형태를 써넣으세요.

1) A carta está ____________ em português. (escrever)

2) A janela da nossa sala de aula está __________. (abrir)

3) A mesa está __________ pela toalha. (cobrir)

4) Bem-____________. (vir: para homens)
Bem-____________. (vir: para mulheres)

5) O seguro do meu carro está __________. (pagar)

4. 다음을 읽고 해석해보세요.

Oi, Nara,
Tudo bem? Faz tempo que não te mando notícias, né?
Já vai fazer 6 meses que trabalho aqui, no Brasil. O Brasil é bonito, e quase todos os brasileiros são simpáticos e alegres. O jeito deles de trabalhar é muito lento, mas tem seu lado bom. A gente pode aprender a curtir a vida com eles. Eu estou contente por trabalhar aqui.
Infelizmente ainda não deu para ir a lugares famosos por causa do trabalho da firma. Mas eu tenho planos de viajar para Salvador, o Rio e Amazonas nas férias que vêm. Até mais.
Um abraço,
Minsoo

✤ 슈하스까리아

슈하스꾸(churrasco, 브라질식 바베큐)를 전문으로 하는 식당 슈하스까리아(churrascaria)를 이용할 때는, 먼저 애피타이저를 주문합니다. 주로 까이삐링야나 맥주가 가장 인기가 많아요. 그다음엔 뷔페식으로 차려놓은 보통 열 가지가 넘는 각종 샐러드가 진열된 곳으로 가서 원하는 샐러드나 치즈 등을 접시에 담아 테이블로 가져와 먹습니다. 그러면 웨이터가 구워진 큰 고깃덩어리를 꼬치째로 들고 홀을 다니며 손님들의 개인 접시에 조금씩 잘라줍니다. 평소 좋아하는 고기 부위가 나오면 몇 조각이든 더 달라고 부탁만 하면 OK. 인기 있는 부위로는 단연 삐깡야(picanha)인데, 둥그런 모양에 가장자리엔 지방이 1센티미터 정도 붙어 있어 부드럽고 고소합니다. 원치 않는 부위의 고기가 나오면 '아니요, 고마워요.'라고 말하거나 가볍게 손짓을 하면 좋아요. 고기를 먹을 때는 샐러드 외에도 테이블에 놓여 있는 여러 가지 소스를 곁들여 먹으면 되는데, 그중 비나그레찌(vinagrete)는 우리나라 사람들의 입맛에도 잘 맞는 소스로 토마토와 양파를 사각으로 잘게 썰고 올리브유, 후추, 소금, 식초, 다진 파슬리를 섞어 만든 것입니다. 맛이 상큼하고 깔끔해서 고기, 페이죠아다, 샐러드에는 물론 핫도그, 빵 등에 얹어 먹기도 해요. 대부분의 슈하스까리아에는 테이블 위에 모래시계처럼 생긴 목각 소품이나 맥주잔 받침같이 생긴 카드가 준비되어 있는데, 초록색을 위로 향하게 놓으면 고기를 계속 가져와도 된다는 뜻이고, 빨간색을 위로 향하게 놓으면 더는 원하지 않는다는 의미가 됩니다.

참고로, 슈하스꾸는 브라질 남부 히우 그랑지 두 쑤우(Rio Grande do Sul)주의 목동들이 고기를 모닥불에 구워 먹던 것에서 유래했기 때문에, 브라질 남부의 슈하스까리아에 가면 가우슈(히우 그랑지 두 쑤우주 출신의 사람을 일컫는 말)들의 민속공연도 관람할 수 있습니다.

Lição 10

맥주

브라질은 더운 나라여서 그런지 단연 쎄르베쟈(cerveja, 맥주)를 가장 좋아합니다. 성인 중에는 아침, 점심, 저녁 구분 없이 마시는 사람도 있어요. 브라질의 유명 맥주로는 앙따르찌까(Antártica), 브라마(Brahma), 스꼬우(Skol), 까이제르(Kaiser)가 있습니다. 브라질 사람들의 맥주 사랑에 쇼삐(chope, 생맥주)도 빠질 수 없겠죠? 브라질 남부에 있는 독일 후예들이 사는 블루메나우(Blumenau)에서는 매년 10월 맥주 축제가 열립니다. 독일에 이은 세계 제2의 맥주 축제죠. 맥주 말고도 다른 술도 즐기는데, 사탕수수로 만든 민속주 삥가(pinga)는 우리나라의 소주와 비슷한 술로 40도가 넘습니다. 이것은 스트레이트로 마시는 것보다 바찌다(batida)나 까이삐링야(caipirinha)를 만들어 마시면 좋습니다. 바찌다는 믹서기에 각종 과일과 함께 삥가를 넣어 만든 것이고, 까이삐링야는 레몬을 넣어 만든 브라질식 칵테일입니다.

까우두 지 까나

광활한 북부지방을 여행하다 보면 조청 달이는 듯한 냄새가 코를 부드럽게 자극합니다. 바로 곳곳에 들어선 사탕수수 농장에서 풍겨오는 냄새인데요, 브라질이 세계 1위의 설탕 생산국임을 직접 확인하는 기회이기도 하죠.

브라질 어디서나 맛볼 수 있는 길거리의 대표적 천연 음료는 사탕수수즙(caldo de cana)! 기계로 즉석에서 짜내어 마시는 즙은 상상을 초월할 정도로 달고 맛있습니다. 한쪽으로 사탕수숫대를 밀어넣으면 기계가 돌아가며 중앙의 뾰족한 입구로 진한 사탕수수 엑기스가 흘러나오고, 반대편으로는 앙상하게 갈라진 수숫대가 나오는데 이 장면은 정겹기마저 합니다. 여기에 레몬(limão) 즙을 넣어 마시면 갈증 해소에 최고입니다.

1. 직설법 불완전과거 (Pretérito imperfeito do indicativo)

- 직설법 완전과거는 하나의 점처럼 완전히 끝나버린 사실을 기술하는 반면, 불완전과거는 선처럼 지속된 과거를 기술합니다.
- 과거와 연관된 반복된 사실이나 습관 등을 표현합니다.

1) 규칙동사

-ar 제 1규칙동사: -ava, -ava, -ávamos, -avam

-er 제 2규칙동사: -ia, -ia, -íamos, -iam

-ir 제 3규칙동사: -ia, -ia, -íamos, -iam

주어	Falar	Comer	Partir
eu	fal*ava*	com*ia*	part*ia*
você / o senhor / a senhora ele / ela / a gente	fal*ava*	com*ia*	part*ia*
nós	fal*ávamos*	com*íamos*	part*íamos*
vocês / os senhores as senhoras / eles / elas	fal*avam*	com*iam*	part*iam*

Rafael falava muito quando criança.

Roberta não comia muito e era magra.

Aos 7 anos, eu partia tudo com a bola dentro de casa.

2) 불규칙동사

ir*	ser	querer*	pôr	fazer*	ter	vir
ia	*era*	queria	*punha*	fazia	*tinha*	*vinha*
ia	*era*	queria	*punha*	fazia	*tinha*	*vinha*
íamos	*éramos*	queríamos	*púnhamos*	fazíamos	*tínhamos*	*vínhamos*
iam	*eram*	queriam	*punham*	faziam	*tinham*	*vinham*

* 표시된 동사는 규칙동사 불완전과거 어미형을 따릅니다.

Antigamente, nós íamos à danceteria todos os fins de semana.

Queria um chope, por favor.

Quando eu era pequeno, ia a pé para a escola porque meu pai não tinha carro.
Antes todos os funcionários punham paletó e gravata para trabalhar.
Na aula da manhã, um aluno fazia barulho o tempo todo. Que chatice!
Não vínhamos aqui porque não tínhamos tempo.

3) 직설법 불완전과거의 용법

• 과거의 습관

Eu gostava de tomar café depois do almoço.
Eu me levantava às 8 horas antigamente.

• 지속되던 과거의 기간을 의미하는 부사(구)나 부사절 antigamente, naquela época, quando era criança, 또는 todos os dias, todas as semanas, todos os meses 등과 함께 쓰입니다.

Naquela época, eu não sabia que você existia.
Todos os dias ele dizia que me amava.

✐ Eu me levantei às 7 horas ontem.

• 옛날 이야기, 과거 어느 한 시점에서의 부대 상황 또는 동시 발생 상황

Era uma vez uma linda princesa que morava num lindo castelo.
A cidade tinha muitos museus.
Eu tinha 15 anos quando fui à Europa.
O telefone tocava, tocava, tocava, mas eu não quis atender.
Eu estava no meu quarto, quando meu pai chegou em casa.
Enquanto meu pai via televisão, minha mãe cozinhava.

• 정중한 표현

Queria falar com o senhor Park, por favor.

2. 과거진행형 구문 (Passado contínuo do indicativo)

- 「Estar 동사의 불완전과거 + -ndo 형태의 동사」
- 과거의 어느 순간에 진행 중이던 사실이나 동작을 표현합니다.

Quando você chegou, eu estava trabalhando.

Às 7:00hs, quando saímos de casa, estava chovendo muito.

Quando ele ligou, nós estávamos jantando.

3. 목적격 인칭대명사

주격	직접목적격	간접목적격
eu	me	me
você / o senhor / a senhora / ele / ela	o, a	lhe
nós (*a gente)	nos	nos
vocês / os senhores / as senhoras / eles / elas	os, as	lhes

1) 직접목적격과 간접목적격 인칭대명사는 대체로 동사 앞에 위치

Eles nos receberam com o coração aberto.

Vou lhe contar uma piada.

a gente의 경우는 직접목적격으로 쓰일 때는 동사 뒤, 간접목적격으로 쓰일 때는 전치사 뒤에 위치합니다.
Vocês viram a gente ontem na festa?
Quando você pode mandar um e-mail para a gente?

위의 도표에는 나와 있지 않지만, 2인칭 단수 주격 tu에 해당하는 목적격 te는 'Te amo.'(널 사랑해.) 등 몇몇 표현에서 쓰이고 있습니다.

2) 목적격 인칭대명사 me와 nos는 직접목적격과 간접목적격의 형태가 동일

Lucas me convida sempre para a festa dele.

Lucas nos convida sempre para a festa dele.

Ela me faz um favor. (= Ela faz um favor para mim.)

Ele nos faz um favor. (= Ele faz um favor para nós.)

✐ 재귀대명사와도 형태가 동일합니다(재귀대명사편 참조).

3) 직접목적격 인칭대명사 o, a, os, as는 문어에서 주로 사용

Eu comprei o relógio. ➡ Eu o comprei. (o relógio = o)

Eu vejo o professor. ➡ Eu o vejo. (o professor = o)

Nós pegamos os livros. ➡ Nós os pegamos. (os livros = os)

Eles tiram as foto(grafia)s. ➡ Eles as tiram. (fotografias = as)

4) 간접목적격 인칭대명사 lhe, lhes는 문어에서 더 많이 쓰이며 구어에서는 「para + 목적어」 구문을 사용합니다.

O professor lê um artigo do jornal para os alunos.

➡ O professor lhes lê um artigo do jornal. (lhes = para os alunos)

O menino deu um presente para o amigo.

➡ O menino lhe deu um presente. (lhe = para o amigo)

- 구어에서는 1인칭을 제외한 인칭에서 직접목적격 자리에 주격 인칭대명사를 그대로 씁니다. 고유명사인 경우 전치사가 앞에 오지 않으면 '~을(직접목적)', 전치사와 함께 쓰이면 '~에게(간접목적)'의 의미로 쓰인 경우입니다.

Eu vi ele ontem.

Ela viu você no concerto.

Nós vemos o João ali.

Nós escrevemos um e-mail para o João.

4. 전치사 뒤에 쓰이는 목적격 인칭대명사

- 구어에서는 주로 간접목적격을 '전치사 + 주격 인칭대명사' 형태로 표현합니다.
- 1인칭 단수 외 대부분의 경우 전치사 다음에 주격 인칭대명사를 그대로 씁니다.

주격 인칭대명사	com을 제외한 전치사 뒤의 목적격	전치사 com 뒤의 목적격
eu	전치사 + mim	comigo
você / o senhor a senhora / ele / ela	전치사 + 주격 인칭대명사, si	전치사 + 주격 인칭대명사, consigo
nós (*a gente)	전치사 + 주격 인칭대명사	conosco
vocês / os senhores as senhoras / eles / elas	전치사 + 주격 인칭대명사	전치사 + 주격 인칭대명사

✐ 3인칭 복수의 경우 si나 consigo 대신, 주격 인칭대명사를 그대로 써줍니다.

Vocês compraram este presente para mim?

Você quer almoçar comigo?

O senhor Min mandou um abraço para você.

Eles gostam de nós?

Os filhos deles querem ir ao parque conosco.

Tem alguma carta para a gente?

Renato só pensa em si.

A peça teatral começou com um ator falando consigo.

Preciso falar com vocês sobre a nossa excursão.

Vocabulário

magra 마른(f)
partir 떠나다/부수다
a bola 공
dentro de ~의 안에
a casa 집
a danceteria 춤추는 클럽
o chope 생맥주
pequeno 작은(m)
antes 예전에
o funcionário 직원
o paletó 남성 정장 상의
a gravata 넥타이
o barulho 소음
o tempo todo 항상
a chatice 귀찮은 일/골칫거리
a época 때/시대
existir 존재하다
linda 아름다운(f)
a princesa 공주
o castelo 성
o museu 박물관
a Europa 유럽
o telefone 전화
tocar 울리다
atender (전화를) 받다
o quarto 침실
enquanto ~하는 동안
a televisão 텔레비전
cozinhar 요리하다
chover 비 오다
receber 환영하다/받다
aberto 열린(m)
contar 이야기를 들려주다
a piada 우스갯소리
mandar 보내다
pegar 집어 들다/잡다
tirar as fotos 사진을 찍다
o artigo 기사/글
o concerto 콘서트
mandar um abraço para ~에게 안부를 전해달라고 말하다
o parque 공원
a carta 편지
a peça teatral 연극
a excursão (보통 단체로 짧게 하는) 여행

Exercícios

1. 다음 빈칸에 주어진 동사를 직설법 불완전과거 형태로 써넣고 해석해보세요.

1) Na reunião, ele ____________ alto, ____________ e ____________.
(falar, fumar, brincar)

2) Ele ____________ por 30 minutos todas as manhãs. (passear)

3) Quando eu ____________ dezenove anos, meu pai morreu. (ter)

4) A janela de Maria ____________ para um pequeno jardim. (dar)

5) O pai ____________ o jornal enquanto a mãe ____________.
(ler, cozinhar)

6) Eu ____________ comprar este livro. (querer)

7) Eu não ____________ de sair à noite. (gostar)

8) Nós ____________ ao cinema quase todos os fins de semana. (ir)

9) ____________ uma vez um príncipe encantado que ____________
num reino muito distante. (ser, morar)

10) Quem ____________ se apresentar em português primeiro? (querer)

2. 다음 빈칸에 알맞은 목적격 인칭대명사를 넣어보세요.

1) Este livro é para ____________. (você)

2) Este é meu presente para ____________. (ele)

3) Quando você vai ligar para ____________? (eu)

4) A secretária dele vai informar isso para ____________ até amanhã.
(a gente)

5) Poderia fazer um favor para ____________? (eu)

6) Queria comprar um vestido legal para ____________. (ela)

7) Quem vai tomar uma cerveja ____________? (com, nós)

8) Já falo com ____________ (vocês). Só um minutinho.

9) É muito fácil entrar em contato com ____________. (a gente)

10) Quero falar toda a verdade para ____________. (vocês)

3. 다음을 읽고 연습해보세요. - 불완전과거, 수동태

1) A: Você sabia que o nome completo do Kaká é Ricardo Izecson do Santos Leite?
   B: Claro que sim. Ele é mais conhecido como Kaká.
   A: Então, sabe como ele ganhou esse apelido? B: Não.
   A: Foi porque o irmão mais novo dele pronunciava o nome dele errado quando era criança. B: Não sabia. Interessante!

2) A: Adivinhe quem é esta pessoa. B: Tá OK.
   A: Ele é brasileiro. Desde pequeno, ele já demonstrava habilidade com a bola. Brincar com a bola era a principal diversão dele. Ele é um jogador de futebol famoso, negro, foi escolhido o melhor jogador do mundo em 2004 e 2005 pela FIFA(Federação Internacional de Futebol) e ganhou Bola de Ouro(melhor jogador europeu) em 2005.
   B: Tenho alguns nomes na minha mente, mas pode me dar só mais uma dica?
   A: Tá. Ele é dentuço. B: Ah, já sei. É Ronaldinho.

4. 다음을 읽고 해석해보세요.

Tom Jobim(Antônio Carlos Jobim, 1927–1994)

Tom Jobim é conhecido como cantor, compositor, maestro e pianista e é considerado um dos maiores músicos brasileiros. Tom Jobim foi um dos criadores da Bossa Nova conhecida até na Coreia. Bossa Nova é um gênero de música derivada do samba com forte influência do *jazz* americano da década de 1950. Ele compôs, além de "*Garota de Ipanema*", a canção brasileira mais executada no exterior, "*A Felicidade*", "*Chega de Saudade*", "*Samba de uma Nota Só*", entre outras.

Um amigo de Tom Jobim, Campana, dono do restaurante Plata diz que ele tinha algumas manias: não podia faltar à mesa dele uma xícara com cinco ou seis dentes de alho semicozido. Chegava ao Plata pela uma da tarde e ficava lá até as cinco ou seis, sentado à mesa bem perto da porta. O chopinho também não podia faltar.

✤ 삼바

브라질 음악의 대명사 삼바(samba)! 삼바는 브라질을 대표하는 대중음악이자 춤으로, 흑인노예들의 4분의 2박자 리듬과 바뚜끼(batuque, 아프리카 타악기 리듬의 일종)에서 유래합니다. 1763년부터 1960년까지 수도였던 리우데자네이루에 브라질 각지의 다양한 인종과 사회계층의 사람들, 예술가, 음악가 등이 모여들어 삼바가 전국적으로 알려졌지요. 1928년 첫 삼바 스쿨이 탄생한 데 이어, 1932년 정부에 의해 리우데자네이루 카니발이 개최되면서부터 전국적으로 확대되었습니다. 게다가 1950년대 도입된 TV는 삼바의 대중화에 크게 기여했습니다.

✤ 보사노바

1958년 〈그리움은 이제 그만(Chega de Saudade)〉이라는 음반과 함께 폭발적인 인기를 누렸던 보사노바(Bossa Nova)! 보사노바는 리우데자네이루 남부에서 1950년대 말에 시작되었습니다. 삼바에 식상함을 느낀 중산층 자녀들이 삼바와 미국의 재즈가 결합한 새로운 음악을 선보인 것으로, 과도한 감정의 표출이나 악기 사용을 줄이고 가수가 기타와 대화하듯 부르는 정감 있는 스타일의 음악입니다. 기타에만 의지한 독특한 연주법과 감정적 기복이 없는 톤으로 노래하는 브라질 동북부 바이아 출신의 쥬어웅 지우베르뚜(João Gilberto), 각종 악기를 자유자재로 다룰 줄 알던 앙또니우 까를루스 죠빙(Antônio Carlos Jobim), 국민적인 사랑을 받던 시인이자 많은 곡을 남긴 작사가 비니씨우스 지 모라이스(Vinicius de Morais)가 보사노바를 대표하는 주요 인물들입니다. 똠 죠빙(Tom Jobim)이란 별명으로도 더 잘 알려진 앙또니우 까를루스 죠빙(1927~1994)은 리우 출신으로, 그가 작곡한 노래들 가운데 7곡이 100만 장 이상의 판매를 기록했고, 그 가운데 보사노바의 명곡으로 알려진 '이빠네마의 아가씨 (Garota de Ipanema, 영문으로는 The girl from Ipanema)'는 1962년에 작곡된 이래 지금까지 전 세계에서 큰 사랑을 받고 있습니다.

Lição 11

브라질 시내에서 시선을 끄는 것들

브라질에서 우리의 시선을 끄는 것 중 하나는 주로 원색으로 칠해진 귀를 연상시키는 모양의 전화부스로 상파울루주와 리우데자네이루주에서 많이 볼 수 있습니다. 그 안에 전화기가 들어 있는데 그것이 바로 오렐여웅(orelhão)이라고 부르는 공중전화입니다.

흡연의 부작용을 알리는 홍보물도 우리의 시선을 끄는데요, 보기만 해도 온몸이 오그라들 정도로 적나라한 사진이 들어 있죠. 호흡이 곤란한 사람, 산소마스크를 쓴 사람, 심장질환으로 고통받고 있는 사람 등등이 주로 등장합니다.

가장 이국적인 것은 다름 아닌 그라피찌(grafite)! 브라질의 도시를 지나다 보면 곳곳의 담이며 벽마다 형형색색의 이해하기 어려운 그림과 글씨들을 쉽게 볼 수 있습니다. 보는 이에 따라 지저분하다고 느낄 수도 있겠지만, 대부분 창의적이며 흥미롭습니다. 오늘날 명실공히 길거리 예술 또는 도시 예술로서 자리매김하고 있는 이 그라피찌는, 담벼락이나 조형물에 단순히 욕설이나 영역을 표시하는 수준의 삐샤써웅(pichação)과는 차원이 다릅니다.

마스삐

상파울루의 상징 마스삐(Masp)! 빠울리스따 대로(Avenida Paulista) 중앙에 있는 뜨리아농–마스삐(Trianon–MASP) 전철역 근처의 마스삐는 상파울루 미술관입니다. 건물 몸체가 네 개의 빨간색 기둥 안에 걸쳐 있는 독특한 모양의 이 박물관은, 13세기 이후의 서양미술 작품 8천 점 이상을 소장하고 있는 남반구 최대 박물관이에요. 마스삐의 운영 요일이나 시간은 계절마다 조금씩 바뀌기 때문에 방문하고자 할 경우 홈페이지(https://masp.org.br/)에 접속하여 확인해야 합니다.
2024년 현재는 월요일만 휴관하고 휴일(크리스마스 연휴인 12월 24~25일, 신정 연휴인 12월 31일과 1월 1일은 제외)에도 문을 열고 있으며 인터넷 홈페이지에서 입장권을 예매할 수 있습니다.

1. 명령문

- 친한 사이나 아랫사람에게 부탁이나 명령을 할 때는 직설법 현재를 씁니다.
- 접속법 현재형으로 만든 명령문은 부정명령 또는 공손한 명령에 쓰입니다. 주로 포르투갈어 교재나 인터넷 등에서 많이 볼 수 있습니다.

1) 접속법 현재를 활용한 명령

- 직설법 현재 1인칭 단수의 형태에서 -o를 빼고 -ar 동사인 경우는 '-e'를, -er 동사와 -ir 동사인 경우는 '-a'를 붙여줍니다(21과 참조).
- 브라질 남부 지역의 젊은이들 사이에서는 충고의 의미가 아닌 경우, 접속법 현재로 명령을 하면 명령의 의미가 강하다고 느끼는 반면 다른 지역은 공손한 표현이라고 인식하기도 합니다.

		Falar	Comer	Partir
직설법 현재 1인칭 단수		Eu falø +e	Eu comø +a	Eu partø +a
접속법 현재	1인칭 단수	fal*e*	com*a*	part*a*
	3인칭 단수	fal*e*	com*a*	part*a*
	1인칭 복수	fal*emos*	com*amos*	part*amos*
	3인칭 복수	fal*em*	com*am*	part*am*

Fale!

Coma!

Parta imediatamente e não volte mais.

Trabalhe, por favor.

Entre, por favor.

Desculpe.

Não repita, por favor.

Complete a frase.

Responda em português.

Clique aqui.

Compre um e leve dois.

2) 알아두면 좋은 명령문

• 다음 예문들은 직설법 현재 1인칭 단수의 형태에서 -o를 제하고 -ar 동사인 경우는 -e, -er 동사와 -ir 동사인 경우는 -a로 바꾼, 즉 접속법 현재를 쓴 표현입니다.

Complete.	Compare.	Conjugue o verbo IR.
Escreva.	Fale mais alto.	Leia.
Marque.	Pergunte.	Responda.
Relacione.	Soletre.	Trabalhe em grupo.
Trabalhem em dupla / em pares.		

3) 직설법 현재를 활용한 명령

• 최근에는 친한 사이 또는 아랫사람에게 접속법 대신 직설법 현재의 você에 해당하는 3인칭 단수 형태로 명령문을 만들기도 합니다. 다만 복수인 vocês를 대상으로 하는 경우는 여전히 접속법 현재를 사용합니다.

Desculpa.
Fica aqui, por favor.
Não bebe muito, por favor.
Não insiste, por favor.
Não repete muito, por favor.
Não bebam muito, por favor.

4) 공손한 부탁: 「Poderia / Podia + 동사원형」

Poderia fazer um favorzinho para mim?
Podia abrir a janela, por favor?
Poderiam chegar aqui amanhã cedo?

5) 가까운 사이나 아랫사람: 「pode + 동사원형」

Filha, pode trazer um copo para mim?

Pode ler o texto, por favor.

Pode falar o que quer.

A aula acabou. Podem sair.

✐ pode를 사용한 명령의 경우는 목소리 톤을 공손히 하고 por favor를 붙일 때도 끝을 약간 올리면 좋습니다.

6) 청유형 '~합시다': 「vamos + 동사원형」

Vamos sair.

Vamos começar a aula.

2. 수사 (2)

101 이상의 수	읽는 법
101	cento e um(uma)
102	cento e dois(duas)
200	duzentos(duzentas)
300	trezentos(trezentas)
400	quatrocentos(quatrocentas)
500	quinhentos(quinhentas)
600	seiscentos(seiscentas)
700	setecentos(setecentas)
800	oitocentos(oitocentas)
900	novecentos(novecentas)
1.000	mil
2.000	dois mil
1.000.000	um milhão
2.000.000	dois milhões
1.000.000.000	um bilhão
2.000.000.000	dois bilhões

1) um, dois, duzentos ~ novecentos까지의 백 단위는 남성형과 여성형이 다릅니다.

um / uma　　dois / duas

duzentos / duzentas　　oitocentos / oitocentas

2) 백 단위와 천 단위

- cem, cento, mil 앞에는 um 또는 uma를 쓰지 않습니다.
- cem과 cento는 똑같이 100의 의미를 갖지만 cem은 정확히 '일백(100)'만을 의미할 때 쓰고, 100 이상의 수를 만들 때는 cento를 활용합니다.

cem livros

cem mil

cento e um

cento e cinquenta

3) milhão, bilhão, trilhão은 복수형이 있는 일반명사입니다. 따라서 단위나 구성요소를 가리키는 단어 앞에 전치사 de를 써줘야 합니다.

dois milhões de pessoas

dez bilhões de reais

cinco trilhões de wons

4) mil은 복수 개념의 수가 앞에 와도 형태가 변하지 않습니다.

três mil wons

5) 수의 읽기에서의 접속사 'e'의 사용법

- 백 단위와 십 단위, 십 단위와 일 단위 사이에는 e를 사용

245 ➡ duzentos e quarenta e cinco

91 ➡ noventa e um

- 만약 4개의 숫자가 있으면, 첫 번째 숫자와 그 나머지, 즉, 천 단위와 백 단위 사이에서는 e를 생략

2.537 ➡ dois mil quinhentos e trinta e sete

- 백 단위가 0이면 천 단위 다음에 e를 사용

5.028 ➡ cinco mil e vinte e oito

• 백 단위와 십 단위가 00이거나, 백 단위 이하의 숫자가 00일 때도 천 단위 다음에 e를 사용

2.009 ➡ dois mil e nove
2.200 ➡ dois mil e duzentos

• 그 외의 표현에서는 각각 세 자릿수마다 e를 생략

2.540.626.253 ➡ dois bilhões, quinhentos e quarenta milhões, seiscentos e vinte e seis mil duzentos e cinquenta e três

6) 위의 예들에서 본 바와 같이 세 자릿수에는 ' , ' 대신 ' . '를 사용하는 데 반해 소수점은 ' . '(ponto) 대신 ' , '(vírgula)를 사용

3,89 ➡ três, vírgula, oitenta e nove

7) 일, 십, 백, 천의 단위는 각각 unidade, dezena, centena, milhar

Milhares de pessoas visitaram o museu nacional.

8) 날짜

• 날짜는 초하루만 서수, 나머지는 기수를 씁니다.
• 일, 월, 년의 순서로 표기하며 월과 연도 앞에는 관사를 쓰지 않습니다.

1 de maio ➡ primeiro de maio
12 de abril de 2012 ➡ doze de abril de 2012

3. Haver 동사

• Haver 동사는 주로 직설법 현재, 불완전과거 그리고 완전과거의 3인칭 단수 há, havia, houve 형태로 쓰이며, '경과한 시간', '존재', '발생한 일'을 나타냅니다.

• Ter 동사 대신 주로 문어에서 완료시제 표현에 쓰입니다(15과 참조).

Há quanto tempo você aprende português?
(= Quanto tempo *faz que* você aprende português?)
Eu aprendo português há uns seis meses.
(= *Faz* uns seis meses *que* aprendo português.)

Onde há uma livraria? (= Onde *tem* uma livraria?)
Não há problema. (= Não *tem* problema.)
Havia uma pedra no meio do caminho.
(= *Tinha* uma pedra no meio do caminho.)

Mas qual é o problema? O que há com ele?
(= Mas qual é o problema? O que *aconteceu* com ele?)
Então você ainda não soube o que houve com ele?

Vocabulário

voltar 돌아오다[가다]
entrar 들어오다[가다]
completar 완성하다
a frase 문장
responder 대답하다
clicar 클릭하다
levar 가져가다
conjugar (동사를 인칭, 시제, 수 등에 알맞게) 활용하다
o verbo 동사
ler 읽다

marcar 표시하다/정하다
perguntar 질문하다
relacionar 연결시키다
soletrar 철자를 말하다[쓰다]
a dupla 2인조
o grupo 그룹
insistir 주장하다/고집하다
o favor 호의/부탁
o texto 본문/글
acabar 끝나다
trilhão 1조

o ponto 마침표
a vírgula 쉼표
visitar 방문하다
nacional 국립의
a livraria 서점
a pedra 돌
o meio 가운데/반
o caminho 길
acontecer 발생하다

Exercícios

1. 다음 문장을 해석하세요.

1) Vem cá! (vir)

2) Diz alguma coisa! (dizer)

3) Ouça esta música! (ouvir)

4) Tenha paciência! (ter)

5) Pode sair, por favor. (poder)

6) Poderia trazer aquilo para mim, por favor? (poder)

7) Não minta, por favor. (mentir)

8) Não fique triste, por favor. (ficar)

9) Faça o exercício 2. (fazer)

10) Não leia este tipo de revista. (ler)

11) Clique no botão **Iniciar**. (clicar)

12) Visite o meu blog. (visitar)

2. 다음을 포르투갈어로 읽어보세요.

1) 747 ➡ ______________________________

2) 50.440 ➡ ______________________________

3) 876.654 ➡ ______________________________

4) 1.000.030 ➡ ______________________________

5) R$ 4.500 ➡ ______________________________

6) R$ 10.000.000.000 ➡ ______________________________

7) 2009년 1월 15일(15-01-2009) ➡ (o dia) ______________________

____

8) 2010년 10월 31일(31-10-2010) ➡ (o dia) ______________________

____

9) 9,500원 ➡ ______________________________ wons

10) 27,650원 ➡ ______________________________ wons

3. 다음을 읽고 연습해보세요. - 명령(문), 수

1) A: Vá em frente. Não desista dos seus sonhos!
B: Muito agradecido.

2) A: Esteja à vontade. A casa é sua. B: Obrigado.

3) A: Não saia muito tarde à noite. É perigoso. B: Não se preocupe.

4) A: Leia o texto da página 65, por favor. B: Em voz alta ou baixa?

5) A: Você ouve com atenção a gravação. B: É difícil de entender?

6) A: Meus filhos são muito barulhentos.
B: Amigão, tem paciência.

7) A: Eu falei toda a verdade. Acredite. B: Não minta, por favor.

8) A: Eu descobri que ele é casado! B: Não diga!

9) A: Vem rápido, que o filme vai começar. B: Vou, já já.

10) A: O senhor está me convidando para a sua festa neste sábado em sua casa?
B: Traga seus amigos também.

11) A: O que faço se eu errei muito na prova? B: Não fica nervosa, não.

12) A: Podem sair, que a aula já acabou. B: Até a próxima.

4. 다음 글을 읽고 해석해보세요.

Para ser feliz...

Cuide bem do seu corpo.
Não acumule cansaço.
Faça uma atividade física.
Faça planos e cumpra seus compromissos, sem esquecer da sua saúde.
Seja simples. Não pense muito.
Esteja em paz consigo mesmo.
Não compare sua vida com a de outros.
Tenha bom relacionamento com pais, amigos, parentes e colegas de trabalho.
Perdoe! Todas as pessoas erram, você também.
Acredite sempre no amor.
Seja feliz!

✤ 상파울루주 남동부

세계적인 커피 수출항 쌍뚜스(Santos)! 상파울루주 남동부에 있는 이 항구는 브라질 전체 수출입 화물의 60퍼센트 정도를 감당합니다. 펠레(Pelé)가 쌍뚜스 축구클럽에서 활약한 덕분에 더 유명해지기도 했죠. 이 도시에는 연면적 4,400m² 크기의 펠레 박물관(Museu Pelé)이 있는데, 펠레의 요청으로, 유엔본부를 디자인한, 브라질의 세계적인 건축가 오스까르 니에마이어(Oscar Niemeyer)가 직접 설계를 맡았다고 합니다. 참고로 바로 옆에 있는 휴양지 과루자(Guarujá)는 펠레가 살고 있는 곳으로도 유명한데, 백사장이 끝이 안 보일 정도로 길고 무척 아름다운 곳이죠. 상파울루에 사는 사람들은 주말이면 밤늦게까지 친구들과 어울리다가 새벽녘에 해돋이를 볼 겸 주말을 보내기 위해 이곳으로 향하기도 하는데, 차로 1시간 반 정도가 소요됩니다.

✤ 상파울루의 국제마라톤

브라질의 가장 유명한 써웅 씨우베스뜨리(São Silvestre) 국제 마라톤대회! 이 마라톤은 해마다 12월 31일(São Silvestre 날)에 상파울루에서 열립니다. 말하자면 연말연시 행사 중 하나죠. 전 세계에서 수천 명의 선수가 참가하는 이 마라톤은 상파울루의 주요 도로인 아베니다 빠울리스따(Avenida Paulista)를 출발, 15킬로미터를 달려 출발점으로 되돌아오는 경기입니다. 1925년부터 시작된 이 마라톤은 처음엔 국내경기였으나, 1945년부터는 국제경기로 탈바꿈하고, 유엔이 '국제 여성의 해'로 정했던 1975년부터는 여성도 참여할 수 있는 경기가 되었습니다.

Lição 12

다양한 행사

세계 어느 곳에서나 마찬가지로, 브라질에서도 역시 아기 탄생은 가족에게 있어 가장 중요한 일입니다. 파티를 사랑하는 브라질 사람들은 아기가 태어나기 한 달 전 샤 지 베베(Chá de bebê, 영어의 baby shower)라는 파티를 엽니다. 이때 초대된 사람들은 예비 엄마에게 아기용품을 선물해요.

결혼에 관련해서는, 결혼 1~2주 전에 신부에게는 샤 지 빠넬라(Chá de panela), 신랑에게는 샤 지 바르(Chá de bar) 파티를 열어줍니다. 그 외에 생일파티, 결혼피로연, 가정집에서 열리는 문화행사 싸라우(Sarau, 시 낭송, 음악 연주, 연극, 춤 등을 공연함) 등은 브라질 사람들이 가족이나 친구들과 즐거운 시간을 꾸리는 행사들입니다.

브라질 사람들은 개인주의가 강하면서도 가족 구성원 간의 유대감과 결속력 또한 대단합니다. 식민지시대에서부터 이어져온 가부장적 전통에서 비롯된 것이기도 하지만, 경제적인 이유로 대가족제도가 그대로 유지되는 경우도 많습니다. 사업을 하더라도 가족단위로 하는 경우가 많아서 족벌주의를 형성하기도 해요. 특히 주말이나 휴가철 또는 생일 모임이 있을 때, 모든 일가친척이 함께 모여 즐거운 시간을 갖는 모습은 매우 아름답고 인상적입니다. 많은 친척이 한자리에 모일 때는 집집마다 음식을 하나씩 맡아서 준비하기도 합니다. 그렇게 하면 어느 한쪽이 부담을 크게 느끼지 않아도 되고 여러 가지 음식을 맛볼 수도 있죠. 그들의 이러한 관습은 일가친척이 자주 만나는 좋은 방법인 것 같습니다.

1. 부정대명사

- 부정대명사는 불확실하고 비한정적으로 개체나 사물을 지칭하는 대명사입니다.
- 문장 속에서 명사와 함께 오면 형용사, 단독으로 오면 대명사입니다.
- 주요 부정대명사로는 algum(과 그 변형), alguém, nenhum(과 그 변형), ninguém, nada, muito(와 그 변형), pouco(와 그 변형), todo(와 그 변형), tudo를 들 수 있습니다.

변형		불변형
단수	복수	
algum/alguma nenhum/nenhuma todo/a o/a outro/a qualquer certo/a ______ pouco/a muito/a	alguns/algumas nenhuns/nenhumas todos/as os/as outros/as quaisquer certos/as vários/as poucos/as muitos/as	algo nada tudo alguém ninguém cada

1) 형태가 변하지 않는 부정대명사

- alguém, ninguém, nada, tudo는 대명사

Alguém pode me ajudar?

Ninguém fala mal de você.

Não quero comer nada agora.

Meu filho comeu tudo.

✐ alguém = alguma pessoa, ninguém = nenhuma pessoa
nada = nenhuma coisa, tudo = todas as coisas

- cada

Cada aluno recebe um presente.

Cada uma destas salas tem duas janelas.

O ônibus sai a cada 10 minutos.

• algo (= um pouco, alguma coisa)

Isto me parece algo estranho.

Algo assim eu nunca vi.

2) 형태가 변하는 부정대명사

• algum(과 그 변형 alguma, alguns, algumas)

단수는 '어떤', 복수는 '어떤, 몇몇'의 의미입니다. 한편 부정의 의미를 가진 단어가 먼저 나오고 명사 뒤에 algum(과 그 변형)이 오는 경우 nenhum보다도 훨씬 강한 부정의 의미를 갖습니다.

Algum dia, quero ser reconhecido como uma boa pessoa.

Estou com vontade de comer alguma coisa.

Algumas pessoas têm medo de avião.

Não li livro algum nestas férias de verão. (= nenhum)

Sem problema algum. (= nenhum)

• nenhum(과 그 변형 nenhuma, nenhuns, nenhumas)

부정문에 쓰이는 'um의 부정'형입니다.

Não vejo nenhum jornal aqui.

Antônio não tem nenhuma amiga.

• pouco(와 그 변형 pouca, poucos, poucas)

pouco는 형용사로 쓰이면 '거의 없다', 명사로 쓰이면 '극히 소량'을 뜻합니다. um과 함께 쓰이면 '약간'이란 의미로 영어의 a little, a few에 해당합니다.

Tinha pouca gente na sala de reunião.

Tenho pouco dinheiro.

Estou um pouco cansado.

Falo um pouco de português.

O bebê comeu pouco.

• muito(와 그 변형 muita, muitos, muitas)

명사와 함께 쓰이면 '많은'이란 뜻의 형용사, 명사가 없이 쓰이면 '많은 양' 또는 '많은 수'를 나타내는 부정대명사입니다.

Muitos faltaram à aula por causa de gripe.
Você teve muito trabalho hoje?
Eu bebi muita cerveja.
A gente tem muitos livros.
Eles têm muitas tarefas de casa.

•「todo/a o/a + 명사」 구문의 todo는 '전체(inteiro)'란 의미입니다.「o/a + 명사 + todo/a」로도 쓰입니다.

Passei toda a noite sem dormir. (= a noite inteira)
Chovia a noite toda. (= a noite inteira)
Estudei a semana toda. (= a semana inteira)

「todo/a + 명사」=「todos/as os/as + 명사」
Toda pessoa tem direito ao trabalho decente.
(= Todas as pessoas têm direito ao trabalho decente.)

• qualquer, quaisquer

Qualquer aluno pode resolver o problema.
Qualquer dia desses vou à sua casa.
Quaisquer dúvidas, estou à sua disposição.

• certo(와 그 변형 certa, certos, certas)

Certo dia parei para ouvir o que os ventos me diziam.
Certas pessoas não se preocupam com os outros.

• vários, várias

Ele trouxe vários livros interessantes para nós.
Várias pessoas estavam interessadas no negócio.

2. 전치사구

acima de	—	Isto está acima da minha capacidade.
à esquerda de	—	A biblioteca é à esquerda do prédio 1.
à direita de	—	A praça fica à direita do correio.
a fim de	—	Trabalho a fim de ganhar dinheiro.
ao lado de	—	O restaurante fica ao lado do cinema.
além de	—	Além de estudar, fazemos exercícios físicos.
antes de	—	Antes de começar a trabalhar, fazemos ginástica.
atrás de	—	A casa do Paulo fica atrás da minha casa.
através de	—	Olho o mar através da janela.
dentro de	—	Ponha o livro dentro da mala.
depois de	—	Depois da aula, vamos relaxar.
embaixo de	—	O gato está embaixo da mesa.
em cima de	—	O material está em cima da mesa.
em frente de	—	Fico nervoso em frente da câmera.
entre ~ e ~	—	Ana está entre Paulo e Pedro.
longe de	—	A sua casa fica longe da minha.
perto de	—	Petrópolis fica perto do Rio.
por causa de	—	O navio afundou por causa do furacão.

3. 감탄사

• 놀람이나 감탄 또는 소망 등을 생생하게 표현하는 표현들입니다.
• 같은 감탄사라도 주어진 상황과 목소리의 톤에 따라 느낌이 다양합니다.

감사:	Graças a Deus!, Obrigado/a!, Agradecido/a!
격려:	Avante!, Vamos!, Ânimo!, Adiante!, Coragem!, Firme!, Força!
경고:	Cuidado!, Atenção!
공포:	Jesus!, Que medo!, Uh!, Ui!
기쁨:	Ah!, Oh!, Oba!, Viva!, Ora!, Puxa!, Nossa!
놀람:	Meu Deus!, Puxa!, Ué!, Ih!, Quê!, Caramba!, Nossa!, Opa!
부름:	Alô!, Olá!, Ô!
소망:	Tomara!, Quem dera!
아픔:	Ai!, Ui!
안도:	Ufa!, Graças a Deus!
용서:	Perdão!, Desculpe!
의문:	Ãh?, Hein?
정숙:	Silêncio!, Psiu!, Quieto!, Xiu!
추방:	Fora!, Rua!
칭찬:	Bravo!, Bis!, Mais um!

• Que + 형용사!

Que bom!　　Que legal!　　Que lindo!

• Que + 명사 (+ 형용사)!

Que coincidência!　　Que pena!　　Que azar!
Que coisa linda!　　Que garota bonita!

• Que + 명사 + 형용사 + 주어 + 동사! 또는 Que + 형용사 + que절!

Que livro legal você tem aí!
Que bom que você está aqui!

Vocabulário

algum (영어의 some 또는 any) 어떤(m)
nenhum (부정의 의미로 영어의 no) 어떤(m)
todo 모든(m)
outro 다른(m)
qualquer (영어의 any) 어떤
certo 어떤/확실한(m)
vários 다양한(m, pl)
pouco (부정의 의미로 영어의 little/few) 조금(m)
muito 많은(m)
algo 어떤 것
nada (부정의 의미)아무것(도 아니다)
tudo 모든 것
alguém 누군가
ninguém (부정의 의미)어느 누구도(아니다)
cada 각각/각자
reconhecido 인정된/알려진(m)
a vontade 마음/의지
a reunião 회의
o dinheiro 돈
faltar à aula 수업에 빠지다
por causa de ~ 때문에
a gripe 감기
a tarefa de casa 숙제
inteira 전체의/온(f)
o direito 권리
decente (수준이나 질이) 괜찮은
resolver 해결하다
a dúvida 의문/의혹
à sua disposição 언제든지 네가 원하는 대로
parar 멈추다
ouvir 듣다
o vento 바람
a pessoa 사람
preocupar-se com ~을 걱정하다
parecer ~처럼 보이다/~인 것 같다
estranho 이상한(m)
assim 이 같은/이런[그런] 식으로
interessada 관심 있어 하는(f)
o negócio 거래/사업
acima de ~를 넘는
a capacidade 능력
à esquerda de ~의 왼쪽에
a biblioteca 도서관
o prédio 건물
a praça 광장
o correio 우체국
a fim de ~하기 위해
ao lado de ~의 옆에
o exercício físico 신체운동
antes de ~ 전[앞]에
a ginástica 체조/가벼운 운동
atrás de ~의 뒤에
olhar 바라보다
através de ~을 통하여
dentro de ~의 안에
a mala (여행) 가방
depois de ~ 다음에
relaxar 휴식을 취하다/긴장을 풀다
embaixo de ~의 아래에
em cima de ~의 위에
o material 자료/재료
em frente de ~의 앞에
nervoso 초조해하는(m)
a câmera 사진기
longe de ~로부터 멀리
perto de ~로부터 가까이
afundar 가라앉다
o furacão 태풍
graças a Deus 하나님 덕분에
agradecido 감사한(m)
avante 앞으로
o ânimo 기운/활력
adiante 앞으로
a coragem 용기
firme 확고한
a força 힘
Jesus 놀람이나 아픔을 나타낼 때 쓰이는 감탄사
o medo 두려움
viva! 만세
puxa!/nossa! 좋은 일이나 나쁜 일에 두루 쓰이는 감탄사
o Deus 신
a perdão 용서
o silêncio 침묵
quieto 조용한(m)
fora 밖에
bravo 브라보/찬사를 보낼 때의 감탄사
bis 한 번 더
legal 좋은
a concidência 우연의 일치
o azar 불운
a garota 아가씨

Exercícios

1. 다음 문장을 부정대명사 또는 부정형용사를 넣어 완성하고 해석해보세요.

1) Você tem ____________ livro de português?
2) Será que aconteceu ____________ coisa?
3) Não tem problema ____________.
4) Não tenho ____________ dificuldade.
5) ____________ sabe o telefone do Ricardo?
6) Você conhece ____________ que mora em Seul?
7) Não tem ____________ na sala de aula.
8) Acho que ____________ quer fazer este trabalho.
9) De _________ em _________ a gente pode juntar um bom dinheiro.
10) Tenho ____________ livros sobre o Brasil.
11) Tenho feito ____________ coisa ultimamente.
12) ____________ mulher é simpática.
13) ____________ os homens são assim.
14) Quero viajar por ____________ o país.
15) ____________ está em ordem.
16) Meu filho não comeu ____________ no café da manhã.

2. 다음 질문에 포르투갈어로 대답해보세요.

1) A: Onde está a sua bolsa? B: ____________________
2) A: Onde está o seu professor? B: ____________________
3) A: Quando vamos tomar um cafezinho? B: ____________________
4) A: O que há em frente de você? B: ____________________
5) A: Quem está entre você e o professor? B: ____________________
6) A: Quem está atrás de você? B: ____________________
7) A: O que você faz depois de terminar a aula?
   B: ____
8) A: Através de quem soube que sou coreano?
   B: ____

3. 다음을 읽고 연습해보세요. – 부정대명사, 감탄사

1) A: Que demora! Por que o Chico ainda não veio?
B: Acho que aconteceu alguma coisa com ele. Ele é pontual.

2) A: Alguém poderia me explicar por que hoje tem poucos alunos na sala?
B: Professora, é por causa do Campeonato de futebol dos estudantes. Muitos são jogadores de futebol. Como você sabe, estamos em época de Festival.
A: Não dá para trabalhar hoje, porque os outros alunos vão ficar perdidos na próxima aula. Vocês podem ir torcer pelos jogadores, seus colegas. Vamos ter aula na próxima semana. Tchau.

4. 다음을 읽고 해석해보세요.

Como chegar na casa de uma amiga

Olinda: Alô? Oi, Marisa, tudo bem?
Marisa: Tudo bem. Sabe, tô em *Jonggak* e me lembrei que você mora por aqui.
Olinda: Sim, eu moro bem pertinho daí. Você tá agora na estação de metrô *Jonggak*? Por que não passa na minha casa?
Marisa: Ah, legal. Como chego na sua casa?
Olinda: Sai pela saída 4. A 10 metros da saída, na direção para *Jongno3-ga*, você vai ver uma pequena sorveteria rosa. Depois de passar a sorveteria, entra na primeira rua à esquerda que é a *Jangmi-gil*. Sobe a ladeira aproximadamente 200 metros e dobra à direita na segunda rua. Minha casa fica entre um prédio de escritórios de 5 andares e um café chamado *Jardim Bonito* com mesas na rua. Vai demorar menos de 10 minutos. Já saio para esperar você em frente da minha casa, tá? Se a gente não se encontrar em 10 minutos, você me liga ou eu ligo para você. Até já.

✤ 초대 받았을 때의 옷차림

친구의 생일이나 슈하스꾸(churrasco, 브라질식 바비큐) 파티에 갈 때의 복장은 반바지에 티셔츠면 OK! 결혼식에 참석할 때는 약간 격식을 차려, 남성은 정장에 넥타이, 여성은 드레스나 투피스 정장을 입습니다. 성대한 파티의 경우, 파티 시각이 오전이면 차분한 단색의 정장을, 오후나 밤이면 짙은 색의 화려한 정장이나 드레스를 입으면 돼요. 일반적으로 초대하는 사람이 시간과 장소, 모임의 성격, 또는 식사를 위한 초대인지, 아니면 간단히 차만 마시는 건지 미리 알려줍니다. 특별히 희망하는 복장이 있을 때만 초대장의 왼쪽 아래에 표기를 하는데, 만약 'Traje: esporte'라고 적혀 있다면, 남성은 넥타이를 뺀 편한 셔츠 차림, 여성은 공식적인 행사가 아닌 이상, 반바지나 긴 바지 또는 치마에 블라우스 등의 캐주얼한 복장으로 오면 된다는 뜻입니다.

✤ 파티문화

작은 일도 파티의 이유가 되는 브라질! 아파트와 같은 공동 주택에는 아예 공용 파티전용 홀이 갖춰져 있습니다. 파티를 여는 주최자가 먹을 것과 마실 것을 전담하는 우리와는 달리 브라질에서는 참여하는 사람들 각자가 서로 조금씩 가져오는 게 일반적이에요. 집에서 직접 만든 음식, 과자, 쿠키, 케이크, 샌드위치, 튀김 등이 주가 되는데, 항상 남을 정도로 넉넉히 가져옵니다. 개인 주택이나 아파트 대부분에 슈하스께이라(churrasqueira)라는 바비큐 도구가 설치된 공간이 있는 것도 특징인데, 주말에 슈하스꾸(churrasco)를 즐기며 파티를 하기 위한 것입니다. 바비큐 파티에 참여할 때의 복장은 자유이며, 모르는 친구를 데려가도 초대한 사람이 불편해하지 않습니다.

Lição 13

색깔

다채로움의 대명사 브라질! 브라질은 워낙 세계 각지로부터의 이민과 혼혈로 점철된 국가이다 보니 피부색이 다양합니다.

한편, 색깔이 풍부한 나라임을 확인할 수 있는 행사는 다름 아닌 카니발! 화사한 원색의 장식물들이 넘쳐나는 퍼레이드와 모든 인종이 한데 어울려 춤추는 장관은 세계인의 이목을 집중시킵니다. 그래도 브라질을 생각할 때 저절로 떠오르는 색은 단연 노란색과 녹색이죠? 브라질 대표 축구팀의 유니폼부터가 노란색과 녹색이니까요. 브라질 국기의 바탕을 이루는 녹색은 울창한 산림을, 마름모꼴 노란색은 금 등의 천연자원을 의미합니다.

쇼핑

백화점은 평일에는 보통 오전 10시부터 오후 10시까지 영업합니다. 지방마다 약간씩 다르지만 크리스마스 시즌이 되면 보통 2주 전부터 일요일을 포함해 매일 문을 엽니다. 보통 다른 가게들도 이 시즌엔 평소보다 영업시간을 더 늘리면서 세일에 총력을 기울이죠.

브라질에서의 쇼핑은 관광객들에게 특별한 경험을 선사합니다. 천연자원이 풍부한 나라인 만큼 저렴하고 진귀한 귀금속, 가죽제품, 수공예품 등이 많아요. 상파울루는 헤뿌블리까 광장(Praça da República) 같은 곳에서는 식인 물고기 삐랑야박제, 나비표본, 천연광물 원석, 빠우브라지우(pau-brasil)로 만든 각종 목공예품, 화석, 골동품, 가죽공예품 등을 구입할 수 있습니다. 여기서 한 가지! 브라질이란 이름은 빠우브라지우라는 나무에서 유래합니다. 거의 모든 지역에서 서식하던 이 나무는 붉은색 염료 추출에 이용되었는데 아쉽게도 식민지시기에 마구잡이로 베어버려, 지금은 목공예품으로나 겨우 만나볼 수 있을 정도로 구경하기가 어려워지고 말았습니다.

1. 관계대명사

• 문장 내에 이미 언급되었던 명사를 반복하지 않고 문장을 연결해줄 때 쓰이는 말을 관계대명사라고 하며, 관계대명사가 이끄는 절은 형용사적 기능을 가집니다.

Não conheço o aluno que chegou há pouco. (que = aluno)

위의 문장을 두 개의 절로 풀어보면 다음과 같습니다.

Não conheço o aluno. + O aluno chegou há pouco.

관계대명사		
불변형	가변형	소유격
que quem onde	o qual / a qual os quais / as quais quanto / quanta quantos / quantas	cujo / cuja cujos / cujas

1) que

• que는 사물이나 사람을 언급하며, 한정적 또는 설명적 형용사절을 이끕니다.

O livro que eu li era muito interessante.
(Eu li o livro. + O livro era muito interessante.)

A menina que eu conheci ontem é inteligente.
(A menina é inteligente. + Eu conheci a menina ontem.)

Ela disse uma coisa que não gostei de ouvir.
(Ela disse uma coisa. + Não gostei de ouvir a coisa.)

• 주절의 주어가 que 이하 종속절의 주어일 때 동사는 주절의 주어에 일치

Não fui eu que mand*ei* fazer aquele trabalho.
(Não fui eu. + Eu não mandei fazer aquele trabalho.)

• 전치사와 함께 쓰일 때는 항상 전치사 뒤

A cidade em que moramos é Seul.

= A cidade onde moramos é Seul.
(A cidade é Seul. + Nós moramos em Seul.)

2) quem

• quem은 사람만을 언급하며 항상 전치사와 함께 쓰입니다.

Aquele é o senhor com quem nós trabalhamos.
(Aquele é o senhor. + Nós trabalhamos com o senhor.)
Não conheço o jornalista para quem eu mandei um e-mail hoje.
(Não conheço o jornalista. + Eu mandei um e-mail para o jornalista hoje).

• 부정 관계대명사

Quem quer ficar levante a mão, por favor. (na sala de aula)
= Aquele (aluno) que quer ficar, levante a mão, por favor.

✐ quem은 '~인 사람(들)'이란 의미로 'o que ~, a que ~, os que ~, as que ~, aquele que ~, aquela que ~, aqueles que ~, aquelas que ~'로 대체할 수 있습니다.

3) onde

• 장소를 언급하며 (lugar) em que, no qual, na qual, nos quais, nas quais에 상응합니다.

A casa onde vou morar é velha.
(A casa é velha. + Vou morar nessa casa.)
(= A casa em que/na qual vou morar é velha.)

A rua onde moro é estreita e escura.
(A rua é estreita e escura. + Eu moro nessa rua.)
(= A rua em que/na qual moro é estreita e escura.)

O cinema aonde vamos é perto da estação de Seul.
(O cinema é perto da estação de Seul. + Vamos ao cinema.)
(= O cinema a que/ao qual vamos é perto da estação de Seul.)

4) o qual, a qual, os quais, as quais

- 문장의 의미를 분명히 하고자 할 때 que 또는 quem 대신 사용합니다.
- 항상 정관사와 함께 옵니다.
- 구어에서는 que나 quem을 활용한 문장을 더 많이 씁니다.
- 문어에서 두 음절 이상의 전치사 다음에는 qual가 더 많이 쓰입니다.

André, com o qual nós sempre saímos, é alegre.
(André é alegre. + Nós sempre saímos com André.)
(= André, com quem nós sempre saímos, é alegre. – 구어)

Não reconheci nem o pai nem a filha, a qual me pareceu bem mais magra que antes.
(Não reconheci nem o pai nem a filha. + A filha me pareceu bem mais magra que antes.)
(= Não reconheci nem o pai nem a filha, que me pareceu bem mais magra que antes.)

문법적으로는 틀린 문장이지만 구어에서는 Não reconheci nem o pai nem a filha, quem me pareceu bem mais magra que antes.라고도 말합니다.

Os assuntos sobre os quais conversamos são muito importantes.
(Os assuntos são muito importantes. + Conversamos sobre os assuntos.)

Minhas amigas, das quais gosto muito, são todas brasileiras.
(Minhas amigas são todas brasileiras. + Eu gosto muito das minhas amigas.)
(= Minhas amigas, de quem gosto muito, são todas brasileiras. – 구어)

5) quanto, quantos, quantas (quanta는 관계대명사로는 쓰이지 않습니다.)

- 선행사로 부정대명사 tudo를 취하기도 합니다.
- 선행사가 명시되어 있지 않은 경우도 있습니다.

Vale quanto pesa.
Gaste quanto quiser.

(= Gaste *tudo o que* quiser.)

Ver você feliz é (*tudo*) quanto quero.
(= Ver você feliz é *tudo o que* quero.)
(= Ver você feliz é *tudo aquilo que* quero.)

Comprei (*tudo*) quanto pude no shopping.
(= Comprei *tudo o que* pude no shopping.)

O ladrão entrou na loja e roubou quanto quis.
(= O ladrão entrou na loja e roubou *tudo o que* quis.)

Assista online a quantos filmes e séries quiser.
(= Assista online a *todos os* filmes e a *todas as* séries *que* quiser.)

6) cujo, cuja, cujos, cujas

- 소유 의미를 갖는 관계대명사로 뒤에 오는 명사의 성과 수에 일치해야 합니다.
- 'de que', 'do qual(과 그 변형)', 'de quem'의 의미와 동일합니다.
- 영어의 whose에 해당하는 형용사적 관계대명사이나, 의문대명사로는 쓰이지 않습니다.

O aluno cujo livro ficou na sala de aula sempre esquece alguma coisa.
(O aluno sempre esquece alguma coisa. + O livro do aluno ficou na sala de aula.)

Meu amigo cuja namorada é paulista é muito simpático.
(Meu amigo é muito simpático. + A namorada do meu amigo é paulista.)

A loja cujos preços são muito bons está sempre cheia.
(A loja está sempre cheia. + Os preços da loja são muito bons.)

Os alunos de português cujas mães estiveram aqui na escola ontem são estes.
(Estes são alunos de português. + As mães desses alunos estiveram aqui na escola ontem.)

☞ Cujos pais estiveram aqui? (×)

Vocabulário

conheço '알다' conhecer의 현재 1인칭 단수
há pouco 방금 전에
li '읽다' ler의 완전과거 1인칭 단수
disse '말하다' dizer의 완전과거 1 · 3인칭 단수
ouvir 듣다
fui '이다' ser의 완전과거 1인칭 단수
mandei '시키다' mandar의 완전과거 1인칭 단수
levante '들어올리다' levantar의 접속법 현재로 명령형
velha 오래된(f)
a rua 길/거리
estreita 좁은(f)
escura 어두운(f)
sair 나가다
reconhecer 알아보다
nem ~도 아니다(não의 강조형)
antes 전에/앞에
o assunto 화제/주제
valer 가치가 있다/소용이 있다
pesar 무게가 나가다
gastar 쓰다
quiser '원하다' querer의 접속법 미래 1 · 3인칭 단수
o filme 영화
a série 시리즈
o ladrão 도둑
a loja 가게/상점
roubar 훔치다/도둑질하다
esquecer 잊어버리다
paulista 상파울루주의[사람]
o preço 가격
cheio 찬/가득한(m)

Exercícios

1. 다음 빈칸에 quem 또는 que를 써넣고 해석해보세요.

1) O estudante universitário ________ você conheceu ontem é meu amigo.

2) A gente disse uma coisa ________ não era agradável de ouvir.

3) Fui eu ________ cheguei primeiro na sala de aula.

4) Gente, ________ quer viajar comigo, me mande uma mensagem.

5) Este é o *office-boy* a ________ eu pedi um favor.

6) Aquela é a moça com ________ quero sair.

7) Não conheço a secretária para ________ mandei meus dados pessoais.

2. 다음 빈칸에 onde 또는 qual을 써넣고 해석해보세요.

1) A cidade para ________ vou viajar neste verão é Salvador.

2) Aquela é a mesa ________ deixei o meu celular, mas não está mais lá.

3) ________ meu namorado está, só eu sei.

4) Meu tio comprou o restaurante do ________ eu falei para você.

5) Meu pai vendeu a pizzaria sobre a ________ eu falei para você.

3. 다음을 읽고 연습해보세요. – 관계대명사

1) A: Senhor Santos, o homem que está na entrada do hotel quer falar com o senhor.
B: Sabe quem é ele?
A: O senhor não o conhece?

2) A: Você parece que está apaixonado. Pode falar para mim, amigo. Quem é a moça que conquistou o seu coração?
B: É a moça que trabalha no banco na esquina ali.

3) A: Estou morrendo de raiva.
B: Algum problema?
A: É meu novo vizinho que mudou para o apartamento ao lado. Ele liga o som o dia inteiro e nunca desliga.
B: Já tentou falar disso?
A: Muitas vezes. Mas não adianta. Ele é doido mesmo. Nem quer me ouvir.

4. 다음을 읽고 해석해보세요.

O Brasil para coreanos é...

Se algum brasileiro perguntar a você sobre o Brasil, sua resposta vai começar provavelmente com 'futebol, carnaval, samba e Amazônia'. Ele vai ficar muito feliz com a sua resposta. Mas pode parecer que os coreanos sabem só isso.
Agora você pode falar mais do que isso, porque, na realidade, na Coreia, há muitos coreanos que gostam do Brasil e dos brasileiros e que, além de futebol, gostam de comida brasileira e de música popular brasileira.
Cada vez mais jovens coreanos estudam português para trabalhar ou viver no Brasil o resto da vida, porque eles acreditam que a vida lá é mais tranquila e menos estressante. Assim o interesse e a paixão pelo Brasil estão crescendo muito na Coreia.
Como todo mundo sabe, o Brasil vai sediar a Copa do Mundo da FIFA de 2014. Além disso, a cidade do Rio de Janeiro foi escolhida como sede dos Jogos Olímpicos de 2016. Está na hora de conhecer melhor o Brasil.

✤ 브라질 영화

브라질 영화 중 우리나라에 소개된 것들로 〈미션〉, 〈중앙역〉과 〈시티 오브 갓〉이 있습니다.

〈미션(Mission)〉은 1750년경 파라과이와 브라질의 국경 이구아수 폭포 부근에 있었던 실화를 바탕으로 한 영화입니다. 원주민 과라니족을 상대로 선교 활동을 벌이는 두 선교사의 종교와 사랑 그리고 정의가 무엇인가를 심오하게 그린 것으로 유명하죠. 1986년 제39회 칸 영화제에서 그랑프리를 수상한 이 작품은 롤랑 조페가 감독하고 로버트 드 니로가 주연을 맡았습니다.

원제가 '쎙뜨라우 두 브라지우(Central do Brasil)'인 〈중앙역〉은 리우를 배경으로 한 영화로, 바우떼르 쌀리스(Walter Salles) 감독의 작품입니다. 나이 든 여인과 어린아이가 우정을 나누게 되는 과정을 그린 이 영화는 1998년 베를린 영화제에서 최우수 작품상 수상과 브라질 영화의 세계 수출이라는 쾌거를 올렸을 뿐만 아니라, 여주인공을 연기한 페르낭다 몽찌네그루에게 여우주연상을 안겨준 영화이기도 하죠.

〈시티 오브 갓〉은 빠울루 링스(Paulo Lins)의 베스트셀러 소설 『씨다지 지 데우스(*Cidade de Deus*, 신의 도시)』를 각색한 영화로 리우데자네이루 파벨라(favela, 빈민촌)의 1960~1980년대 삶을 여과 없이 보여주는 영화입니다. 파벨라의 실제 거주민들이 대거 참여한 다큐멘터리식의 영화예요. 법보다는 주먹, 부패한 경찰, 생존을 위한 살인 등이 실화를 바탕으로 한 것으로 알려져 있습니다. 2002년에 제작된 이 영화는 페르낭두 메이렐리스(Fernando Meirelles)와 까찌아 룽지(Kátia Lund) 두 감독의 작품으로, 이 두 감독은 이 영화를 계기로 세계적 명성을 얻을 수 있었습니다.

Lição 14

아마존

지구의 허파 아마존! 전 세계 삼림의 30퍼센트, 세계 산소량의 20퍼센트를 공급, 한반도의 35배가 넘는 면적! 페루의 안데스산맥에서 시작되는 강과 울창한 정글로 이루어진 아마존은 상상을 초월하는 각종 자원과 희귀 동식물들의 보고인데, 브라질 정부조차 정확하게 파악하지 못할 정도라고 합니다. 아마존강의 본류와 지류를 중심으로 펼쳐져 있는 아마존 유역 분지는 남아메리카 북부지역에 있는 페루, 콜롬비아, 에콰도르 등 총 9개국에 걸쳐 있죠. 브라질이 그중 가장 많은 60퍼센트의 지역을 차지해요. 아마존강의 총 길이는 6,400킬로미터로, 나일강에 이어 세계에서 두 번째로 긴 강입니다. 이 강은 빙하로 묶여 있는 담수를 제외하면, 액체 상태로 이용 가능한 지구 전체 담수의 약 4분의 1을 담아내고 있다고 합니다.

아마존 관광

마나우스(Manaus)는 일 년 내내 무덥고 사계절이 뚜렷하지 않으며, 12월에서 5월까지는 우기입니다. 우기에는 거의 매일 비가 내리고 일교차가 심해, 아침과 점심은 덥고 저녁에는 온도가 뚝 떨어져 쌀쌀해지는 게 특징이에요. 이 지역은 6월에서 9월 사이가 관광하기에 적절한 시기입니다.

보트나 카누를 타고 마나우스 주변의 강을 탐험하는 경험이 더욱 이색적인 것은, 가끔 민물고래가 나타나 색다른 즐거움을 선사하기 때문입니다. 카누를 타고 식인물고기 삐랑야(piranha) 낚시나 악어 사냥도 할 수 있는데, 자연보호법 때문에 악어는 잡은 다음 죽이지 않고 다시 놓아준다고 합니다.

배를 타고 북쪽 열대우림지역에서 유입되는 네그루강(Rio Negro)과 브라질 고원으로부터 유입되는 쏠리몽이스강(Rio Solimões)이 합류되는 지점에 가보는 것도 색다른 경험! 다량의 유기물을 함유한 네그루강은 검은색을 띠고, 유기물이 적은 쏠리몽이스강은 황토색을 띠는데, 이 두 강의 서로 다른 색깔이 서로 뒤섞이지 않고 소용돌이치며, 6킬로미터 정도를 그대로 흘러갑니다. 이 광경은 그야말로 이곳 자연만이 베푸는 장관입니다.

1. 형용사의 비교최상급

• 세 개 이상의 것을 비교할 때 가장 높거나 가장 낮은 정도를 나타내며, 이때 관사와 형용사는 수식하는 명사의 성과 수에 일치합니다.

「관사 + (명사) + mais / menos + 형용사 + de / entre」

Eduardo é o mais alto da escola.
Renato é o menos estudioso da escola.
Roberto é o aluno mais inteligente da escola.
Ana é a aluna menos inteligente entre as amigas dela.
O Rio de Janeiro é a cidade mais bonita do Brasil.
(= O Rio de Janeiro é a mais bonita cidade do Brasil.)

2. 강도를 나타내는 형용사와 부사의 최상급

「관사 + mais / menos (+ 형용사/부사) + possível」

Não gosto de doces. Chocolate tem que ser o menos doce possível.
Vou tentar comer o mais possível.
Vou tentar me levantar o mais cedo possível.
Pergunte e ouça mais, fale o menos possível.

3. 형용사와 부사의 절대최상급

• 다른 것과의 비교가 아닌, '매우 ~한(하게)'의 의미를 표현합니다.
• 비교 대상이 없이 가장 강한 정도를 나타내며 구어에서 많이 쓰입니다.

1) 단순 절대최상급

• 모음 -o, -a, -e로 끝나는 형용사는 -o, -a, -e를 빼고 -íssimo(a)를 붙여 만듭니다.
• 형용사의 최상급어미를 여성형으로 바꾼 다음, -mente를 붙여주면 부사가 됩니다.

caro	➡	car*íssimo*
bonita	➡	bonit*íssima*
triste	➡	trist*íssimo(a)*
ótimo	➡	otim*amente*

O vinho é caríssimo.

Eu sou bonitíssima.

Pedro é rapidíssimo.

Paulo Coelho escreve lindissimamente bem.

Ele trabalha rapidissimamente quando está sozinho.

기타 최상급 부사 표현

Renata comeu pouquíssimo no jantar.
Rosa faz tudo devagarinho.
Helena levantou cedíssimo.
Meu pai chegou em casa tardíssimo.

• 라틴어에서 유래한 최상급 형용사

fácil	➡	facílimo
difícil	➡	dificílimo
bom / boa	➡	ótimo
ruim / mau / má	➡	péssimo

A prova foi facílima.

O problema foi dificílimo.

A sua ideia é ótima.

A cantora cantou otimamente.

Ele foi péssimo.

O professor falou pessimamente.

• 철자가 변하는 최상급형용사

-vel ➡ -bil + íssimo	amável ➡ amabilíssimo confortável ➡ confortabilíssimo
-m ➡ -n + íssimo	comum ➡ comuníssimo
-z ➡ -c + íssimo	feliz ➡ felicíssimo

Agradeço suas amabilíssimas palavras.

Isso é comuníssimo no Brasil.

Estou felicíssimo com ela ao meu lado.

• 최상급이 2개인 형용사(원급형용사 + 최상급 어미, 라틴어에서 유래한 최상급)

bom / boa	➡	boníssimo – ótimo
mau / má / ruim	➡	malíssimo – péssimo
grande	➡	grandíssimo – máximo
pequeno	➡	pequeníssimo – mínimo
pobre	➡	pobríssimo – paupérrimo
alto	➡	altíssimo – supremo / sumo

É ótima ideia.

Hoje foi um péssimo dia para mim.

O apartamento dele é grandíssimo.

Ele fez um pequeníssimo filme.

Ela era uma pessoa pobríssima.

O amor é o valor supremo da vida.

São prazos mínimos e máximos para a conclusão do curso.

2) 수식어를 활용한 복합 절대최상급

• 강조하고자 하는 형용사 앞에 muito, bem, extremamente, super 등의 부사를 써서 표현합니다.

Tiago é *muito* bonito.

Paulinho é *bem* inteligente.

Diego é *extremamente* ágil.

A Coreia jogou *super* bem na Copa do Mundo de 2002.

Você vai descobrir como emagrecer *muito* rapidamente até 6kg em 1 mês.

3) 불규칙 비교급 형태를 가진 형용사의 최상급

원급	최상급
bom / boa bons / boas	o/a melhor os/as melhores
mau / má / ruim maus / más / ruins	o/a pior os/as piores
grande grandes	o/a maior os/as maiores
pequeno/a pequenos/as	o/a menor os/as menores

O Amazonas é o maior rio do Brasil.

Este é o menor preço do mercado.

Mariana é a melhor professora da escola.

Este foi o pior dia da minha vida.

4. 비교구문 (2)

1) 동일한 개체의 특질을 비교할 때

João é mais habilidoso que inteligente.

- 한 사람 또는 사물의 특질을 비교할 경우에는 mais bom que, mais mau que, mais grande que, mais pequeno que 등의 표현을 씁니다.

O filho dele é mais bom que mau.

O sofá na sala é mais grande que pequeno.

2) '대단히 ~하므로 ~하다': 「tão + 형용사/부사 + que」, 「tanto(와 그 변형) + 명사 + que」

Este smartphone é tão caro que não dá para comprar.
Ele fala tão suavemente que todo mundo fica encantado.
Meu chefe estava com tanta dor de cabeça que foi tomar um comprimido.

3) '~하면 할수록 더(덜) ~하다': 「quanto + 비교급 ~ (tanto) + 비교급」

Quanto mais difícil é a tarefa, com (tanto) mais empenho trabalhamos.
Quanto mais estudo, (tanto) menos sei.
Quanto menos estudiosos somos, (tanto) pior para nós.

4) anterior, posterior, superior, inferior 등 비교 형용사: '+ 전치사 a'

O pretérito perfeito expressa um fato ocorrido no momento anterior ao atual, completamente terminado.
Isso aconteceu no período posterior à greve bancária.
Nós trabalhamos no mesmo local e ele é superior a mim.
A mulher só ama quando admira; para amar um homem precisa se sentir inferior a ele.

Vocabulário

estudioso 공부를 열심히 하는(m)
tentar 시도하다/노력해보다
possível 가능한
pergunte '질문하다' perguntar의 접속법 현재 명령형
ouça '듣다' ouvir의 접속법 현재 명령형
o doce 단것(사탕 및 초콜릿류)
ótimo 아주 좋은(m)
o vinho 포도주
ruim 나쁜
a cantora 가수
amável 상냥한/다정한
confortável 편안한
pobre 가난한/불쌍한
a ideia 생각
o apartamento 아파트/(호텔의) 방
o valor 가치
supremo 최고의(m)
o prazo 기간
mínimo 최저의/최소한의(m)
máximo 최고의/최대의(m)
a conclusão 마무리/최종적 판단
extremamente 극도로/극히
ágil 기민한/재빠른
super 대단한/대단히
descobrir 발견하다/알아내다
emagrecer 살을 빼다
o mercado 시장
habilidoso 재주가 있는/숙련된(m)
o sofá 소파
o smartphone 스마트폰
suavemente 부드럽게
encantado 황홀해하는/도취된(m)
o chefe 상관
tanta 그만큼의(f)
o comprimido 알약
a tarefa 일/과제
o empenho 노력/전념
o pretérito perfeito 완전과거
expressar 표현하다
o fato 사실
ocorrido 발생한(m)
o momento 순간/때
anterior 앞(전)의
posterior 뒤(후)의
a greve 파업
bancária 은행의(f)
o local 지역/현지
superior 위[상]의
admirar 존경하다
inferior 아래[하]의

Exercícios

1. 다음 문장을 정확히 해석하세요.

1) Este hotel é o mais caro da cidade.
2) Esta galeria é a mais famosa de todas.
3) Entre os melhores navegadores qual é o mais rápido?
4) Eduardo é o melhor aluno da classe.
5) Regina é a mais alta entre todas as amigas.
6) Esta é a maior caixa que tem no correio.

2. 다음 괄호를 참조, 필요한 경우 형태를 바꾸어 최상급 문장을 만들어보세요.

1) O vinho é ______________. (caro)
2) Eu sou ______________. (bonito)
3) Fiz negócios com essa loja e fui __________ bem atendido. (super)
4) Nosso time de futebol jogou ___________ mal hoje. (muito)
5) Vamos entregar os produtos o __________ rápido possível. (mais)
6) Aprender a falar português é ______________. (fácil)
7) Entender o inglês dos nativos é ______________. (difícil)
8) Esta maçã é a ______________ de todas. (grande)
9) Qual é o ______________ país do mundo? (pequeno)
10) Este é um dos ______________ filmes de 2010. (bom)

3. 다음을 읽고 연습해보세요. – 최상급

1) A: Vamos fazer compras? Estou com vontade de sair e comprar alguma coisa.
   B: Tá bem. Vamos ao shopping mais próximo.
   A: OK. Tem um muito grande e barateiro daqui a 2 paradas de ônibus. Você conhece o shopping Eldorado? Várias lojas estão em liquidação.
   B: Ainda não conheço. Vamos para lá.

2) A: Onde é a livraria mais próxima?
   B: Fica no segundo quarteirão.

3) A: Eu acho a Angelina Jolie a mulher mais bonita do mundo. Muito mais do que a Gisele Bündchen.

B: Para você ela é tão bonita assim? Mas outros pensam que não há ninguém mais bonita que a Gisele Bündchen.

4) A: Qual foi o melhor jogador do mês de dezembro de 2010 do Manchester United?

B: No site oficial do Manchester United, o Ji Sung Park foi novamente escolhido como o melhor jogador do mês, assim como no mês de novembro. Para mim também ele foi o melhor!

A: Impressionante! Sei que ele é o melhor jogador asiático de futebol, mas...

4. 다음을 읽고 해석해보세요.

São Paulo

A cidade de São Paulo, capital do Estado de São Paulo, é a maior cidade da América do Sul e a quarta maior de todo o mundo, com 1.530 quilômetros quadrados e quase 10,5 milhões de habitantes, de acordo com o censo realizado em 2010 pelo Instituto Brasileiro de Geografia e Estatística(IBGE).

Na cidade de São Paulo, onde convivem pessoas de mais de 70 nacionalidades, há mais de 12,5 mil restaurantes e 15 mil bares, com 52 tipos de cozinha de todas as partes do mundo. Por isso, é considerada "Capital Mundial da Gastronomia".

Também há cerca de 280 salas de cinema, 180 teatros, mais de 90 centros culturais e 110 museus, além de inúmeras casas noturnas dos mais diversos estilos.

O clima é tropical temperado, chove muito no verão, e a temperatura média anual fica entre 19℃ e 27℃. Mas todas as estações do ano podem ser vistas em um único dia, pois a cidade pode amanhecer ensolarada e acabar o dia com chuva. Por isso, os paulistanos têm costume de andar com casacos e guarda-chuvas em dias quentes.

℃는 grau Celsius라고 읽습니다.

✤ 마나우스

아마조나스(Amazonas)주의 주도 마나우스(Manaus)! 면세지역으로서 다시금 경제도시로 각광을 받게 된 마나우스 내 산업단지(Pólo Industrial)에는 2014년 말 현재 482개의 산업체가 들어서 있으며 그중 대부분이 TV, 컴퓨터정보기술 그리고 오토바이 산업입니다. 그리고 2019년 1월에는 주브라질 한국대사님이 아마존주(州) 산업연맹을 방문하고 이어 마나우스자유무역감독청(Suframa)을 방문하여, 동 지역에 대한 우리나라 기업들의 보다 많은 진출 방안을 모색하기도 했습니다. 19세기 말 아마존에서 천연고무가 발견되면서 한때 크게 번영했던 이곳 마나우스에는 과거 전성기를 짐작케 하는 유럽풍의 시가지와 건물이 많습니다. 특히, 르네상스풍의 화려하고 웅장한 아마조나스 극장(Teatro Amazonas)은 유럽에서 들여온 기자재로 건설되어 유명합니다.

✤ 아마존의 안타까운 현실

사라져가는 아마존 열대우림! 과거 60년 동안 이미 전체 아마존 열대우림의 약 4분의 1이 사라지고 말았습니다. 최근에는 세계적으로 육류 소비가 급증하면서 가축사육이 늘어나고, 콩 재배까지 이곳으로 확산되면서 아마존 열대우림의 상당 부분이 벌채되고 개간되어 가는 실정입니다.

아마존 열대우림에는 지금까지 생존하고 있는 30여 만 명의 원주민들이 부족 단위의 집단을 이루며 곳곳에 흩어져 거주하고 있습니다. 하지만 이러한 열대우림의 파괴 때문에 원주민들은 삶의 터전을 빼앗기고 생명의 위협까지 받고 있죠. 특히 보우소나루 정부에 들어서서는 역대급 밀림 파괴가 자행되는 큰 고통을 겪기도 했습니다. 그러나 2023년에 취임한 룰라 대통령 정부는 아마존 밀림 파괴를 막기 위해 다양한 조치를 취하고 있어서 전 정부 때보다 산림 파괴 면적이 절반 이하로 줄어들고 있습니다. 실제로 최근의 브라질 벌목경보시스템(SAD) 발표에 따르면 2023년 1월부터 10월 사이 하루당 1,200여 개의 축구장 면적에 해당하는 총 3,806 평방킬로미터의 면적이 황폐화되었다고 하는데 이것은 전 정부에 비해 50% 이상이 줄어든 것입니다.

좀 오래된 자료입니다만 2009년 9월『베자(Veja)』지 특집에 아마존에 관한 기사가 실렸습니다. 전기가 들어가지 않는 아마존 지역의 사람들이 TV를 보려면 전기 생산을 위한 디젤유가 필요하고, 그들은 이 디젤유를 사기 위해 거북이를 사냥합니다. 사냥한 거북이 두 마리를 주면 디젤유 2리터를 살 수 있는데, 이것으로 TV를 4시간 동안 시청할 수 있다고 해요. 소금 1킬로그램을 사려면 생고무 1킬로그램, 1리터짜리 술 한 병을 사려면 소금에 절인 생선 2킬로그램과 바꿔야 한다고 합니다.

Lição 15

파울루 코엘류(Paulo Coelho)

세계에서 가장 많은 언어로 번역되어 기네스북에 등재되기도 한 베스트셀러 작가. 브라질 주요 주간지 『베자(*Veja*)』(2010년 8월)에 따르면, 그의 대표작 『연금술사(*O alquimista*)』는 전 세계에서 1억 3,500만 부가 넘게 판매되었고 69개 언어로 번역되었다고 합니다. 우리나라에서도 1988년 발간되어 베스트셀러이자 스테디셀러로 인기를 이어가고 있습니다. 그의 대표작으로는 『베로니카, 죽기로 결심하다(*Veronika decide morrer*)』, 『11분(*Onze minutos*)』, 『오 자히르』(*O Zahir*)』, 『포르토벨로의 마녀(*A bruxa de Portobello*)』 등이 있습니다.

주제 마우루 지 바스콘셀루스 (José Mauro de Vasconcelos)

감수성 예민한 한 소년이 인생에서 슬픔과 사랑의 의미를 배워가는 과정을 밀도 있게 그려내 전 세계의 사랑을 받는 『나의 라임오렌지나무(*Meu Pé de Laranja Lima*)』의 저자. 이 책은 1968년 출간한 이래 세계 21개국에 번역되어 널리 읽히고 있습니다. 1982년 우리나라에 소개된 이후 큰 공감대를 불러일으키며, 지금까지도 스테디셀러 자리를 굳건히 지키고 있죠. 명실공히 성장소설의 고전으로 통합니다. 놀라운 사실 하나! 이 작품의 집필 기간은 단 12일이었다고 합니다. 책 구상 기간이 20년이었다고는 해도 정말 대단하죠? 다른 대표작으로는 『햇빛 사냥(*Vamos Aquecer o Sol*)』, 『광란자(*Doidão*)』 등이 있습니다.

1. 직설법 현재완료 (Pretérito perfeito composto do indicativo)

1) 직설법 현재완료의 형태와 용법

• 현재완료: 「Ter 동사의 현재 + 과거분사」

현재완료(복합과거)		
eu	tenho	falado comido partido
você / o senhor / a senhora / ele / ela / a gente	tem	
nós	temos	
vocês / os senhores / as senhoras / eles / elas	têm	

Aquele político tem falado muito e feito pouco.
Ultimamente temos comido muitas frutas.
Nestes dias você tem agido de forma estranha.

• 현재완료는 영어의 현재완료보다 용법이 간단하며, 과거에 시작하여 현재 계속되거나 반복되고 있는 행동을 표현합니다.
• 주로 ultimamente, recentemente, nestes últimos dias 등의 부사(구)와 함께 쓰입니다.

Eu tenho estudado todas as noites.
(= Eu estudei na noite passada e nas anteriores também e possivelmente vou continuar estudando).
Temos trabalhado muito. (ultimamente)
Eu tenho andado distraído. (recentemente)
A gente tem feito um bom trabalho. (nos últimos anos)
Recentemente tenho sonhado com a minha avó.
Tenho estudado muito para os exames nestes últimos dias.

• 과거를 나타내는 ontem, anteontem, o ano passado, a semana passada, o mês passado 등은 현재완료와 함께 쓰지 않습니다.

Tenho ido ontem ao cinema. (×)
Fui ao cinema ontem. (○)

☞ 직설법 완전과거
Eu estudei a noite toda. (uma noite inteira)
Trabalhamos muito ontem. (um dia)

2. 직설법 과거완료 (Pretérito mais-que-perfeito do indicativo, 대과거)

- 이미 끝난 다른 사실보다 이전에 발생한 사실을 표현합니다.
- 구어와 문어체에서 고루 많이 쓰이는 형태는 복합형태이며, 문어체에만 그 쓰임이 한정된 단순형태도 있습니다.

1) 복합 형태: 「Ter 동사의 불완전과거 + 과거분사」

Ele já tinha estudado as lições quando os amigos chegaram.

(= Ele já estudara as lições quando os amigos chegaram.)
(단순대과거)

Eu tinha decidido viajar hoje, mas mudei de ideia.

☞ Eu fiquei em silêncio, porque já havia entendido tudo.
Meu namorado esqueceu que havíamos combinado sair hoje.

2) 단순 형태: 직설법 완전과거 3인칭 복수에서 -am을 빼고 -a, -a, -amos, -am를 붙여줍니다.

- 3인칭 단수 형태로 소망, 소원을 표시하는 몇몇 표현에서 주로 사용됩니다.

Tomara que não!

Quem me dera!

3. 수동태

1) 수동태의 구조

- 수동태 문장의 과거분사는 주어의 성과 수에 일치합니다.
- 조동사 ser의 시제는 현재, 과거, 불완전과거, 미래가 모두 가능합니다.
- 수동태 문장에서 행위자는 주로 전치사 por 뒤에 오지만 de가 쓰일 때도 있습니다.

주어	동사	과거분사	행위자
A aula	é	*dada*	pelo professor nativo.
O Brasil	foi	*descoberto*	por Pedro Álvares Cabral.
O filme	era	*feito*	por fãs.
A entrevista	será	*gravada*	pelo entrevistador.

O Alquimista foi escrito por Paulo Coelho.
(= Paulo Coelho escreveu *O Alquimista*.)
A mesa foi posta por Ana.
(= Ana pôs a mesa.)

A casa ficou cercada *de* soldados.

2) estar나 ficar 동사가 쓰인 수동태 문장은 상태를 표현

A porta está aberta. (잠정적인 상태)
A porta fica aberta. (지속적인 상태)

A porta foi aberta por ele. (문이 열린 시점의 동작)

3) 「3인칭 동사 + 대명사 se」로 된 수동태 구문

Abriram-se as inscrições para o Celpe-bras.
Construiu-se um prédio novo em um mês.
Roma não se fez em um dia!

4. 축소형과 증대형 어미

• 실제의 크기가 작거나 클 때 또는 감정을 살려서 실감나게 말하고자 할 때 사용합니다.

1) 축소형 어미

• 마지막 음절에 강세가 없이 모음으로 끝나면 마지막 모음을 빼고 -inho 또는 -inha를 첨가

casa	cas*inha*
livro	livr*inho*
rosa	ros*inha*
carro	carr*inho*

• 마지막 음절에 강세가 있는 단어, 두 개의 모음으로 끝나는 단어 그리고 비음으로 끝나는 단어는 -zinho 또는 -zinha를 첨가

café	cafe*zinho*
pão	pão*zinho*
papel	papel*zinho*
irmão	irmão*zinho*
mãe	mãe*zinha*
pai	pai*zinho*
boa	boa*zinha*
bom	bon*zinho*
jardim	jardin*zinho*

2) 증대형 어미

• 주요 증대형 어미: -ão과 -ona, -aço(a), -alha

carro	carr*ão*
sala	sal*ão*
bonito	bonit*ão*
porta	port*ão*
bonita	bonit*ona*
mulher	mulher*ona*
rico	ric*aço*
muro	mur*alha*

✐ -ão은 남성형, -ona는 여성형입니다. 참고로 mulherão은 아주 강인하거나 예쁜 여자 또는 사람들의 시선을 사로잡는 여자를 의미하는데, mulherona보다 더 강한 느낌을 줍니다.

✐ 대부분 여성명사에 증대형 어미 -ão이 붙으면 남성이 됩니다.

a sala – o sal*ão*　　　　a vida – o vid*ão*

Vocabulário

o político 정치인
feito '하다/만들다' fazer의 과거분사(m)
a fruta 과일
agido '행동하다' agir의 과거분사(m)
a forma 형태
estranha 이상한(f)
continuar 계속하다/계속되다
distraído 정신이 산만해진/집중이 안 되는(m)
sonhado '꿈꾸다' sonhar의 과거분사(m)
o exame 시험
anteontem 그저께
ido '가다' ir의 과거분사(m)
inteira 완전한/온(f)
a lição (책의) 과
decidido '결정[결심]하다' decidir의 과거분사(m)
mudar de ideia 생각[마음]을 바꾸다
o silêncio 침묵/고요
entendido '이해하다' entender의 과거분사(m)
combinado '합의하다' combinar의 과거분사(m)
Tomara (~)! 기원문에서 쓰이는 표현으로 '그랬으면 좋겠다'
Quem me dera! '그랬으면 좋겠다'
dada '주다' dar의 과거분사(f)
nativo 토박이의(m)
alquimista 연금술사
posta '놓다' pôr의 과거분사(f)
cercada '에워싸다' cercar의 과거분사(f)
o soldado 군인
a porta 문
aberta '열다' abrir의 과거분사(f)
a inscrição 입회/등록
o Celpe-bras (브라질 교육부가 주관하는 포르투갈어 인증시험) 쎄우뻬 브라스
construir 건축[건설]하다
o prédio 건물
a rosa 장미
o jardim 정원
rico 부유한(m)
o muro 벽/담

Exercícios

1. 다음 문장을 정확히 해석하세요.

1) Ultimamente eu tenho ficado mais em casa do que tenho saído.

2) Recentemente alguns cantores coreanos têm recebido muita atenção no Brasil.

3) O sistema de transporte público em Seul tem melhorado nos últimos anos.

4) O que você tem feito esses dias?

5) Nós temos estudado muito estes dias para a prova final.

2. 다음 문장을 완성하고 해석해보세요.

1) Construiu-________ uma estufa ecológica dentro do campus da Universidade Estadual de Campinas. (재귀대명사)

2) O universo foi ____________, ou se fez espontaneamente? (criar)

3) O Museu de Arte de São Paulo(Masp) possui a coleção mais importante do hemisfério sul, que é __________________ tesouro da humanidade. (considerar)

4) Os livros didáticos foram _____________ aos estudantes e estão sendo utilizados este semestre. (entregar)

5) Que bom que o problema foi ____________! (resolver)

6) O Brasil está ______________ em 26 estados e 1 Distrito Federal. (dividir)

3. 다음을 읽고 연습해보세요. – 현재완료, 축소형, 증대형

1) A: E então, deu tudo certo? Resolveu o problema?
B: Sim, resolvi. Esta vez, vai dar certo.
A: Agora podemos sair um pouco para um cafezinho ou uma cervejinha?

B: Podemos. Eu preciso de uma cervejinha bem gelada.

2) A: Oi, Maria, quanto tempo! Por onde você tem andado? Eu não tenho visto você na universidade.

B: Pois é. Estava trabalhando para pagar meus estudos.

3) A: Nossa! Este inverno tem sido horrível. Meu carro tem dado problema para pegar. No ano passado tive este tipo de problema poucas vezes, mas este ano quase toda semana.

B: Seu carrão é a diesel?

A: É. Já estou cheio até aqui.

4. 다음을 읽고 해석해보세요.

Apelidos

Vou contar um episódio muito curioso que experienciei em uma festa. Foi no jardim de um hotel famoso em Seul. Como o jantar era buffet, eu estava dando uma volta no jardim para me servir. Daí, de repente, ouvi alguém chamar.

– Animalzinho!

Eu me virei para onde vinha a voz. Era minha amiga. Fiquei surpreendida porque, para mim, a palavra que ouvi não era para chamar pessoas. Ela tinha chamado o seu marido de animalzinho, obviamente de brincadeira. Isso me lembrou que os brasileiros gostam muito de usar apelidos.

No Brasil, em geral os apelidos derivam dos nomes. Entre as pessoas que não são íntimas, são usados nomes sem abreviação. Mas quando a intimidade vem vindo, Roberto vira Beto, Juliana vira Juli e, finalmente, abrevia-se ainda mais para Bê e Ju.

Todo casal tem um jeitinho carinhoso de se chamar. Chamam-se de 'querido(a)' e 'amor', que sempre acaba cortado como 'mor', 'mozinho', 'mô' entre outros. No dia a dia, os brasileiros usam muito a forma diminutiva ou aumentativa, tais como meu docinho, minha gatinha, meu ursão, meu ursinho, etc.

✤ 브라질 교육

브라질에서는 만 6세에서 14세까지 기초교육 과정(Ensino Fundamental)을 의무교육으로 실시하고 있으며, 국공립학교는 무상입니다. 그리고 초등학교 1학년 때부터 영어과목이 들어간다고 합니다. 기초교육 과정은 우리나라의 초등교육과 중등교육에 해당하는 과정으로 각각 5년과 4년(총 9년)이고, 중등교육 과정(Ensino Médio)은 우리의 고등학교 과정에 해당하는 것으로서 3년 과정입니다. 대학교는 4~6년제이고 연방, 주립, 시립, 사립대학으로 구분되죠.

2022년 조사 발표된 브라질 교육부의 자료에 따르면 현재 브라질에는 연방대학이 119곳, 주립대학이 134곳, 시립대학이 60곳 등 303개의 국공립대학이 존재하며 사립대학은 2,261개인 것으로 나타났습니다. 사립대학이 압도적으로 많은 것인데요. 한편 초등교육의 경우는 2022년 현재 178,300개의 초등학교에 약 4,740만 명의 학생이 등록되어 있다고 합니다. 초등학교는 대학과는 반대로 주로 시립학교가 약 절반에 해당하는 49%를 차지하고 있고 주립학교는 31.2% 그리고 사립학교는 19%, 연방학교는 0.8%라고 합니다. 한편 브라질 국민의 문맹률은 많이 호전되고 있어서 2019년에는 전체 국민의 6.1%가 문맹자(15세 이상)였지만 2022년엔 5.6%로 줄어들었고 그 절반 이상이 북동부에 거주하는 노년층이라고 합니다.

Lição 16

시장

시장은 일주일에 한 번씩, 동네의 같은 골목에서 아침 일찍부터 12시 30분이나 1시까지 열립니다. 토요일이나 일요일장의 경우 오후 2시까지 열리기도 해요. 즐비한 좌판 위에 가지런히 진열해 놓은 낯익은 과일부터 생소한 열대과일, 각종 채소, 생선, 고기 등등 보기만 해도 무척 즐겁습니다. 만국기를 매달아 놓은 듯 가격표를 주렁주렁 매달아 놓은 가게, 하얀 종이에 매직으로 대충 쓴 필체의 물건 이름과 가격 또한 정겨운 시장풍경을 이루죠. 손수레를 끌고 장을 보러온 사람들은 대부분 일주일치 장을 한꺼번에 봅니다. 한편, 저소득층 서민을 위한 싸꼴러웅(sacolão)이란 시장도 있는데, 주로 채소와 과일 등을 킬로그램 단위로 시중가보다 저렴하게 판매하며, 대부분 오전 7시부터 오후 1시까지 열립니다.

1. 정관사

1) 4계절의 이름 앞

As folhas secas caem no outono.

• 계절의 이름이 명사적 보어나 수식어로서 전치사 de와 함께 올 때는 생략

A chuva de primavera

O sonho de uma noite de verão

2) ambos가 들어간 표현에 명사가 함께 쓰일 때

Ele me disse que ambos os irmãos participaram do crime.

☞ Ambos gostam de picolé de fruta.

3) 신체의 일부를 가리키는 명사 또는 의복, 필수품, 가족명이나 친척명 앞에서 소유사를 대신

Eu torci o pé.

Ela tirou a carteira da bolsa.

Ele não viu o irmão que estava andando na frente.

4) 비교 절대 최상급 표현

Contaram os episódios mais engraçados para mim.

Contaram os mais engraçados episódios para mim.

5) 소유대명사가 형용사적으로 쓰인 표현에서는 정관사의 사용이 선택적이나, 이미 명시된 명사를 대신할 경우 정관사가 반드시 필요합니다.

(O) Meu amigo acabou de telefonar para mim do Brasil.

Chegou minha amiga, mas não a sua.

6) o que, a que, os que, as que 표현에서도 쓰이며, 이 형태들은 이전에 언급된 명사를 반복하지 않기 위해 사용합니다.

Este livro é o que eu vi. (= Este livro é o livro que eu vi.)

Aqueles discursos foram os que ele fez.

(= Aqueles discursos foram os discursos que ele fez.)

7) 부정사 todos, todas의 뒤에 명사와 함께 숫자가 올 때

Todos os três estudantes participaram do concurso.

• 복수 형태의 todos/as가 명사와 함께 올 때

Todas as escolas vão comparecer à festa.

(= Toda escola vai comparecer à festa. (= qualquer escola)).

• todos/as의 뒤에 명사가 없이 숫자만 올 때는 생략

Todos três são concorrentes ao prêmio.

✐ 「todo/a + o/a + 단수명사」는 위의 문장과 의미상 차이가 있으니 유의해야 합니다. 즉, todo가 관사 없이 쓰이면 '어느, 어떤'(qualquer, 영어의 any)의 의미이며, todo가 관사와 함께 쓰이면 '모든, 전체의'란 의미입니다.
Toda a escola poderá comparecer à festa. (= a escola inteira).

✐ 「todo/a + o/a + 단수명사」보다 「o/a + 단수명사 + todo/a」가 더 많이 쓰입니다.

8) todo/a 뒤에 국가명이 올 때는 국가명 앞의 정관사의 유무에 따릅니다.

Todo o Brasil gosta de dançar samba.

Todo Portugal gosta de futebol.

9) 무게와 단위의 표현

A laranja custa 3 reais a dúzia.

O queijo custa 20 reais o quilo.

10) 예술 작품명

Os Lusíadas (de Luís de Camões)　O Alquimista (de Paulo Coelho)

2. 정관사의 생략

1) 소유격으로 시작되는 존칭 표현

Vossa/Sua Majestade - 왕, 황제
Vossa/Sua Excelência - 대통령, 장관, 판사, 총장, 검사, 시장
Vossa/Sua Senhoria - 당국, 대학, 회사, 장관급 이하, 상업통신문

Sua Excelência deverá entrar no saguão.

2) 형용사 수식을 받지 않는 월명 앞

A viagem iniciou-se em março de 2009.

☞ A viagem iniciou-se no chuvoso março de 2009.

3) aprender, estudar, cursar, ensinar 등 동사 뒤의 과목명

Aprendo Inglês.　Quero cursar Direito.
Estudo Português.　Ensino Geografia.

• 동사 falar의 뒤, 또는 전치사 de, em의 뒤에 오는 언어명

Falo coreano muito bem, porque sou coreano.
Comprei um livro de inglês ontem.
Sei ler e-mails em português.

4) 감탄구나 동격명사 앞

Linda garota!　Recife, capital de Pernambuco

5) 날짜 표현

Seul, 10 de março de 2010

• 명절이나 국경일 등의 날짜 앞에는 정관사를 사용

o (dia) 15 de agosto   o Ano Novo   o Natal

6) 시간 표현

São quatro horas e quarenta e cinco.
É meio-dia.

• 전치사와 함께 부사적으로 쓰일 때는 정관사를 사용

Volto à uma hora.   Almoço ao meio-dia.

3. 부정관사 용법

1) 부정관사가 복수형으로 쓰일 때 '어떤, 몇몇'의 의미이며, 기수 앞에서는 '대략'의 의미

Não falo com meu namorado há uns três meses.
Umas amigas da Maria também foram convidadas.

2) 널리 알려진 사람과의 유사성을 강조

Ji Sung Park é um Pelé coreano.

3) ser, parecer, tornar-se 등 동사 뒤에 국적, 신분, 직업을 가리키는 명사가 수식어 없이 올 때는 생략

Você é estudante?
Aquele senhor parece jornalista.
O filho do senhor Kim se tornou dentista.
Ele é um estudante dedicado?
Aquele rapaz parece um jornalista americano.
O lixo eletrônico se tornou um problema global.

Vocabulário

a folha (나뭇)잎/(종이)낱장
seca 마른(f)
o sonho 꿈
ambos 둘 다(의)(m)
participar 참여[참가]하다
o crime 범죄
o picolé 막대아이스크림
torcer 비틀다
tirar 꺼내다
a carteira 지갑
a bolsa 가방
a frente 앞
contar 이야기를 들려주다
o episódio 에피소드
engraçado 재미있는/익살스러운(m)
o discurso 연설
o concurso 경연/대회
comparecer 참석하다/나오다
concorrente 경쟁자/시합 참가자
o prêmio 상(품)
dançar 춤추다
o samba 삼바(브라질의 빠른 춤 또는 춤곡)
o futebol 축구
custar (값 · 비용이) ~이다/들다
a dúzia 12개짜리 한 묶음/다스
o queijo 치즈
o quilo 킬로그램
o lusíada 포르투갈인
vossa 일부 직함 또는 왕족에 대해 쓰는 표현
a majestade 왕권
a excelência 각하
a senhoria 기관 또는 상업에서 쓰이는 존칭
o saguão 현관 로비
iniciar 시작하다
chuvoso 비가 오는(m)
cursar (특정 과목에 대한 일련의) 강좌[강의]를 듣다
o direito 권리/법
a geografia 지리학
a garota 소녀/아가씨
o Ano Novo 새해
o Natal 크리스마스
o meio-dia 정오
voltar 돌아오다[가다]
convidada '초대하다'
convidar의 과거분사(f)
parecer ~처럼 보이다/~인 것 같다
tornar-se ~이 되다
dedicado 전념하는/헌신적인(m)
o rapaz 청년
o lixo 쓰레기
eletrônico 전자의/전자장비와 관련된(m)
global 세계적인/지구의

Exercícios

1. 다음을 해석해보세요.

1) Tem muitas flores que florescem na primavera na Coreia.

2) O festival de primavera dos universitários já começou.

3) Ambos os alunos se esforçaram muito para tirar boas notas.

4) Paulo é programador e Carlos é analista; ambos trabalham para o governo.

5) Após usar o computador você sempre deve lavar as mãos.

6) Meu pai veio à escola mas não o seu.

7) Esta caneta bonita é a que meu professor me deu de presente.

8) Todos os dezessete alunos da minha turma falam bem português.

9) Todos quatro vão ajudar o professor estrangeiro.

10) Todos os dias eu me levanto cedo.

2. 다음 빈칸에 적절한 단어나 표현을 넣어 문장을 완성해보세요.

1) Vou à universidade _______ dia desta semana.

2) Fiquei acordada toda _______ noite estudando.

3) Há cerca de 50 mil igrejas por toda _______ Coreia.

4) Sua ______________, Presidente da República, vai dar um discurso agora.

5) Esta câmera é _______ que eu sempre quis comprar.

6) O Rio de Janeiro se tornou capital da Colônia em 1763 e Brasília _______ atual capital em 1960.

7) ______ (dia) 7 de setembro é dia da Independência do Brasil.

8) Ele é ______ anjo. Ele ajuda as crianças carentes.

9) Um amigo meu mente mas se faz de inocente. ______ malandro!

10) Vocês podem sair. Mas eu prefiro ficar em casa assistindo a ______ filmes.

3. 다음을 읽고 연습해보세요. – 정관사, 부정관사의 용법

1) A: Que dia é hoje?
B: É 15 de maio.
A: Você sabe quando vamos ter a prova final?
B: É no dia 11 de junho.
A: Puxa. Temos menos de um mês.

2) A: Você sabia quando foi o fevereiro mais quente em São Paulo?
B: Não tenho a menor ideia.
A: Foi em 2010.

3) A: Gosto muito de ensinar português para os coreanos.
B: Fico contente por ouvir isso.

4) A: Quantas línguas você sabe falar?
B: Falo coreano, inglês e um pouco de espanhol e de português.

5) A: Quanto é a laranja? B: 4 reais a dúzia.
A: Queria uma dúzia de laranjas, por favor.
B: Mais alguma coisa?
A: Quanto é o abacaxi? B: 2 reais cada.
A: Quanto é o tomate?
B: É 50 centavos o quilo.
A: Um quilo, por favor. B: O que mais?
A: Só isso. Quanto deu tudo?

4. 다음을 읽고 해석해보세요.

A vida dos índios

Em cada tribo indígena há um cacique que orienta os índios como chefe e um pajé que é o sacerdote e o curandeiro da tribo. Ambos são figuras importantes das tribos indígenas. Mas entre os indígenas não há classes sociais. Todos têm os mesmos direitos e recebem o mesmo tratamento. A terra, por exemplo, pertence a todos e, quando um índio caça para buscar alimento, costuma dividir esse alimento com os habitantes de sua tribo.

A educação indígena é bem interessante. Os pequenos índios começam a aprender desde pequenos como sobreviver de forma prática. Quando o pai vai caçar, costuma levar o filhinho junto com ele. Quer dizer, os indiozinhos observam o que os adultos fazem e vão treinando. Assim a educação indígena é bem prática e ligada à realidade da vida da tribo indígena. Por último, o índio respeita muito o meio ambiente e por isso retira dele somente o necessário para a sua sobrevivência.

✤ 송원부두

한국어 이름을 가진 브라질 지명 최초의 사례, 송원부두! 바로 제철소 전용 부두의 이름입니다. 2011년 8월의 어느 일간지에 따르면, 동국제강이 세계 최대의 광산개발업체인 브라질의 발리(Vale) 그리고 우리나라의 포스코와 함께 브라질 북동부 쎄아라(Ceará)주에 제철소를 건설하게 되면서 얻은 결실 중 하나입니다. 10년에 걸친 꾸준한 노력으로 브라질 정부와 국민의 높은 신뢰를 얻었기에 가능했던 이번 브라질 동북부로의 진출처럼, 많은 기업이 브라질 전역에 진출하여 쾌거를 이루었으면 하는 바람입니다.

✤ 포르딸레자

광활한 백사장과 바다 위에 떠 있는 쟝가다(jangada)! 쟝가다는 원래 뗏목에 삼각형 돛을 달았던 일종의 배였습니다. 지금은 어부들이 쪽배처럼 생긴 것에 삼각형 돛을 달아 물고기를 잡습니다. 북동부 지역에서 많이 볼 수 있는 쟝가다는 쎄아라(Ceará)주의 주도 포르딸레자(Fortaleza)의 해변에도 넘쳐나죠. 이곳의 특산품 중 하나는 천연 색깔 모래 공예품인데, 모래에 물감을 전혀 사용하지 않은 게 특징! 이 신비로운 천연 색깔 모래를 직접 만져볼 수 있는 관광 상품도 있습니다. 포르딸레자의 '예술가'들은 모래 언덕에서 채취한 색깔 모래와 철삿줄 하나만으로 공예품을 만드는데, 유리병이나 유리잔에 그림을 새겨넣는 그들의 두 손은 신의 손놀림처럼 느껴집니다. 그리고 순식간에 믿을 수 없을 정도로 정교하고 아름답게 완성되는 작품은 세상에 둘도 없는 수공예품이라 할 수 있습니다.

Lição 17

한인촌 봉헤찌루

브라질의 한인촌 봉헤찌루(Bom Retiro)! 상파울루의 중심지에 위치하며 루스 전철역(Estação da Luz)에서 아주 가깝습니다. 유명한 쇼핑 중심지이기도 한 이곳은 한국인들이 의류나 액세서리업에 종사하며 모여 사는 곳으로, 상점의 70퍼센트를 한국인이 운영하고 있습니다. 브라질 내 한국인이 가장 많이 모여 사는 곳으로, 우리나라 음식점과 상점도 많아요. 그래서 상파울루 시 조례에 따라 2010년 1월 6일 한인타운(Bairro Coreano em São Paulo)으로 지정되기에 이르렀죠. 참고로, 비쉬가(Bexiga)는 이탈리아계 사람들이, 그리고 리베르다지(Liberdade)는 동양인이 많은 지역입니다.

2012년 2월 17일 시작된 브라질 카니발 축제에서, 2012년 브라질 한국이민 50주년을 기념하기 위해 한국 공연팀이 특별 초청되어, 상파울루 쌍보드로무(sambódromo, 삼바공연장)의 퍼레이드에 참가했습니다. 이는 한국 공연팀이 브라질 카니발에 참가한 첫 사례입니다. 그리고 싸이가 2013년 브라질 카니발에 참가하여 많은 호응을 얻기도 했답니다.

1. 수사 (3)

1) 가감승제(cálculos)의 표현

부호	의미	예
=	(é) igual a	3 + 7 = 10 Três mais sete igual a dez.
+	mais	5 + 5 = 10 Cinco mais cinco igual a dez.
−	menos	10 − 5 = 5 Dez menos cinco igual a cinco.
×	vezes / multiplicado por	5 × 7 = 35 Cinco vezes sete igual a trinta e cinco. Cinco multiplicado por sete igual a trinta e cinco.
÷	dividido por	55 ÷ 5 = 11 Cinquenta e cinco dividido por cinco igual a onze.

2) 서수의 용법

• 교황(Papa), 국왕(rei), 세기(século), 장(capítulo) 등의 표현은 1~10까지는 서수, 11부터는 기수

O Papa João Paulo II(segundo) D. Pedro II(segundo)
O século III(terceiro) O capítulo XX(vinte)

✐ 숫자가 11 이상이어도 명사 앞에 올 때는 서수
o décimo quinto capítulo
o vigésimo século
o décimo terceiro andar

• 법률 조항, 법령 등은 9까지는 서수, 그 이상의 수는 기수

o artigo 1° (primeiro)
o artigo 12(doze)

• 책의 쪽수, 호텔 방 번호, 배 선실 등은 기수, 숫자가 명사 앞에 올 때는 서수

a página 5(cinco)	➡	a quinta página
o quarto 6(seis)	➡	o sexto quarto
a cabine 2(dois)	➡	a segunda cabine

3) 배수와 분수

배수		분수	
2	duplo, dobro	1/2	um meio / uma metade
3	triplo	1/3	um terço
4	quádruplo	1/4	um quarto
5	quíntuplo	1/5	um quinto
6	sêxtuplo	1/6	um sexto
7	sétuplo	1/7	um sétimo
8	óctuplo	1/8	um oitavo
9	nônuplo	1/9	um nono
10	décuplo	1/10	um décimo
11	undécuplo	1/11	um onze avos
12	duodécuplo	1/12	um doze avos
100	cêntuplo	1/100	um centésimo

O professor Park tem o dobro da minha idade.

Minha prima gastou o triplo do que gastei com bolsas de grife.

• '4배' 이상의 배수는 「기수 + vezes (+ 비교급)」 구문을 활용

Minha avó tem quase 4 vezes mais do que a minha idade.

• 분수

⊙ 분자는 기수, 분모는 서수이며, 분자가 2 이상의 숫자일 때 분모는 복수형

3/4	➡	três quartos
1/3	➡	um terço

⊙ 1/11~98/99까지의 경우, 분자와 분모 모두 기수를 쓰며, 분모에 'avos' 첨가

10/17 ➡ dez dezessete avos
1/18 ➡ um dezoito avos

⊙ 10, 100, 1.000 등과 같이 끝자리가 0인 숫자가 분모일 때, 분모는 서수를 쓰며 분자에 따라 단수 또는 복수

4/100 ➡ quatro centésimos
1/1.000 ➡ um milésimo

⊙ '1/2'의 meio는 형용사 metade는 명사이므로, metade는 정관사를 동반

Eu esperei pelo meu namorado meia hora.
Minha filha comeu a metade do bolo de aniversário dela.

2. 직설법 미래 (Futuro do presente do indicativo)

- 직설법 미래는 현재의 시점보다 앞으로 일어날 일을 기술합니다.
- 직설법 미래: 동사원형 + -ei, -á, -emos, -ão

1) 규칙동사

주어	Falar	Comer	Partir
eu	falar*ei*	comer*ei*	partir*ei*
você / o senhor / a senhora ele / ela / a gente	falar*á*	comer*á*	partir*á*
nós	falar*emos*	comer*emos*	partir*emos*
vocês / os senhores as senhoras / eles / elas	falar*ão*	comer*ão*	partir*ão*

Eu falarei para ele com certeza.
Seu filho comerá tudo que está na mesa.
Nós partiremos para São Paulo na próxima sexta.

Aguardarei a sua resposta.

Ele responderá em breve.

Eles abrirão a loja na próxima semana.

Será que é possível?

✐ 위 문장의 Será는 '~일까?'란 표현입니다.

2) 불규칙 동사

fazer	trazer	dizer
far*ei*	trar*ei*	dir*ei*
far*á*	trar*á*	dir*á*
far*emos*	trar*emos*	dir*emos*
far*ão*	trar*ão*	dir*ão*

Meu amigo fará tudo para você.

Barack Obama disse: "Eu trarei paz e segurança ao mundo."

Nós diremos que temos muito interesse no Brasil.

3) 직설법 미래의 용법

• 미래에 일어날 일

Maria viajará para o Brasil em janeiro.

• 현실에 있어서의 가능성이나 상상을 표현

O avião partirá dentro de uma hora.

Não sei onde será a festa de casamento da minha prima.

• 미래를 표현하는 조건문의 주절에서 사용

Se receber salário, pagarei.

• 명령, 소망, 간청 등의 표현에서 쓰이며 특히 성경 구절에 많이 사용

Não furtarás.

3. 직설법 미래완료 (Futuro do presente composto do indicativo)

- 현재 이후의 순간에 일어날 일을 기술하되 미래의 다른 사실보다 이전에 이미 끝나버릴 것으로 예상되는 사실을 표현합니다.

Antes de bater o sinal, os alunos já terão terminado o teste.

- 미래의 일이나 사실에 대한 확신을 나타내고자 할 때도 씁니다.

Não terá sido vão o esforço da minha vida inteira.

Vocabulário

(é) igual a ~와 같은[같다]
mais 더하기
menos 빼기
vezes/multiplicado por ~배
dividido por ~로 나눈
o Papa 교황
o rei 왕
o século 세기
o capítulo (책의) 장
décimo quinto 열다섯 번째(m)
vigésimo 스무 번째(m)
décimo terceiro 열세 번째(m)
o artigo (합의서, 계약서, 법률의)조항/(신문)기사/소논문
a página 쪽
o quarto 침실/방
a cabine (배의) 객실/선실
avos '~으로 나눈 똑같은 크기의 것'이란 의미로, 분모가 11 이상인 분수를 읽을 때 쓰이며 항상 복수임
a bolsa 핸드백/가방
a grife 유명메이커
o bolo de aniversário 생일케이크
com certeza 분명히/틀림없이
aguardar 기다리다
a resposta 대답/회신/변명
em breve 곧/조만간에
trazer 가져오다
a paz 평화
a segurança 보안/안전
dentro de ~의 안에
a festa de casamento 결혼피로연
a prima 여사촌
receber 받다
o salário 급여
furtar 훔치다/도둑질하다
o sinal 종/신호등
vão 헛된(m)
o esforço 노력

Exercícios

1. 다음을 해석해보세요.

1) Quatro mais três (é) igual a sete.

2) Nove menos seis (é) igual a três.

3) Dez vezes seis (é) igual a sessenta.

4) Cem dividido por cinco (é) igual a vinte.

5) Moro no apartamento 201, no prédio 112, Complexo Felicidade em Joeun-dong.

6) A notícia estava na página 2 da *Folha de São Paulo*.

7) Tem uma piada muito engraçada na página 4 do livro.

8) Meu amigo comeu a metade da pizza. Que raiva!

9) Um terço dos internautas se arrependem de postar informações pessoais em sites de redes sociais.

10) Qual é seu número de sorte?

2. 다음을 포르투갈어로 읽어보세요.

1) 1/2 ➡ ____________

2) 7/9 ➡ ____________

3) 1/100 ➡ ____________

4) 1/1.000 ➡ ________________________

5) 8 − 5 = 3 ➡ ________________________

6) 9 + 12 = 21 ➡ ________________________

7) 3 × 15 = 45 ➡ ______________________________

8) 40 ÷ 5 = 8 ➡ ______________________________

3. 다음을 읽고 연습해보세요. – 가감승제, 서수, 배수, 분수, 직설법 미래

1) A: Os coreanos são muito rápidos em somar, subtrair, multiplicar e dividir.

B: Por que pensa assim?

A: Eles sabem quanto devem pagar antes da caixa terminar o cálculo, por exemplo, no mercado.

B: Isso é porque eles exercitam muito o cálculo mental desde criança e costumam fazer qualquer coisa numa velocidade incrível por serem apressados.

2) A: Quantos anos você acha que a atriz Tae-hee Kim tem?

B: Ela nasceu em 1980.

A: Ah, é? Então ela tem mais 10 anos que eu e o dobro da idade da minha irmã caçula. Ela parece muito mais nova.

3) A: Eu concorri e ganhei o primeiro lugar no concurso de modelo fotográfica.

B: Sério?

A: Não, é brincadeira. Para falar a verdade, foi um sonho que sonhei ontem. Como você sabe, meu grande sonho é ser modelo. Queria muito mesmo ser modelo e postei meus dados no site de uma agência de modelos com minha melhor foto.: 'Tenho 19 anos, faço 20 em março, sou morena, tenho 1,70 de altura, 55kg.' Mas nada de retorno até agora. Será que vou ter alguma notícia hoje?

B: Tomara! Vou torcer por você.

4) A: Ouvi dizer que em São Paulo tem um bairro coreano. Como se chama?

B: Deve estar falando do Bom Retiro. Este bairro foi oficialmente reconhecido como o bairro coreano em São Paulo no dia 6 de janeiro de 2010. Lá tem um grande número de imigrantes coreanos, lojas, restaurantes, escolas, instituições culturais, esportivas e religiosas, com placas em português e *Hangul*, o alfabeto coreano.

4. 다음을 읽고 해석해보세요.

Por que investir no Brasil?

O Brasil passou a ocupar o sexto lugar na economia mundial desde dezembro de 2009, de acordo com o Banco Mundial. Segundo os dados do Ministério das Relações Exteriores do Brasil(2010), o Brasil é:

- o primeiro exportador mundial de carne bovina e de frango.
- o maior produtor mundial de café, laranja e guaraná.
- o primeiro exportador mundial de açúcar.
- o maior exportador mundial e o segundo maior produtor de etanol.
- o segundo produtor mundial de ferro.
- o oitavo mercado consumidor do mundo.
- um dos maiores produtores mundiais de alimento.
- o terceiro na produção mundial de refrigerantes.
- o sétimo maior fabricante de carros no mundo.

O Brasil tem de tudo para ser um grande competidor global e se tornar um dia uma potência econômica mundial.

✤ 페르낭두 지 노롱야

고래나 거북이와 함께 잠수할 수 있는 지상낙원! 바로 페르낭두 지 노롱야(Fernando de Noronha)입니다. 총 21개의 크고 작은 섬으로 이루어진 대서양의 군도 페르낭두 지 노롱야는 헤시피로부터는 545킬로미터 거리에 있으며, 뻬르낭부꾸(Pernambuco)주에 속합니다. 이곳 대부분은 국립공원으로 지정되어 있고, 여행 시 체류하는 기간에 따른 환경유지비를 내야 해요. 바닷물의 평균 온도는 24도로, 2월부터 6월까지만 비가 내리는데, 1월과 2월을 제외하면 가시 깊이가 30미터를 넘는다고 합니다.

✤ 헤시피

뻬르낭부꾸(Pernambuco)주의 주도 헤시피(Recife)는 '브라질의 베네치아'로 통합니다. 대서양 연안의 항구도시이자, 브라질 북동부의 정치, 경제, 문화의 중심지이죠. 포르투갈 식민지 시기에 사탕수수 재배로 크게 발전했던 이 도시는 옛 건물과 근대적인 건물이 공존합니다. 그리고 민속 축제도 자주 열려 볼거리가 많죠. 특히 뻬르낭부꾸(Pernambuco)주의 카니발과 프레부(frevo) 춤 공연이 유명합니다. 또 필수코스로서 헤시피에서 20분 정도 거리에 있는 올링다(Olinda)라는 도시를 여행하면 좋습니다. 유네스코가 세계문화유산으로 지정한 아담하고 조용한 이 도시는 '오! 아름답기도 해라!'란 감탄사에서 지명이 유래했을 정도로 빼어난 경관을 자랑합니다.

Lição 18

쥐이찡유

브라질 사람들의 행동양식 쥐이찡유(jeitinho)! Jeitinho는 '방법'이란 의미의 단어 쥐이뚜(jeito)에 축소형 어미 -잉유(-inho)가 붙은 것으로, 예기치 않은 상황이나 어렵고 복잡한 상황을 해결하기 위해 보이는 일련의 행동을 일컫습니다. 자세히 말하자면, 규칙이나 절차를 따르는 대신 융통성, 창의력, 직감 등을 활용한 문제 해결 방법입니다. 예를 들어 교통법규를 어겼을 때, 교통경찰에게 높은 관직의 사람이 "내가 누군지 몰라?"라고 다그치며 위기를 모면한다거나, 딱지를 떼이지 않기 위해 돈을 주는 행위 등입니다. 윤리나 사회적 관습을 위배하며 감정에 호소한다거나 가족관계를 이용하는 것, 돈이나 협박 또는 보상을 조건으로 문제를 해결하는 것도 이에 포함됩니다. '무슨 수를 쓰다'라고 할 때의 포르투갈어 표현은 dar um jeito/jeitinho입니다. 대개 jeito는 긍정적이거나 부정적인 의미로 다 쓰이는 반면, jeitinho는 주로 부정적인 의미로 쓰입니다.

소비국가

브라질 사람들은 자신의 구매력과는 상관없이 소비를 좋아하는 국민! 특히 크리스마스 시즌이면 전국이 들썩들썩할 정도로 상점마다 인파가 몰리는데, 소비에서도 또한 정열적입니다. 우리가 농담 삼아 무덤까지 가져가고 싶다고 말하는 휴대전화는 브라질 사람들에게 있어서도 가장 소중한 물건 중 하나예요. 브라질국영텔레커뮤니케이션 회사(Anatel)의 자료에 따르면 2023년 12월 현재 약 2억 5,630만 대의 휴대폰이 개통되어 있답니다. 이처럼 휴대전화를 위시한 각종 전자제품의 소비 외에도, 중남미 최대 자동차 시장인 브라질의 자동차 수요 또한 연평균 300만 대 선인데 경차의 경우 코로나 팬데믹 사태로 인해 2022년 1,957,699대로 줄었다가 2023년엔 12.12%가 늘어난 2,167,743대를 기록했다고 합니다. 이 가운데 현대자동차의 HB20 모델이 88,903대, 다른 모델인 CRETA의 경우 65,826대가 판매되어 각각 판매량 순위에서 4위와 10위를 차지했습니다. 그리고 자동차의 경우 브라질 사람들에겐 사치품(luxo)이 아닌 생필품(necessidade)이기에 중소형 자동차가 훨씬 많습니다.

1. 명사(2)

1) 명사의 성

• 남녀성 공통명사로 성이 정해져 있는 명사

a criança(menino ou menina)
a testemunha(homem ou mulher)
a pessoa(homem ou mulher)

• 성이 바뀌어도 의미가 변하지 않는 명사

o(a) colega　　o(a) modelo　　o(a) caçula

• 성이 바뀌면 의미가 변하는 명사

a cabeça(parte do corpo) – o cabeça(chefe de um grupo)
a capital – o capital / a grama – o grama / a caixa – o caixa

• 남녀성 형태가 다른 명사

rei – rainha　　poeta – poetisa
avô – avó　　herói – heroína

• 귀족 칭호의 여성형은 '-sa, -ssa, -isa, -triz'

duque – duquesa　　conde – condessa
sacerdote – sacerdotisa　　imperador – imperatriz

• 양성 공통명사를 갖는 동물 이름 – 뱀, 사자, 악어, 물고기 등

macho 또는 fêmea를 사용

o jacaré macho = o macho do jacaré
o jacaré fêmea = a fêmea do jacaré
a cobra macho = o macho da cobra
a cobra fêmea = a fêmea da cobra

2) 명사의 복수

• -x로 끝난 명사는 단수와 복수 동형

o tórax – os tórax

• 축소형 어미 -zinho를 포함한 복수형을 만들고자 할 때는 보통 명사의 복수형에서 -s를 뺀 후 -zinhos를 첨가

animalzinho의 복수형	animai(s) + zinhos	animai*zinhos*
cãozinho의 복수형	cãe(s) + zinhos	cãe*zinhos*

3) 복합명사의 복수 (Plural dos substantivos compostos)

• '명사 + 명사'는 둘 다 복수형

redator-chefe ➡ redatores-chefes

✐ 두 번째 명사가 첫번째 명사의 속성을 나타낼 때, 일반적으로 첫번째 명사만 복수형이 됩니다.

salário-família ➡ salários-família
palavra-chave ➡ palavras-chave

• '명사 + 형용사'는 둘 다 복수형

cartão-postal ➡ cartões-postais
batata-doce ➡ batatas-doces

• 성 · 수의 변화가 없는 단어(동사, 부사) + 명사 또는 형용사'는 두 번째 단어만 복수형

abaixo-assinado ➡ abaixo-assinados
arranha-céu ➡ arranha-céus
guarda-chuva ➡ guarda-chuvas

• '의성어 또는 반복어'는 두 번째 단어에 -s를 첨가

reco-reco ➡ reco-recos
corre-corre ➡ corre-corres

• '전치사로 연결된 복합명사'는 첫번째 단어만 복수형

estrela-do-mar ➡ estrelas-do-mar

• '하이픈이 없는 복합명사'는 일반명사 취급

o passatempo ➡ os passatempos

2. Dar 동사

• dar bom-dia/boa-tarde/boa-noite – 인사

Minha professora de português me dá bom-dia quando me vê.

• dar para – 가능

Com esta caneta dá para assinar?
Agora não dá para comprar um carro.

• dar para – 충분

O seu dinheiro dá (para pagar)?

• dar para – 재능

Não dou para matemática, dou para línguas.

• dar para – 방향

A janela do meu quarto dá para o jardim.

• dar certo/errado – 결과

Vai dar tudo certo. Não se preocupe.
A viagem deu errado. Fica para a próxima vez.

• dar um susto – 원인

O cachorro me deu susto.

• dar-se bem/mal – 관계

Eu me dou bem com todo mundo.
Ela se dá mal com o Eduardo.

3. ser의 활용형과 que로 이루어진 강조구문

• é que가 사용된 표현과 보통 문장

문장에서 생략되어도 의미상 변화가 없는 강조 구문으로 구어에서 많이 쓰입니다.

Onde é que você deixou o carro?
➡ Onde você deixou o carro?

O que é que você quer dizer com isso?
➡ O que você quer dizer com isso?

• 「ser의 활용형 + 강조하고 싶은 표현 + que」 구문과 보통 문장

Sou eu que quero falar sobre isso.
➡ Eu quero falar sobre isso.

Fui eu que chamei você aqui.
➡ Eu chamei você aqui.

4. Se의 다양한 용법

• Se + 직설법 문장(~인지 아닌지, 때, 조건)

Eu não sei se ele vem aqui amanhã.
Eu perguntei se ela sabe cantar.
Se eu bebo demais, tenho ressaca.
(= quando, sempre que, todas as vezes em que)
Se você gosta mesmo de chocolate – eu sei que você gosta – coma mais um pedaço! (= já que)

• 강조

Ela se foi embora.

• 재귀대명사

Minha mãe se levanta muito cedo todos os dias.

• 수동구문

Vendem-se carros usados.

• 불특정주어

Precisa-se de professor de português.

• 가정문을 이끄는 접속사

Se eu fosse você, não faria assim.

Vocabulário

a testemunha 증인(m, f)
colega 동료
modelo 모델
caçula 막내
a cabeça 머리
o cabeça (단체, 조직의) 책임자
a capital 수도
o capital 자본
a grama 잔디/풀
o grama 그램
a caixa 상자/(계산대의) 계산원
o caixa 계산대/(계산대의) 계산원
o rei 왕
a rainha 여왕
o poeta 시인
a poetisa 시인
o avô 할아버지
a avó 할머니
o herói 영웅
a heroína 영웅
o duque 공작/통치자
a duquesa 공작부인
o conde 백작
a condessa 백작부인
o sacerdote 성직자/사제
a sacerdotisa 성직자/사제
o imperador 황제
a imperatriz 여제
o macho 남성/수컷
a fêmea 여성/암컷
o jacaré 아메리카산 악어
a cobra 뱀
o tórax 흉부
o cão 개
o redator-chefe 편집장
o salário-família 가계수입
a palavra-chave 핵심어
o cartão-postal 엽서
a batata-doce 고구마
o abaixo-assinado 여러 명의 연서에 의한 건의서[항의서]
o arranha-céu 초고층빌딩/마천루
o guarda-chuva 우산
o reco-reco 삼바를 비롯한 음악에서 쓰이는 일종의 타악기로, 홈이 파인 나무를 막대로 스치면서 소리를 냄
o corre-corre 분주함/바삐 서둘러야 하는 상황
a estrela-do-mar 불가사리
o passatempo 취미
assinar 사인하다
dar para ~가 가능하다/~에 충분하다
dar certo/errado 일이 잘되다/잘못되다
preocupar-se 걱정하다
o cachorro 강아지
dar um susto 놀라게 하다
dar-se bem/mal com ~와 사이좋게 지내다/사이가 좋지 않다
todo mundo 모든 사람
deixar 두다
demais 지나치게
a ressaca 숙취
o pedaço 조각
ir embora 가버리다
o carro usado 중고차
fosse '가다' ir의 접속법 불완전과거 1 · 3인칭 단수
faria '하다' fazer의 직설법 과거미래 1 · 3인칭 단수

Exercícios

1. 다음을 해석해보세요.

1) A capital do Estado de São Paulo é São Paulo.

2) Para abrir uma loja para a terceira idade, precisa ter um bom capital de giro.

3) O Rio de Janeiro é cartão-postal do Brasil, cidade brasileira mais conhecida no exterior por turismo internacional.

4) No Brasil está aumentando o salário-família da classe baixa.

5) Em São Paulo, há muitos arranha-céus.

6) Já perdi dois guarda-chuvas este ano.

7) O senhor pode pagar ali no caixa eletrônico.

2. 다음 빈칸에 적절한 단어를 넣어 문장을 완성해보세요.

1) Não ____________ para alugar este apartamento. É muito caro.

2) A janela do meu quarto ____________ para uma rua barulhenta.

3) Hoje não ____________. Só amanhã.

4) Meus alunos me ____________ boa-tarde quando entram na sala de aula.

5) ____________ certo chegar lá, mas a entrevista com a atriz deu errado.

6) Pense bem antes de ____________ um susto em alguém.

7) Eu ____________ dou bem com meu pai.

8) ____________ você quer falar comigo, mande uma mensagem.

9) Aluga-____________ um quarto.

10) Precisa-____________ de um companheiro de quarto.

3. 다음을 읽고 연습해보세요. – é que 강조용법, dar 동사

1) A: Que chatice! Meus sobrinhos é que mancharam minha geladeira novinha!

B: Qual é o problema? É só limpar, e pronto.

A: Pois é. Eu fiquei chateada, porque faz só uma semana que estou com ela.

B: Eu te entendo.

2) A: Eu quero construir minha casa eu mesmo algum dia.

B: Boa ideia. Tem em mente onde é que quer a sua futura casa?

A: Ainda não. Mas vai ser no campo, pois não gosto da vida da cidade barulhenta. Vou fazer uma janela muito larga e grande para apreciar a paisagem.

B: Espero que dê certo.

4. 다음을 읽고 해석해보세요.

Qual o seu segredo para manter o corpo em forma?

"Sempre curti me exercitar e dançar. É incrível o benefício que atividade física traz para o corpo e a mente. Corro para queimar calorias, por cerca de uma hora, faço três vezes por semana aulas de musculação e jazz nos outros dois dias da semana. Tento maneirar o doce e a gordura e priorizar alimentos saudáveis no meu dia a dia."

(Felipa, estudante, 19 anos, 52 kg, 1,65, paulista)

"Faço natação e ioga três vezes por semana, ando durante 30 minutos diariamente para ter um corpo legal. Quando pratico ioga, faço alongamento e me sinto mais relaxada. Depois dos exercícios fico cheia de bons pensamentos, e o corpo muito mais leve. Tenho uma grande qualidade que é não gostar de doce, por isso como muito pouco açúcar. Além disso, evito gorduras e frituras, mas faço refeições balanceadas."

(Liliane, funcionária pública, 25 anos, 54 kg, 1,70, carioca)

✤ 미나스 제라이스

'종합광산'이란 뜻의 미나스 제라이스(Minas Gerais)! 미나스 제라이스는 브라질 남동부에 있는 주로서 18세기 금의 발견과 더불어 브라질의 경제 중심지였습니다. 미나스 제라이스주의 세계문화유산으로 지정된 역사도시 오우루 쁘레뚜(Ouro Preto, '검은 금'이란 뜻)는 아담한 원색 건물이 많아 포근하고 평화로운 분위기를 선사합니다. 식민시대 융성했던 부를 그대로 반영하듯 건축물의 실내 장식에 금이 사용되었는데, 대부분이 건축가 알레이쟈징유(Aleijadinho)의 작품입니다. 그중에서도 써웅 프랑씨스꾸 지 아씨스 교회(Igreja São Francisco de Assis)는 최고로 손꼽히죠. 이곳의 기념품으로는 비누처럼 미끌거리는 돌을 깎아 만든 조각품과 비교적 저렴하고 다양한 보석이나 원석을 들 수 있습니다.

Lição 19

지역에 따른 브라질 사람들의 특징

우리나라 사람들처럼 브라질 역시 지방에 따라 조금씩 다른 특징이 있습니다. 먼저 상파울루 사람들은 대체로 친절하고, 친구도 쉽게 사귀는데, 시간 관리도 잘하는 것으로 정평이 나 있습니다. 게다가 '친구는 친구, 사업은 사업(Amigos, amigos. Negócios à parte.)' 식의 구분도 확실해요. 반면 리우데자네이루 사람들은 '모두가 내 친구'인 것처럼 대하며 인생을 즐기는 여유로운 성격을 보입니다. 배는 고플지언정 옷은 잘 입어야 한다는 생각을 하고 있다고도 해요. 이와는 반대로 산이 많은 미나스 제라이스 사람들은 겉치레보다는 근검절약을 우선시하는데, 우리처럼 성격이 다소 진지하고 보수적인 편입니다. 이런 지역적 특성을 모든 개인과 직결시킬 수는 없지만, 브라질 사람들과 우리나라 사람들의 차이는 역시 브라질 사람들은 격식을 그리 중시하지 않고 나이나 직위에 상관없이 상대를 친구처럼 대하는 데 반해, 우리는 격식과 위계질서를 많이 따진다는 사실입니다.

1. 명사와 형용사의 일치 (Concordância nominal)

1) 하나의 명사만을 수식할 때

Não deixe os livros abertos.

O livro está fechado.

2) 여러 개의 명사를 수식할 때

• 명사의 앞에 오는 형용사는 가까운 명사와 일치

Compramos lindas flores e vaso.

Compramos lindo vaso e flores.

✐ 구어에서는 명사 앞에 일일이 형용사를 쓰는 편입니다.
Compramos lindo vaso e lindas flores.

• 명사의 뒤에 오는 형용사

⊙ 명사의 성이 같고 모두 단수이면 두 명사의 성을 따르는 단수

Eu comprei uma saia e uma blusa preta.

⊙ 명사의 성은 같으나 수가 다른 경우 두 명사의 성을 따르는 복수

Nós compramos um CD e uns DVDs caros.

Eles compraram uns CDs e um DVD caros.

⊙ 명사의 성이 다르고 모두 단수이면 가까운 명사의 성을 따르는 단수

Ele comprou um colete e uma calça branca.

✐ 한편, Ele comprou um colete e uma calça brancos.가 더 많이 쓰입니다.

⊙ 명사가 성과 수가 모두 서로 다를 때는 남성 복수형

Comprei esta revista e estes livros usados.
Comprei estas revistas e este livro usados.

✐ 형용사 바로 앞의 명사가 여성복수인 경우
Pesquisei o assunto em livros e revistas americanas.
Comprei este livro e estas revistas usadas.

3) 기타 일치

• 두 개 이상의 이름 또는 친척명을 꾸미는 형용사는 항상 복수

Encontramos os alegres Maria e Paulo por acaso.
Lemos livros dos talentosos Machado de Assis e Paulo Coelho.

• 「ser 동사 + 형용사」 구문

⊙ 주어 자리의 명사에 한정사가 없을 때 형용사는 남성 단수도 가능

Limonada é bom para a saúde.

⊙ 명사 앞에 정관사 또는 다른 한정사가 있을 때는 그 명사에 일치

Esta limonada é boa para a saúde.

• 인칭대명사와의 일치

Eu as vi ontem muito cansadas.
(= Eu vi elas ontem muito cansadas.)

• 「nada, algo, tudo + 전치사 de + 형용사」 구문에서는 남성 단수

Se não há nada de bom a dizer, então não diga nada.
Elas têm algo de misterioso.
Desejo tudo de bom para você.

✐ Quer inventar algo interessante em 2011? (미묘한 차이만 있음)

• Anexo, obrigado, mesmo, próprio의 경우 관련 명사 또는 대명사에 일치

Anexas à carta, vão as listas de preços.

A menina disse: muito obrigada.

Ela mesma vai presidir a reunião.

Quero comprar minha casa própria.

• só가 '혼자(sozinho)'의 의미일 때

Ela saiu só.

Elas saíram sós.

✐ 'somente' 또는 'apenas'의 뜻으로 쓰인 경우는 부사입니다.
Elas só querem mostrar agradecimento para você.

• bastante가 '많은, 충분한'의 의미일 때

Recebemos bastantes e-mails esta semana.

✐ '매우, 많이, 충분히'란 의미의 부사인 경우는 복수로 변하지 않습니다.
Todos falaram bastante durante a reunião.
Recebi cartas bastante interessantes.

• meio가 '반'이란 의미일 때

Eu comi meia maçã hoje de manhã.

Ela tomou meia garrafa de cerveja.

✐ 형용사를 수식하는 '다소, 약간'의 부사일 때는 변하지 않습니다.
A moça está meio triste.
Sandra está meio cansada.

2. 형용사의 위치와 형태

1) 형용사의 위치

• 명사의 앞 또는 뒤에 올 때의 의미 차이

belo	어떤 / 아름다운
bom	좋은 / 친절한
caro	귀한 / 비싼
certo	어떤 / 정확한
grande	위대한 / 큰
mesmo	동일의 / 스스로
pobre	불쌍한 / 가난한
simples	일개의 / 단순한

um belo dia(conto) – um homem belo
um bom homem – um homem bom
meu caro amigo – meu livro caro
uma certa manhã – uma amiga certa
um grande rei – um homem grande
a mesma coisa – eu mesmo
uma pobre mulher – uma mulher pobre
um simples motorista – um problema simples

✐ 문맥에 따라 um belo dia는 '어느 아름다운 날'로도 해석이 가능합니다.

2) 고유명사에 따른 형용사 santo의 형태

• 남자 성인 이름의 경우 모음 또는 h로 시작하면 santo, 자음으로 시작하면 são

Santo Amaro　　Santo Higino　　São Paulo

• 여자 성인 이름 앞에는 santa

Santa Teresa

3. 전치사 a의 다양한 용법

• 다음의 의미를 가진 형용사 뒤

⊙ 마음

Mais da metade da equipe se manifestou contrária ao projeto.
60% dos brasileiros são favoráveis à doação de órgãos.
O cão é fiel ao dono.
Serei eternamente grato a você por todo amor que eu recebi.

⊙ 근접, 유사

A Índia apresenta tablet semelhante ao iPad por US$ 35.
Não espere que eu seja igual a você.
O 'egoísmo' é equivalente ao 'amor por si mesmo'.

⊙ 관용 표현

Volto *de* hoje *a* oito dias.
O transporte coletivo vai *de mal a pior*.
O que você pensa *a respeito de* tatuagens?
(a respeito de = com respeito a = quanto a = relativamente a)

⊙ 목적, 방법, 실체, 계속 등의 표현

Saiu *a* fazer compras.
Um prato de peru *à brasileira*
Ele falava *a sério*.
Cheirava *a rosa*.
Esta criança cresce *a olhos vistos*.
Conquistaram a cidade *palmo a palmo*.

⊙ 일부 동사의 뒤

Como você *chegou* a ser treinador de futebol?

Sandra *se acostumou* a comer arroz de manhã.

Ele *demorou* a vir muito mais do que eu calculava.

Custa a crer numa coisa assim.

Aprendo a brincar com as crianças.

Meu pai me *ensinou* a respeitar os mais velhos.

Comecei a estudar com afinco.

Nós vamos *continuar* a estudar português sozinhos nas férias.

Vocabulário

deixar 놔두다
aberto 열린(m)
fechado 닫힌(m)
a flor 꽃
o vaso 꽃병/화분
a saia 치마
a blusa 블라우스/상의
preta 검은색의(f)
o CD 씨디
o DVD 디브이디
o colete 조끼
a calça 바지
branco 흰색의(m)
a revista 잡지
pesquisar 조사[연구]하다
o assunto 주제/화제
por acaso 우연히
talentoso 재능이 있는(m)
a limonada 레모네이드
dizer 말하다
misterioso 신비한(m)
inventar 창조하다/발명하다
anexo 동봉된/첨부된(m)
a lista 목록
mesmo 동일한(m)
presidir 주관하다
própria 자신의(f)
só 혼자/다만
mostrar 보여주다
o agradecimento 감사
bastante 충분한
durante 동안
a reunião 회의
a carta 편지
a garrafa 병
cansada 지친/피곤한(f)
mais de ~보다 많은
a equipe (전체) 직원/팀
manifestar-se 드러내보이다
contrária 반대되는(f)
favorável 찬성하는
fiel 신의 있는/충성스러운
eternamente 영원히
grato 감사하는(m)
apresentar 소개하다
o tablet 태블릿 피시
semelhante 비슷한
esperar 기대하다
o egoísmo 이기주의
equivalente 동등한
voltar 돌아오다[가다]
o transporte coletivo 대중교통
a respeito de ~에 관하여
a tatuagem 문신
fazer compras 물건을 사다
o prato 접시/요리
o peru 칠면조
cheirar 냄새나다/냄새를 맡다
crescer 성장하다
a olhos vistos 육안으로
conquistar 정복하다
o palmo 한 뼘
o treinador 감독/코치
acostumar-se a ~에 익숙해지다
o arroz 밥/쌀
demorar 시간이 걸리다/지체하다
calcular 계산하다
crer 믿다
assim 그[이]러한/그[이]렇게
brincar 놀다/장난치다
ensinar 가르치다
respeitar 존경[존중]하다
com afinco 열심히
continuar 계속하다[되다]
sozinho 혼자(m)

Exercícios

1. 다음을 해석해보세요.

1) Você não fez nada de errado. Disse o certo, mas na hora e no local errados.

2) Algo de bom irá acontecer com ele esta noite.

3) O que fazer quando não tem nada de bom para comer em casa?

4) Quando eu disse 'Obrigada' a ele, ele respondeu dizendo 'Obrigado eu.'

5) Mãe, deixe. Eu mesmo vou atender o telefone.

6) Eles ficaram sós depois do baile.

7) O sonho dele é abrir um negócio próprio.

8) Não consigo nem beber meia garrafa de sojoo.

9) Cerveja gelada é melhor para tomar nos dias quentes.

10) Estamos com bastantes problemas para resolver.

2. 다음 빈칸에 적절한 단어를 넣어 문장을 완성해보세요.

1) As cópias estão ____________. (anexo)

2) As crianças ficaram sem aula ____________ semanas. (vários)

3) Ele tem a ____________ idade que eu. (mesmo)

4) A Dona Rosa é uma pessoa ____________ (simples).

5) Uma ____________ noite eu tive um sonho. Eu tinha ganho na loteria. (certo)

6) Um ____________ dia resolvi mudar e fazer tudo o que eu queria fazer. (belo)

3. 다음을 읽고 연습해보세요. – 형용사, 전치사 a, 성격과 성품

1) A: Um amigo meu vai para o Brasil por um ano para melhorar o português! O que admiro é que ele vai por conta própria.

B: Mesmo? Como ele conseguiu juntar tanto dinheiro?

A: Ele tem economizado para isso, trabalhando nas férias.

2) A: Uma coisa que não entendo aqui é que os coreanos não respondem a um bom-dia. Será que eles se acham superiores aos estrangeiros como eu?

B: Não é isso, Leo. Nós coreanos somos semelhantes aos mineiros. Somos conservadores e desconfiados quando não conhecemos as pessoas. Mas uma vez que fazemos amizade, somos muito abertos e confiáveis.

A: Entendi. Penso que os coreanos têm também algo em comum com os paulistas, porque os paulistas são introvertidos e muito trabalhadores.

B: Acho que nós coreanos precisamos ser mais abertos aos estrangeiros e saber curtir a vida como os cariocas que são extrovertidos e divertidos.

4. 다음을 읽고 해석해보세요.

Carnaval

O carnaval é uma das festas mais interessantes no Brasil porque o país inteiro para durante este feriado a fim de comemorar e dançar bastante. Até algumas empresas liberam seus funcionários mais cedo no período. Veja a seguir os mais famosos carnavais do Brasil.
Os do Rio de Janeiro e de São Paulo, que têm desfile de escolas de samba, atraem milhares de turistas e artistas brasileiros. O carnaval paulista é similar ao carnaval carioca. Aliás o carnaval do Rio de Janeiro está no *Guinness Book* como o maior carnaval do mundo.
Em Recife, Pernambuco, os desfiles de dezenas de bonecos gigantes são uma das principais atrações desta cidade durante o carnaval. Milhares de pessoas saem pelas ruas de Olinda e de Recife com fantasias ao som do frevo.
Na cidade de Salvador, Bahia, tem trios elétricos(grandes caminhões com milhares de *Watts* de potência nos altos-falantes e, em cima, uma plataforma livre para artistas e músicos do local cantarem e dançarem) que fazem a alegria das pessoas que estão no local.

✤ 싸우바도르

바이아(Bahia)주의 주도 싸우바도르(Salvador)는 헤씨피(Recife), 포르딸레자(Fortaleza)와 더불어 브라질 북동부 지역의 3대 항구를 이룹니다. 1763년까지 브라질의 수도였던 이곳에는 가톨릭 교회만 무려 365개나 되는데, 관리가 잘 되지 않거나 신부 없이 빈 채로 방치된 곳도 상당수예요. 한편, 아프리카계 후손이 가장 많이 사는 이곳에는 깡동블레(candomblé) 등 아프리카 토속신앙이 많이 남아 있습니다.

다른 지방에서 맛볼 수 없는 싸우바도르만의 음식도 유명합니다. 그중 가장 토속적인 음식은 아라까줴(acarajé)입니다. 아까라줴는 크기가 햄버거빵 정도인데, 둥그렇게 만든 콩반죽을 뎅데오일(팜유)에 튀긴 다음 반으로 가르고, 새우, 양파, 고추 등으로 만든 매운 소스를 넣어 뜨거울 때 먹습니다.

관광명소로는 과거에 노예가 거래되던 뻴로우링유(Pelourinho) 광장, 1873년 영국에서 들여온 자재로 건설한 라쎄르다 엘리베이터(Elevador Lacerda) 그리고 이로부터 100미터 정도 거리에 있는 모델루 시장(Mercado Modelo)을 들 수 있습니다.

✤ 까뽀에이라

싸우바도르의 대표적 공연 까뽀에이라(Capoeira)! 흑인노예들에게서 전래된 호신용 무술 까뽀에이라는 현재 우리나라에도 소개되고 있습니다. 주로 발동작만 하는 게 특징인데, 노예들이 묶인 손을 사용할 수 없어 발만 사용하게 된 것에서 비롯되었죠. 주인의 눈을 속이기 위해 무용에 가까운 몸동작을 익히게 되었다고 해요. 시내 한복판에서 청년들이 타악기와 노래의 장단에 맞추어 브레이크 댄스와 비슷한 춤을 추고 있는 것이 보인다면 바로 그게 까뽀에이라입니다. 우리나라의 택견과 닮은 역동적인 몸동작을 두 사람씩 쌍을 이뤄 반복하는 게 특징이며, 호신술이나 공격술을 익힐 수 있고 또 심신 수양에도 좋다고 합니다.

Lição 20

숙박문화

브라질은 고급호텔부터 저렴한 호텔까지 숙박요금에 아침식사가 포함된 게 일반적입니다. 그래도 체크인할 때 확인해보면 더 좋겠죠? 하지만 호텔 이외의 숙박시설을 이용하는 것도 브라질의 다른 모습을 체험하는 좋은 방법이 될 수 있습니다. 예를 들어 여관급 뽀우자다(pousada)에 묵거나, 별장으로 지어진 샤까라(chácara)를 단기 임대하는 것도 좋죠. 만약 시내에서 묵고자 한다면, 플래찌(flat)라고 하는 호텔레지던스형 시설을 이용하면 됩니다. 플래찌는 원룸 형태로 호텔보다는 가격이 저렴하고 요리기구가 갖추어져 있는 게 특징으로, 수영장과 운동 시설이 있는 곳도 있으며, 청소나 설거지 서비스도 제공합니다.

1. 부사 (2)

1) 일반부사

분류(classificação)	부사(advérbios)
시간(tempo)	agora, ainda, amanhã, antes, cedo, enfim, já, logo, nunca, primeiro, sempre
장소(lugar)	abaixo, acima, aí, ali, antes, aonde, aqui, atrás, debaixo, dentro, fora, longe, perto
방법(modo)	assim, bem, como, depressa, devagar, mal, melhor, pior, quase, sobretudo
양/강도 (quantidade/intensidade)	bastante, bem, demais, mais, meio, muito, menos, pouco, tanto, tão
긍정(afirmação)	sim
의심(dúvida)	talvez
부정(negação)	jamais, nada, não, nem, nunca
배제(exclusão)	apenas, só, somente
포괄(inclusão)	até, mesmo, também

Vou te transferir o dinheiro ainda hoje.

Enfim, ele conseguiu se formar pela universidade.

As informações que você pediu seguem abaixo.

Os exemplos de vícios referidos acima são comuns.

A bolsa está debaixo da mesa.

A felicidade está dentro de nós.

Já está fora da moda.

Todos os homens são assim?

Precisamos saber falar e calar, sobretudo saber ouvir.

Sim. Ele bebe demais quando fica muito estressado.

Talvez ele seja o melhor de todos meus alunos.

Jamais se esqueça de que seus pais amaram muito você.
Nunca minta em seu currículo.

Somente 10 alunos apareceram na festa de despedida.

Até (mesmo) tu, Brutus? (Júlio César: Et tu, Brute?)
Ninguém da família de Roberto veio à festa dele, nem mesmo o irmão dele.

2) 부사구

장소(lugar)	à direita, à esquerda, de longe, de perto, por aqui

O menino está à direita da mãe dele.
O mapa está à esquerda da lousa.
Vim de longe só para ver você.
Vale a pena olhar de perto.
Qual ônibus passa por aqui? De onde vem?

긍정(afirmação)	por certo, sem dúvida, com certeza

Por certo, ele sabia de toda a verdade.
Sem dúvida, vou à festa amanhã.
Com certeza foi ele que me ligou.

방법(modo)	por acaso, em geral, a mão, ao(pelo) contrário, sem querer, de propósito, às pressas, com carinho, com naturalidade, de imediato, de jeito nenhum

Por acaso, você viu meus óculos?
Os brasileiros, em geral, gostam de festas e comemorações.
O que você prefere: escrever a mão ou digitar?
Você falou assim. Mas a gente descobriu que é ao contrário.
Foi sem querer. Não fiz de propósito.
Juliano saiu da sala de aula às pressas sem dizer nada.
Odila fez o quadro de ponto cruz com carinho para me dar.

A fluência é a capacidade de comunicar com naturalidade.

O computador na sala de aula não se liga de imediato.

Eu não quero falar com o Manuel de jeito nenhum.

시간(tempo)	de dia, de noite, de vez em quando, em breve, de repente, por enquanto

Trabalho de dia e estudo de noite.

Mesmo no verão eu preciso de uma echarpe de vez em quando.

Nós nos vemos em breve, não se preocupe.

Meu amigo voltou do Brasil de repente. Foi uma surpresa.

Por enquanto, quero descansar um pouco.

✐ 'com과 명사' = 형용사 여성형 + mente
com certeza = certamente, com naturalidade = naturalmente

3) bem과 mal의 비교급은 melhor, pior

As paredes da sala estão pintadas melhor que as dos quartos.

(= As paredes da sala estão mais bem pintadas que as dos quartos.)

✐ 과거분사형 형용사 앞에서는 mais bem, mais mal로도 표현이 가능합니다.

4) 부사의 축소형은 강조 또는 감정 표현

A criança correu e foi sentar-se pertinho da mãe. (perto + inho)

Ele saiu agorinha mesmo. (agora + inha)

5) muito

Hoje elas trabalharam muitíssimo.

Eles estão muito cansados.

Este exercício é muito fácil.

✐ 형용사 muito는 명사의 성과 수에 일치해야 합니다.
Ainda vamos ter muitas *aulas*.
Estou com muita *vontade* de aprender mais português.
Tome muito *cuidado* com o livro.

2. Saber와 conhecer의 의미 차이

1) Saber (들어서 알다, 배워서 알다 – 지식, 방법)

• Saber + 동사원형

Sei *falar* inglês.
Sabemos *falar* um pouco de português.
Eles sabem *nadar*.

• Saber + 학습관련 내용

João não sabe nada *sobre conjugação de verbos irregulares*.

• Saber + 사실(수, 정보)

Eu não sei *onde ela mora*.
Você é que sabe *o que você quer mesmo*.
Ele sabe *quanto nós gastamos*.
Ele sabe *por que a criança está chorando*.
Nosso professor sabe *a data e a hora da nossa reunião*.

• Saber + que절

Eu sei muito bem *que você estuda muito*.

2) Conhecer (잘 알다, 만나보거나 가봐서 알다 – 경험)

• Conhecer + 사람

Nós conhecemos *a professora Eunice*.
O chefe conhece *todos os subordinados*.

• Conhercer + 사물, 추상명사

Eu conheço *este livro*.

Eu conheço *a sua vida*.

• Conhecer + 장소

Você conhece *Salvador*?

Nós todos já conhecemos *São Paulo*.

Vocabulário

enfim 결국/마침내
já 곧/이미
abaixo (~보다) 아래에
acima (~보다) 위에
aonde 어디로
debaixo 아래에
depressa 빨리
devagar 천천히
sobretudo 우선
bastante 충분히
demais 지나치게
meio 다소/약간
tanto (양 · 수) 그 정도로
tão (정도) 그렇게
talvez 아마도
jamais 결코 ~하지 않다
nem (não의 강조형) ~도 아니다
apenas 오직/단지
somente 다만/오직
mesmo ~도/조차
transferir 이체하다/환승하다
conseguir 해내다
formar-se 졸업하다
seguir 따라가다
o exemplo 보기/예
o vício 나쁜 버릇
referido 언급된(m)
a felicidade 행복
fora da moda 유행이 지난
precisar 해야만 하다/필요로 하다
calar 말을 하지 않다/침묵하다
estressado 스트레스를 받은(m)
ser ~이다
esquecer-se (de) ~을 잊어버리다
mentir 거짓말하다
a despedida 이별
à direita 오른쪽에
à esquerda 왼쪽에
de longe 멀리서
de perto 가까이서
por aqui 이 부근에
a lousa 칠판
valer a pena 가치가 있다
olhar 쳐다보다
por certo 분명히
sem dúvida 꼭
com certeza 확실히
por acaso 혹시
ao contrário 반대로
sem querer 고의 아니게/무심코
de propósito 고의로
às pressas 서둘러
com carinho 정성을 다해
com naturalidade 자연스럽게
de imediato 즉시
de jeito nenhum 절대로 아니다[안 되다]
a comemoração 기념(행사)
digitar (컴퓨터로) 입력하다/타자 치다
a fluência (언어) 유창성
a capacidade 능력
ligar 연결하다
de dia 낮에
de noite 밤에
de repente 갑자기
em breve 조만간에/곧
por enquanto 당분간
a echarpe 스카프
a surpresa 뜻밖의 일[소식]
descansar 쉬다
a parede 벽
pintada 색칠한(f)
o exercício 연습문제/운동
a vontade 마음/의지
o cuidado 조심
nadar 수영하다
a conjugação (동사의) 활용
o verbo irregular 불규칙동사
a data 날짜
o subordinado 부하(직원)

Exercícios

1. 다음을 해석해보세요.

1) Preciso ir ao banco para pagar a conta. Volto já.

2) Aonde o João foi?

3) Por que não pensei nisso antes?

4) Ele não sabe nada disso, talvez.

5) Nada acontece por acaso. Tudo tem a sua hora.

6) Sofia está jogando tênis pior que no ano passado.

7) Os estudantes usam bastante computador para fazer tarefas escolares.

8) Você sabe que ela vai fazer uma cirurgia plástica?

2. 다음 빈칸에 상자에 주어진 표현을 넣어 문장을 완성해보세요.

de vez em quando, sem dúvida, de perto, quase

1) O bebê ______________ caiu do berço quando ele tentou descer de lá.

2) A família da Emília se reúne ______________________________.

3) O conceito de 'desenvolvimento sustentável' é, ___________________, uma das ideias que a humanidade de hoje mais necessita.

4) Tenho mais de 40 anos e não consigo ler bem letras pequenas _________________.

3. 다음을 읽고 연습해보세요. – 부사(구)

1) A: Quem é seu irmão na foto? Ele não é parecido com você? Não consigo adivinhar quem é seu irmão.

B: Este aqui é o Marcos. Ele puxou ao meu pai e eu à minha mãe. Ele tem o corpo muito bem malhado e curte esportes radicais.

A: E você? Por que não pratica esporte?
B: Prefiro ler ou meditar em casa sozinho.

2) A: Hoje em dia quase todo mundo frequenta academia. Você frequenta alguma academia para fazer exercício?
B: Quero frequentar, mas por enquanto não posso porque não tenho tempo.

3) A: Você sabe quem ganhou o primeiro lugar no concurso de beleza de 2010?
B: Não sei. Não tenho interesse nesse tipo de concurso. Para mim, o importante é a beleza interior.

4. 다음을 읽고 해석해보세요.

Você também sonha com uma experiência no exterior?

Muitos jovens querem viajar para o exterior ou fazer algum curso em um país estrangeiro. Quem já teve essa chance diz que é uma experiência muito boa porque a pessoa volta diferente: mais aberta, segura de si e mais experiente. Além disso fica ainda mais apaixonada pela ideia de conhecer outros povos e aprender outras línguas.
Morar no exterior, onde não podemos falar nossa língua materna e onde os costumes são diferentes, não é fácil. Mas aprender uma língua que não sabíamos falar, conhecer uma nova cultura e fazer amizade com as pessoas do local nos trazem uma grande alegria.
Claro que quando os jovens moram, onde jamais moraram, longe dos pais, vão morrer de saudade deles. É possível até sentirem discriminação na pele num novo mundo. Mas hoje em dia, graças à tecnologia avançada, em especial ligações grátis do Skype ou redes sociais como o Facebook, podem não sofrer tanto quanto pensam.
Morar no exterior também nos ajuda a valorizar nosso país, cultura, comida e a reconhecer o quanto amamos a nossa família e amigos. Também amadurecemos e nos conhecemos melhor.

✤ 고르줴따, 쎄르베쥥야

브라질 대부분 식당에서는 계산할 때 총 금액의 10퍼센트 정도를 웨이터에게 팁으로 주는 게 상례입니다. 계산서에 이미 봉사료가 포함되어 있으면 굳이 주지 않아도 됩니다.
크리스마스 때가 되면, 주유소의 주유원이나 주차해주는 사람, 수위 또는 물건 배달부에게도 팁을 주는 게 일반적이에요. 팁은 고르줴따(gorjeta), 또는 쎄르베쥥야(cervejinha)라고도 하는데, cervejinha는 우리가 '막걸리 한잔 값'이라고 표현하듯, 더운 나라 사람들답게 cerveja(맥주) 한 잔 할 수 있는 값이란 뜻으로 축소형 cervejinha를 씁니다.

✤ 뜨로찌

브라질 대학생들은 연초 입학식 때가 되면, 재미삼아 선배들이 신입생들을 대상으로 짓궂은 장난을 치는데 이를 뜨로찌(trote)라고 합니다. 신입생들의 머리카락을 아무렇게 자르거나, 물감이나 페인트를 뒤집어씌우기도 합니다. 모르는 사람들에게 접근해서 돈을 타내도록 시키기도 하는데, 이렇게 모인 돈으로는 주로 선후배가 한자리에 모여 술을 마십니다.

Lição 21

크리스마스와 새해

브라질은 크리스마스(Natal) 시즌에 가장 활기가 넘칩니다. 세계적인 소비국가답게 온 국민이 그간 저축했던 돈을 아낌없이 풀어 자녀나 친척, 친구를 위해 좋은 선물을 준비하기 때문이죠. 그리고 가족문화가 강한 브라질 사람들은 크리스마스 트리 아래에 선물을 가득 쌓아 놓고 맛있는 음식을 다같이 즐긴 후, 선물을 교환합니다. 또 새해(Ano Novo)를 맞이할 때도 온 가족이 함께 모이는데 친구들을 초대하여 같이 즐기기도 합니다. 새해맞이의 하이라이트는 역시 자정을 기다리며 카운트다운을 크게 외치는 순간이죠. 새해가 시작되는 순간, 새해 소망을 빈 다음 샴페인을 터트려 축배를 들고, 서로 포옹을 나누며 덕담을 주고받습니다.

브라질에서는 연말연시를 헤베이용(Réveillon)이라고도 합니다. 이 단어는 원래 불어의 '깨어나게 하다'란 동사 réveiller에서 유래한 단어예요. 헤베이용에는 여러 도시에서 폭죽놀이와 음악축제가 벌어집니다. 특히 리우에서는 꼬빠까바나 해변(Praia de Copacabana)을 비롯한 여러 해변에서 각종 이벤트가 열립니다. 2011년을 보내고 2012년을 맞이하는 꼬빠까바나 해변에서는 16분간 폭죽쇼가 벌어졌는데 200만 명이 넘는 인파가 몰렸습니다. 이로써 리우는 World Travel Guide로부터 세계의 가장 큰 헤베이용 축제 상을 받기도 했습니다.

1. 접속법 현재 (Presente do subjuntivo)

- 직설법 동사가 확실한 현재나 과거 또는 미래의 일을 표현하는 데 반해 접속법은 불확실하거나 기대하는 현재나 과거 또는 미래의 일을 표현합니다.
- 접속법 현재는 직설법 현재 1인칭 단수의 형태에서 -o를 제하고 -ar 동사인 경우는 -e, -er와 -ir 동사인 경우는 -a로 바꿉니다(11과 참조).

주어	Falar	Comer	Partir
eu	fale	coma	parta
você / o senhor / a senhora ele / ela / a gente	fale	coma	parta
nós	fale*mos*	com*amos*	part*amos*
vocês / os senhores as senhoras / eles / elas	fale*m*	coma*m*	parta*m*

Fale mais alto, que não posso ouvir bem.

Coma à vontade.

Espero que ele não parta esta semana.

동사원형	직설법 현재	접속법 현재
poder	posso	possa
dizer	digo	diga
ter	tenho	tenha
ver	vejo	veja
fazer	faço	faça

Talvez você possa fazer esse trabalhinho.

Quero que você diga a verdade.

Tenha um bom domingo.

Veja como a Soomi Jo canta bem!

Faça tudo que sempre quis.

• 접속법 현재 불규칙동사

ir	ser	querer	saber	dar	estar
vá	*seja*	*queira*	*saiba*	*dê*	*esteja*
vá	*seja*	*queira*	*saiba*	*dê*	*esteja*
vamos	*sejamos*	*queiramos*	*saibamos*	*demos*	*estejamos*
vão	*sejam*	*queiram*	*saibam*	*deem*	*estejam*

• 접속법 현재에서 -car, -gar, -çar 동사는 c, g, ç가 qu, gu, c로 변화

fico – fique　　jogo – jogue　　começo – comece

2. 접속법 현재의 용법

• 주절의 동사가 다음과 같은 의미를 가진 경우, 종속절의 동사는 접속법입니다.

소망 – Eu *quero* que você vá.
의심 – *Duvidamos* que ele dê isso para nós.
불확실 – Ele *não acredita* que eu esteja bem aqui.
권고 – O médico *recomenda* que não fumemos.
부정 – Eles *negam* que saibam falar bem coreano.
허락 – O chefe *permite* que eu saia cedo.
희망 – *Esperamos* que minha irmã queira viajar junto conosco.
제안 – *Sugiro* que você estude mais.

• 비인칭 문장

É possível que chova.
É bom que você saiba a lição.
É impossível que ele não venha.
É melhor que nós tenhamos certeza.
É interessante que eles visitem o Pão de Açúcar.
É provável que ela desmaie de emoção.
É conveniente que você diga a verdade.

É muito natural que ele seja bom jogador de futebol.

é difícil que	é fácil que	é necessário que
é errado que	é preciso que	é pena que

✐ 불확실성을 나타내는 부사

Talvez eu não veja você amanhã.

• 접속법 동사를 써야 하는 접속사(구)

⊙ 시간접속사(구)

Espere aqui *até que* eu volte.
Quero conversar com você *antes que* você parta.

⊙ 조건접속사(구)

Uma vez que ele chegue, podemos começar a obra.
Vou sair com ele *a não ser que* ele não queira.
Caso você queira ir comigo, me avise.

⊙ 목적접속사(구)

Ele vai fazer todos os esforços *a fim de que* a namorada faça as pazes com ele.
Ela estuda com afinco *para que* ganhe boas notas.

⊙ 양보접속사(구)

Ele não vai viajar *mesmo que* esteja disponível.
Embora ele seja bom aluno, não está entendendo tudo.
Não vou aceitar isto, *ainda que* você insista.
Quem quer que venha, não quero encontrar ninguém agora.
Quando quer que você precise, pode me pedir qualquer favor.
Onde quer que ele vá, será bem recebido.
O que quer que ela faça, tentarei apoiá-la.
Como quer que seja, devemos alcançar o nosso objetivo.

⊙ 분리접속사(구)

Fique *ou* vá, eu não me importo.
Quer chova, *quer* não, iremos à praia.

⊙ 연속접속사(구)

Vocês devem comportar-se bem *de maneira que* deem bons exemplos para os calouros.
Vou ensinar com carinho *de modo que* ele aprenda rápido.

☞ 결과의 의미일 때는 직설법 동사
Ela fez tudo errado, *de modo que* teve de corrigir.

⊙ 선행사가 부정관사로 한정되거나 부정대명사인 관계사절

Estou procurando *uma pessoa que* possa viajar junto comigo.
Há *algum aluno que* saiba falar bem inglês?
Não conheço *ninguém que* queira trabalhar no sábado.
Você vai achar *alguém que* tenha alguma experiência na área.

⊙ tomara que 등의 기원문과 talvez

Viva a Coreia!
Tomara que o professor não se atrase para a aula amanhã.
Talvez meu filho ganhe o primeiro lugar na prova.

⊙ 명령문

Fale em português.
Desejamos que os senhores abram a porta.

Vocabulário

duvidar 믿지 않다
acreditar 믿다
recomendar 권장하다/추천하다
negar 부인하다
o chefe (단체의) 최고위자
permitir 허락하다
sugerir 제안하다
provável 개연성 있는
desmaiar 실신하다
a emoção 감동, 감정
conveniente 편리한/~에게 형편이 좋은
necessário 필요한(m)
a pena 애석한 일/동정
até que ~ 때까지
antes que ~ 전에
uma vez que ~한다면/~하는 이상
a não ser que ~하지 않는 이상
caso 만일 ~한다면
avisar 알리다
a fim de que ~하기 위하여
para que ~하도록
mesmo que ~일지라도/~이긴 하지만
disponível 시간이 있는/여유가 있는
embora ~에도 불구하고/~이긴 하지만
aceitar 수락하다
ainda que ~한다 해도/~에도 불구하고
quem quer que ~가 누구든
quando quer que ~가 언제든
onde quer que ~가 어디든
o que quer que ~가 무엇이든
como quer que ~가 어떤 방법으로든
importar-se 상관하다/신경쓰다
apoiar 지지하다/도와주다
alcançar (하려던 일에) 성공하다/이루다
o objetivo 목적/목표
quer~ quer~ ~이든 ~이든
comportar-se bem 처신을 잘하다
de maneira que ~하도록
o calouro 신입생
o carinho 애정, 사랑, 자애
procurar 찾다
a experiência 경험
viva 만세/잘한다(격려의 말)
tomara que ~이기를
atrasar-se 늦다
desejar 원하다/바라다

Exercícios

1. 다음을 해석해보세요.

1) Prefiro que você esqueça da ex-namorada.

2) O que você quer que sua amiga faça?

3) Tomara que chova amanhã.

4) Espero que todos se divirtam muito hoje à noite.

5) Duvido que a sua namorada aceite a sua proposta de casamento.

6) Desejo que vocês todos venham para a minha festa de aniversário.

7) Peço que vocês não façam barulho, porque o bebê está dormindo.

8) Que pena que ele não tenha tempo para caminhar.

9) Espero que você se lembre do nosso compromisso do sábado.

10) Espero que os seus pais entendam por que eu devo fazer isso.

2. 주어진 동사를 접속법 현재로 활용하여 문장을 완성하세요.

1) Desejo que você ____________ boas notícias. (trazer)

2) Ela quer que eu ____________ em casa no fim de semana. (ficar)

3) Sua mãe prefere que você ____________ devagarinho. (dirigir)

4) Eu receio que o professor Kim ____________ o ônibus. (perder)

5) É muita pena que ninguém ____________ do prato que fiz. (gostar)

6) É importante que você ____________ bons amigos. (ter)

7) Não acredito que ele ____________ a Luísa. (conhecer)

8) Estou contente que você ____________ dormir bem na minha casa. (poder)

3. 다음을 읽고 연습해보세요. – 접속법 현재

1) A: Quero que minha mãe traga a melhor notícia do dia.
B: Está esperando alguma boa notícia, ou o quê?
A: É que minha mãe fez um *check up* médico. Tomara que não dê nada de ruim.

2) A: Eu estou aqui para te ajudar. Quando quer que seja, é só me dizer.
B: Não sei como lhe agradecer, senhora.

3) A: Estou pensando em fazer um cursinho de dança.
B: Por que não? Talvez você possa dançar como profissional, já que tem boa flexibilidade. Além disso, dançar faz bem à saúde física e mental.

4) A: Deixo com você meu contato no Brasil de modo que você possa me ligar a qualquer hora.
B: Tá bem. Já tá na hora de pegar o voo. Boa viagem.

5) A: Tenho namorado, mas duvido que ele me ame de verdade. Ele não é mais como antes. Não me dá mais atenção e sempre diz que anda muito ocupado. Mas eu estou morrendo de saudade dele.
B: Que pena que você não possa aceitar o que está acontecendo. Espero que você não sofra muito por ele. Esqueça dele!

4. 다음을 읽고 해석해보세요.

Mensagens para os dias especiais

Ano Novo (primeiro de janeiro)
Espero sinceramente que no Ano Novo todos os seus sonhos se tornem realidade! Feliz Ano Novo!

Dia dos Namorados (doze de junho)
Quero que você saiba que sou muito feliz ao seu lado e que gosto de você cada vez mais. Feliz Dia dos Namorados!

Dia das Mães (segundo domingo de maio)
Obrigado por ter me trazido ao mundo e ter me criado com carinho e atenção. Feliz Dia das Mães!

Natal (vinte e cinco de dezembro)
Que a vida lhe traga toda a felicidade do mundo neste Natal.
Feliz Natal!

Aniversário
Nesse dia tão especial, tomara que lhe chovam muitos presentes, alegrias, felicidades e amizades. Feliz aniversário!

✤ 브라질의 정식 공휴일

1월 1일(Confraternização Universal, 새해), 3월 24일(Páscoa, 부활절), 4월 21일(Tiradentes, 찌라뎅찌스 탄생 기념일), 5월 1일(Dia do Trabalho, 노동절), 9월 7일(Independência do Brasil, 독립기념일), 11월 2일(Finados, 망자의 날), 11월 15일(Proclamação da República, 공화정 선포일), 12월 25일(Natal, 성탄절)은 브라질의 공식 공휴일이며 카니발과 그 외의 기념일은 주별로 조금씩 다릅니다.

✤ 브라질 사람들과의 여행

주말이나 여름휴가를 함께 보내자는 브라질 사람의 초대를 받아들였다면, 개인 화장품이나 약, 옷가지 등과 함께 작은 선물을 준비해 가면 좋습니다. 그리고 브라질의 중산층 이상 가정에는 대부분 가사를 돕는 가정부나 도우미가 있는데, 이들에게 팁을 주고 싶을 때는 먼저 집주인과 상의를 한 후에 주는 게 좋습니다. 그 이유는 이들이 평소에 받는 월급에 비해 손님으로 간 사람이 너무 과한 팁을 주게 되면 집주인의 입장이 곤란해질 수 있기 때문이죠. 여행에서 돌아온 후에는 전화로 감사의 말을 다시 한번 전하면 좋습니다. 물론 감사 카드나 꽃다발, 음식 대접도 친구관계를 오래 유지하는 데 큰 도움이 됩니다.

Lição 22

● 상파울루의 교통

상파울루의 출퇴근 시간 교통 상황은 그야말로 전쟁터! 시내뿐만이 아니라 교외로 연결된 도로의 사정도 매한가지인데 특히 트럭이 내는 소음과 공해는 심각한 수준입니다. 그래서일까요? 하늘을 누비는 헬리콥터! 브라질에서 경제와 산업이 가장 많이 발달한 상파울루에서 주로 CEO들이 즐겨 타는데, 안전하고 빠른데다 좋은 경관을 즐길 수 있기 때문이죠. 브라질 국립민간항공사(Anac)의 발표에 따르면 2018년 현재 상파울루주에서 운행되는 개인용과 기업용 헬리콥터 수가 666대였다고 합니다. 브라질 전역에서 운행되는 헬기 수는 2,119대로, 상파울루주에만 30퍼센트가 집중되어 있음을 알 수 있습니다. 그런데 이러한 수치는 상파울루주, 특히 상파울루 메트로폴리탄의 교통이 그만큼 원활하지 못하다는 방증일 수 있어서 마냥 자랑할 것만은 아닌 것 같습니다. 한편 상파울루에서 한 번 비행을 하는 데 드는 헬기 요금은 기종에 따라 200달러에서 2,500달러까지 매우 다양하다고 합니다. 상파울루에 이어 두 번째로 가장 많은 상업용 헬기를 보유하고 있는 곳은 리우데자네이루로, 총 413대가 있으며 그 다음으로 미나스 제라이스주가 248대를 보유하고 있답니다.

● 교통문화

상파울루의 버스는 앞으로 타고 뒤로 내리는데, 거동이 불편한 승객은 앞으로 내리기도 합니다. 한편 내리는 문이 양쪽에 있는 것과 안내 방송이 없는 게 우리와 다릅니다. 전철은 다음 역에 대한 안내 방송이 없고 해당 역에 대해서만 안내를 해줍니다. 표는 전철을 타러 들어갈 때 표를 기계에 집어넣고 되돌려받지 않으며, 12회선 어디든지 같은 가격으로 갈 수 있습니다. 어떤 교통수단이든지 우리나라보다 요금이 비쌉니다.

1. 접속사(구) (2)

1) 등위접속사(Conjunções coordenativas)

각기 완전한 독립된 의미를 지닌 문장, 또는 한 문장 내에서 같은 문법적 기능을 가진 단어들을 연결합니다.

• 연결(copulativas) 또는 부가(aditivas)

A sua pesquisa é clara e bem objetiva.
Ela não só dirigiu a pesquisa mas também escreveu o relatório.
O professor ainda não chegou na sala, nem os alunos.
Não é permitido o uso de dicionários na prova, tanto de português como de espanhol.

• 반의(adversativas)

Seu discurso foi breve mas impressionante.
Tentei chegar mais cedo, porém não deu por causa de trânsito.
Eles não estavam bem preparados, mas venceram o jogo mesmo assim.

• 분리(disjuntivas) 또는 선택(alternativas)

Não sei se eu estou apaixonada por ele ou não.
Ou você me liga, ou eu ligo para você.
Seja de dia, seja de noite, meus vizinhos sempre me ajudam.

• 결과(conclusivas)

Ele estava bem preparado para a prova, portanto não ficou nervoso.
Todos nós viemos colaborar, por isso faremos o possível no trabalho.
André é muito inteligente, assim ele irá bem na entrevista de emprego.
Bem dizia Descartes: penso, logo existo.

• 설명(explicativas)

Venha para dentro, porque está começando a chover.
Não demore, que o telejornal vai começar já.

2) 종속접속사 (Conjunções subordinativas)

종속접속사는 다른 문장에 종속하는 절을 연결합니다.

O baile já tinha começado quando ele chegou.

• 전체접속사(integrantes)

전체접속사는 주절의 의미를 완성하기 위해 주어, 목적어, 보어 등을 연결하며 전체접속사가 이끄는 절을 isto, isso, aquilo로 대체해도 문장의 의미가 성립됩니다.

Quero que você traga todos os documentos necessários de uma só vez.
Não sei se estou doente ou muito cansado.
Espero que você não demore.

• 부사접속사(adverbiais)

⊙ 원인(causais)

Ele não fez a pesquisa porque não teve tempo.
Como ele não se interessou por artes, desistiu do curso.
Já que você insiste, vou contar tudo para você.

⊙ 비교(comparativas)

Soomi fala português como se fosse falante nativa.
O jogo de hoje será mais difícil que o de ontem.
Ele é preguiçoso tanto quanto/como o irmão dele.
Ele é muito moreno, que nem eu.

⊙ 시간(temporais)

Enquanto o pai toca guitarra, os filhos cantam acompanhando.
A briga no baile começou assim que saímos de lá.
A família dele ficou deprimida depois que ele faleceu.
Era tarde quando os filhos chegaram em casa.
Na verdade, quis sair logo que meu amigo telefonou para mim.

⊙ 목적(finais)

Anuncie para que todos entrem no salão de conferência.
Vamos torcer para que o Brasil seja campeão da Copa do Mundo.
Aproxime-se a fim de que possamos vê-lo melhor.

⊙ 조건(condicionais)

Se precisar de minha ajuda, telefone-me.
Não irei ao escritório hoje, a não ser que tenha algo urgente.
Caso ocorra um imprevisto, a viagem será cancelada.

⊙ 연속(consecutivas)

Paulinho falou tanto, na reunião, que ficou rouco.
Estudou tanto durante a noite, que dormiu na hora da prova.
Comi tanto, que fiquei com dor de barriga.

⊙ 양보(concessivas)

Embora fosse tarde, fomos visitá-lo.
Eu não desistirei desse plano mesmo que todos me abandonem.

⊙ 비례(proporcionais)

O aluguel dos apartamentos aumenta à medida que aumenta a procura no mercado.

À proporção que vinha perto da data do casamento, mais nervosa ela ficava.
Quanto mais ele reclamava menos atenção recebia.

⊙ 일치(conformativas)

Conforme a pesquisa, o meio ambiente vai ficar cada vez pior.
O ataque ocorreu como os soldados tinham planejado.
Prepare a apresentação de acordo com as ordens do professor.
Segundo Paulo Coelho, a Internet está mudando a linguagem e os livros.

2. 인칭대명사 용법

• 주격 인칭대명사를 쓰는 예

⊙ 'só' 또는 'todos' 등과 함께 올 경우

Eu vi *só* ela na festa de ontem à noite.
O diretor recebeu *todos* eles.

⊙ 전치사와 함께 오는 nós가 todos 또는 mesmos의 수식을 받거나 '수사'가 함께 쓰인 경우

Ele sairá *com* todos nós hoje.
O problema é *de* todos nós.
Nós queríamos tirar fotos *de* nós mesmos.
Ele sairá *com* nós dois.

☞ Ele sairá conosco hoje.

• 동사의 뒤에 오는 3인칭 직접목적격 대명사

⊙ o, a, os, as

Eu vi Maria e Ana na festa. ➡ Eu as vi na festa.

✐ Eu vi-as na festa. (포르투갈) / Eu vi elas na festa. (브라질 구어)

⊙ -lo, -la, -los, -las: 원형동사 뒤에 목적어가 올 때, -r을 뺀 후 목적어를 연결합니다. 그리고 -ar로 끝나는 경우는 -á(강세 표시 '´'), -er로 끝나는 경우는 -ê(강세 표시 '^'), -ir로 끝나는 경우는 -i(강세 표시 없음)를 쓴 다음, '-'(hífen)을 긋고 철자 'l'과 목적어를 붙여 씁니다.

Vou encontrar o menino.	➡	Vou encontr*á-lo*.
Ela vai vender o carro.	➡	Ela vai vend*ê-lo*.
Ele vai abrir a janela.	➡	Ele vai abr*i-la*.

✐ 동사가 -ôr로 끝날 때(-r를 생략)와 -s로 끝날 때(-s를 생략)

Ele vai pôr a flor no vaso.	➡	Ele vai pô-*la* no vaso.
Vimos o menino.	➡	Vimo-*lo*.

✐ 동사가 -m으로 끝날 때(-m → + -n)

Eles educaram o menino e transformara*m-no* em um homem.

Leve*m-na* daqui.

✐ -air, -uir 동사(강세 표시 '´')

atrair-o	➡	atr*aí-lo*
diminuir-o	➡	dimin*uí-lo*

Fiz um comentário para que você possa atraí-los para seu blog.

Tenho colesterol alto. Preciso diminuí-lo.

• 간접목적격 인칭대명사 me, te, lhe, nos는 특히 신체의 일부를 지칭할 때 소유관계를 나타냅니다.

O reitor da minha universidade apertou-me a mão. (minha mão)

Vocabulário

a pesquisa 조사/연구
clara 확실한/분명한(f)
objectiva 객관적인(f)
dirigir 운전하다/(특정한) 활동을 하다
o relatório 보고서
o dicionário 사전
o discurso 연설
breve 짧은/간단한
impressionante 감동시키는
o trânsito 교통(량)
preparado 준비된(m)
apaixonado (~을) 사랑하는/(~에게) 반한(m)
seja~ seja~ ~(이)든 ~(이)든
colaborar 협력하다
ir bem em ~에서 잘하다
a entrevista de emprego 구직면접
existir 존재하다
chover 비 오다
o telejornal TV뉴스
o baile 무도회
trazer 가져오다
de uma vez 한번에
doente 아픈
a arte 예술
desistir (de) 포기하다
ser ~이다
preguiçoso 게으른(m)
moreno (피부가) 햇볕에 그을린/머리가 검은색의(m)
que nem ~처럼
tocar 연주하다/건드리다
a guitarra 기타
acompanhar 동행하다/동반하다
a briga 싸움
assim que ~하자마자
deprimida 우울한/우울증을 앓는(f)
depois que ~한 다음
falecer 사망하다/돌아가시다
logo que ~하자마자
telefonar 전화하다
o salão 큰 홀
a conferência 회의/학회
torcer 응원하다/비틀다
o campeão 챔피언
aproximar-se 다가가다/접근하다
o escritório 사무실
urgente 위급한
ocorrer 발생하다
imprevisto 예상하지 않은(m)
cancelada 취소된(f)
rouco 목이 쉰(m)
~ tanto que ~ 너무 ~해서 ~하다
abandonar 버리다/그만두다
o aluguel 집세
à medida que ~에 따라/~대로
à proporção que ~에 비례하여
reclamar 불평하다
conforme ~에 의하면
o meio ambiente 자연환경
o ataque 공격
como ~대로/처럼
o soldado 군인
planejado 계획된(m)
a apresentação 발표/제출
de acordo com ~와 일치하여/~에 따라
a ordem 명령/지시
segundo ~에 따르면
mudar 변화시키다/변하다
a linguagem (말이나 글로 된 특정한 방식의) 표현[언어]
o diretor 책임자/감독
vender 팔다
educar 교육하다/가르치다
transformar (em) 변형시키다/(모습 · 성격)을 완전히 바꿔놓다
atrair 마음을 끌다/끌어들이다
diminuir 줄이다/줄어들다
o comentário 논평/언급
o colesterol 콜레스테롤
o reitor (대학)총장
apertar a mão 악수하다

Exercícios

1. 다음을 해석해보세요.

1) Falar é fácil mas pôr em prática é difícil.
2) Ana não só estuda na universidade mas também trabalha.
3) Gosto dos cães porque são leais.
4) Não consigo me lembrar do rosto da Rosa nem onde a conheci.
5) Eu saí ontem com meus amigos, apesar da chuva.
6) Yuna Kim, patinadora artística, se tornou campeã olímpica em 2010 e mundial em 2009, pois treinou com perseverança.
7) Comi tanto no feriadão do Ano Novo que engordei um quilo.
8) Enquanto eu estudava, minha amiga de quarto dormia como uma pedra.

2. 다음 빈칸에 상자에 주어진 표현을 넣어 문장을 완성해보세요.

não só ~ mas também, ou, e, quando, mesmo assim, além disso

1) Luís foi ao cinema ___________ depois ao restaurante italiano.
2) Olívia ___________ é dona de casa _______________ professora.
3) Carlos tentou chegar na hora, _____________ se atrasou uns minutos.
4) Você para de falar ao telefone ___________ eu gritarei alto.
5) ______________ minha mãe reuniu a família, todos imaginavam uma surpresa.
6) Minha irmã me emprestou o joguinho dela. ____________, me ensinou a jogar.

3. 다음 밑줄 친 목적어를 목적격 인칭대명사로 바꿔 쓰세요.

1) Eu vi a Rosa no shopping. ➡ Eu ________ vi no shopping. / Eu vi ________ no shopping.
2) Você conhece minha mãe? ➡ Você ________ conhece? / Você conhece ________?
3) Ele ajudou muito minha amiga. ➡ Ele ________ ajudou muito. / Ele ajudou muito ________.

4) Quero cantar esta música. ➡ Quero ________________.

5) Você quer vender o livro? ➡ Você quer ______________?

6) Meus amigos ajudam as crianças. ➡ Meus amigos _____ ajudam./ Meus amigos ajudam _____. / Meus amigos ajudam -_____.

4. 다음을 읽고 연습해보세요. – 접속사

1) A: Eduardo trabalha muito mas não ganha bastante.
B: Que pena.

2) A: Vou sair à noite, que estou cansada de ficar em casa.
B: Ponha um casaco quente, porque está fazendo muito frio lá fora.

3) A: Venha logo, que o seu programa favorito vai começar.
B: Tá bem. Já tô indo.

4) A: Não sei o que está acontecendo com nós dois.
B: Que é que você quer dizer com isso?
A: Nada. Estava só pensando alto.

5. 다음을 읽고 해석해보세요.

A lenda do boto

De acordo com a lenda, um boto cor-de-rosa, um mamífero muito semelhante ao golfinho, que habita a bacia do rio Amazonas, sai do rio nas noites de festa junina. Com um poder especial, se transforma em um lindo jovem vestido com roupa branca e com seu jeito galanteador e falante, o boto se aproxima da jovem solteira mais bela. Ele a seduz e, logo após, a leva até o fundo do rio, local onde costuma engravidá-la. Na manhã seguinte volta a se transformar no boto.

Por isso, as mulheres mais velhas alertam as jovens para terem cuidado com os galanteios de homens muito bonitos durante as festas.

Na cultura popular, a lenda do boto era usada para justificar a ocorrência de uma gravidez fora do casamento. E ainda hoje, principalmente na região amazônica, dizem que uma criança é filha do boto quando não se sabe quem é o pai.

A lenda do boto foi transformada num filme em 1987, com o título de *Ele, o boto,* sob a direção de Walter Lima Junior.

✤ 파벨라

브라질의 부자들은 완벽한 안전시설과 편의시설이 갖춰진 곳에서 정말 귀족처럼 생활하는 반면 극빈자들은 열악한 환경의 파벨라(favela)라는 빈민촌에서 생활합니다. 생활이 힘든 내륙으로부터 도시이주가 늘어나면서 생겨난 파벨라는, 극심한 사회적 양극화의 문제를 단적으로 보여줍니다. 국제적 관광도시로 각광받는 리우의 경우, 그 빈민층의 인구가 리우데자네이루 인구의 약 20퍼센트에 달한다는 보고도 있습니다.

한편 브라질지리통계원(IBGE)의 2022년 인구조사자료에 의하면 현재 브라질에는 11,403개의 빈민촌이 존재하며, 그 빈민촌에 거주하는 인구는 약 660여만 가구에 1,600여만 명이라고 합니다. 이 수치는 이전의 인구조사(2010년) 때보다 약 40% 늘어난 것으로써 당시에는 파벨라 인구가 1,142만 6천여 명이었습니다. 2022년 현재 브라질에서 가장 규모가 큰 파벨라는 연방수도 브라질리아의 쏘우 나쎙찌(Sol Nascente)로서 이곳의 거주자는 87,184명인 것으로 알려졌습니다. 2위는 2010년 인구조사에서 1위를 차지했던 리우데자메이루의 호씽야(Rocinha)로서 2022년 현재 67,199명이 거주 중이라고 합니다.

여러 영화를 통해 세계적으로 알려진 파벨라를 여행할 수도 있는데, 오늘날 대표적 관광명소로 자리를 잡으면서 리우의 호텔이나 호스텔에서는 파벨라 여행상품 안내서를 만나볼 수 있습니다. 호씽야 파벨라는 꼬빠까바나(Copacabana) 해변에서 30~40분 거리에 있는데, 그곳에 도착하면 오토바이가 대기하고 있습니다. 꼬불꼬불하고 아찔한 언덕 주행을 마치고 정상에 오르면 아름답게 펼쳐지는 파벨라의 전경을 감상할 수 있어요. 이어 관광객을 대상으로 드럼통과 페인트 통을 두드리며 꼬마들이 삼바 공연을 펼칩니다. 리우의 빈민촌을 배경으로 한 유명한 영화 〈시티 오브 갓〉을 기억하는 사람들은 이곳 투어를 망설일 수도 있지만 그곳 사람들의 순수함과 명랑함 그리고 정겨움도 느낄 수 있습니다.

Lição 23

선물

브라질 사람들이 저녁식사 때 집으로 초대한다는 것은 당신을 좀 더 진실한 친구로 간주한다는 의미입니다. 그들은 누굴 초대할 때, 초대되어 오는 사람이 어떤 선물을 가져올 거란 기대를 하지 않습니다. 그래도 선물을 받고 기분 나쁠 수는 없는 법! 정말 빈손으로 가도 좋습니다만, 우리의 습관대로 작은 선물을 준비하면 더 좋겠죠? 여러 사람이 함께 초대되었을 때, 선물을 가져오지 않은 사람을 차별하는 일도 절대 없으니 미처 준비를 못 했어도 걱정할 필요가 없습니다. 선물은 부담을 느끼지 않을 정도가 적당해요. 꽃다발이나 작은 화분, 초콜릿, 와인 등을 고려해볼 만합니다.

그리고 그들의 재미있는 관습 하나! 브라질에서는 선물을 받으면 선물을 준 그 사람에게 볼키스를 하거나 포옹을 하고 나서, 선물을 준 사람 앞에서 바로 포장을 뜯어봅니다. 그 이유는 고마운 선물을 준 사람에게 자신들이 얼마나 기뻐하는지 보여줄 수 있기 때문에 그런 거라고 해요. 대개 '행운의 선물'을 기대하는 마음에서 포장지를 '부-욱!' 소리가 날 정도로 장난스럽게 찢기도 합니다. 대부분 무조건 선물이 마음에 든다고 말하며, 다시 한번 볼키스를 나누기도 합니다. 여기서 중요한 것 한 가지! 식사가 끝난 후에는 초대한 사람에게 잊지 말고 꼭 감사 표현을 하는 게 좋습니다.

1. 접속법 불완전과거 (Pretérito imperfeito do subjuntivo)

• 접속법 현재의 경우와 용법이 같으며, 주절의 동사가 과거 중 어느 한 시제(과거, 불완전과거, 대과거, 과거미래)일 때 종속절의 동사는 접속법 불완전과거입니다.

• 접속법 불완전과거 형태는 직설법 완전과거 3인칭 복수 형태에서 -ram을 빼고 -ar 동사는 -sse, -sse, -(á)ssemos, -ssem, -er 동사는 -sse, -sse, -(ê)ssemos, -ssem, 그리고 -ir 동사는 -sse, -sse, -(í)ssemos, -ssem을 붙여줍니다.

주어	Falar	Comer	Partir
eu	fal*asse*	com*esse*	part*isse*
você / o senhor / a senhora ele / ela / a gente	fal*asse*	com*esse*	part*isse*
nós	fal*ássemos*	com*êssemos*	part*íssemos*
vocês / os senhores as senhoras / eles / elas	fal*assem*	com*essem*	part*issem*

Queria que Gisele falasse comigo um segundinho.
Esperava que você não comesse tudo.
Não *duvidei* que o menino partisse o vaso de flores.

동사원형	직설법 완전과거 3인칭 복수	접속법 불완전과거
poder	puderam	pud*esse*
dizer	disseram	diss*esse*
ter	tiveram	tiv*esse*
vir	vieram	vi*esse*
fazer	fizeram	fiz*esse*

-er 규칙동사의 1인칭 복수형에는 악센트 '^'가 붙는 반면, 불규칙동사의 경우 '´'가 붙습니다. 따라서 차례로 소개하자면 pudéssemos, disséssemos, tivéssemos, viéssemos, fizéssemos입니다.

2. 접속법 불완전과거의 용법

• 주절의 동사가 소망, 의심, 불확실, 권고, 부정, 허락, 희망, 제안 등의 의미

소망 – *Gostaria* que este apartamento fosse meu.
Eu *queria* que você pudesse viajar comigo.

의심 – *Duvidei* que ele dissesse a verdade para o pai.

불확실 – Ele *não acreditou* que eu passasse na prova.

권고 – O médico *recomendou* que ele não bebesse demais.

부정 – As crianças *negaram* que fizessem isso de propósito.

허락 – O pai não *permitiu* que ele navegasse na internet hoje.

희망 – Eu *esperava* que o meu irmão vencesse o jogo.

제안 – *Sugeri* que você fosse mais dedicado aos estudos.

- 접속법 동사를 써야 하는 접속사(구) – 접속법 현재에서 소개된 접속사(구) 외

가정 – *Se* ele viesse ao clube, *participaria* do campeonato.
(주절의 동사는 과거미래 또는 불완전과거 = participava)

비교 – Meus alunos cantavam muito bem *como se* fossem cantores profissionais.

3. 접속법 현재와 불완전과거의 비교

Eu *espero* que você fique boa logo.
Eu *esperei* que você ficasse boa logo.
O médico *recomenda* que você descanse.
O médico *recomendou* que você descansasse.
É provável que eles venham.
Era provável que eles viessem.

4. 직설법 과거미래 (Futuro do pretérito do indicativo, condicional)

- 직설법 과거미래는 과거의 시점에서 앞으로 일어날 일을 기술합니다.
- 직설법 과거미래: 동사원형 + -ia, -ia, -íamos, -iam

1) 규칙동사

주어	Falar	Comer	Partir
eu	falar*ia*	comer*ia*	partir*ia*
você / o senhor / a senhora ele / ela / a gente	falar*ia*	comer*ia*	partir*ia*
nós	falar*íamos*	comer*íamos*	partir*íamos*
vocês / os senhores as senhoras / eles / elas	falar*iam*	comer*iam*	partir*iam*

2) 불규칙동사

fazer	trazer	dizer
far*ia*	trar*ia*	dir*ia*
far*ia*	trar*ia*	dir*ia*
far*íamos*	trar*íamos*	dir*íamos*
far*iam*	trar*iam*	dir*iam*

3) 직설법 과거미래의 용법

• 과거의 어느 시점보다 미래인 사실

Ele disse que não traria o filho dele para a festa.

• 소망 내지 공손하고 예의 있는 표현

Ele gostaria de falar contigo.

Seria possível para você vir amanhã à mesma hora?

• 감탄문 또는 의문문

Quem diria!

Quem seria o criminoso?

• 현재의 사실에 반대되는 가정문, 미래의 조건이나 상태에 대한 의심이나 희망을 나타내는 문장

Adriana gostaria de viajar, mas o salário dela não dá.
Ricardo comeria neste restaurante luxuoso?
Cecília faria uma cirurgia plástica para ficar mais bonita?
Se eu me aceitasse como sou, eu ficaria mais feliz.

• 과거의 사실에 대한 불확실성, 가능, 의심, 추측 등을 표현

A mãe teria, naquele tempo, os seus trinta e seis anos.

4) 직설법 과거미래의 다른 표현: 「ir의 불완전과거 + infinitivo」

Eu ia comprar os livros ontem à noite. (= compraria)

5. 접속법 불완전과거와 직설법 과거미래 (조건법 동사)

• 추정이나 가정을 나타내는 종속절 동사는 접속법 불완전과거를 씁니다.
• 추정이나 가정을 통해 가능하다고 볼 수 있는 결과를 나타내는 주절 동사는 직설법 과거미래(조건법 동사)를 씁니다.
• 이런 문장의 종속절은 접속사 se로 시작합니다.

Se ela viesse ________ eu mostraria o meu desenho.
〈가정〉 〈가능하다고 볼 수 있는 결과〉

✐ 구어에서는 mostraria 자리에 ia mostrar 또는 mostrava도 쓰입니다.

Se nós partíssemos agora, chegaríamos lá em 2 dias.
Se chovesse, eu usaria um guarda-chuva.
Eu não mentiria sobre isso se fosse você.
Se eu estivesse em férias, dormiria até às 11.

6. 인칭부정법 (Infinitivo pessoal)

- 인칭원형은 동사원형과 똑같은 기능을 갖습니다.
- 인칭원형은 1인칭 단수와 3인칭 단수는 원형과 같으므로, 1인칭 복수와 3인칭 복수에만 원형에 -mos, -em를 붙입니다.

⊙ 주어가 동사 앞에 올 때

Eu vi *os oficiais* fazerem ginástica.

O professor mandou *os alunos* estudarem.

⊙ 전치사 뒤에서 주어를 강조

Esse cesto é *para* (vocês) trazerem as frutas.

Este CD é *para* (nós) exercitarmos a pronúncia.

⊙ 불특정어 주어를 표현하고자 할 때 인칭원형은 3인칭 복수

Ouvi baterem à porta.

Vocabulário

esperar 기대하다
duvidar 믿지 않다
o vaso 꽃병/화분
a flor 꽃
o apartamento 아파트/(호텔) 방
acreditar 믿다
negar 부인하다
permitir 허락하다
navegar na internet 인터넷 서핑을 하다
vencer 이기다
sugerir 제안하다
dedicado 전념하는/헌신적인(m)
o clube 동호회/클럽
participar de ~에 참여하다
o campeonato 선수권대회/챔피언전
o cantor 가수
profissional (특히 많은 교육이 필요한 전문적인) 직업[직종]의/전문적인
logo 곧
recomendar 권장하다/추천하다
descansar 쉬다/휴식을 취하다
contigo 너와 함께
Quem diria! 설마!
o criminoso 범죄자
luxuoso 호화로운(m)
a cirurgia plástica 성형수술
aceitar 받아들이다
o desenho 그림
usar 사용하다
o guarda-chuva 우산
mentir 거짓말하다
o oficial 장교
a ginástica 체조/가벼운 운동
mandar 시키다/보내다
o cesto 바구니
exercitar 연습하다
a pronúncia 발음
bater (문 등을) 두드리다/때리다

Exercícios

1. 다음을 해석해보세요.

1) Eu pedi para ele que não fumasse.

2) Eu preferia que as crianças ficassem quietas.

3) Celso, gostaria que você escutasse esta música.

4) Era melhor que Alex viesse à reunião.

5) Esperei que você me compreendesse.

2. 다음 빈칸에 알맞은 동사를 접속법 불완전과거형으로 써넣고 해석해보세요.

1) Se ele ____________, ajudaria você. (querer)

2) Se você ____________ direitinho, ela concordaria. (explicar)

3) Se eu ____________, viajaria com minha mãe. (poder)

4) Se eu ____________ você, eu não aceitaria o convite. (ser)

5) Se nós ____________, o professor não daria muito trabalho de casa. (pedir)

3. 다음을 읽고 연습해보세요. – 접속법 불완전과거, 인칭부정법

1) A: Eu mandei um e-mail para todos os alunos da minha turma sobre a prova final, e o José me deu retorno. Mas só ele, mais ninguém.
B: É o que acontece comigo também. Hoje em dia, os jovens não se preocupam em darem retorno. Acho que é uma das diferenças entre gerações.

2) A: Sei que vocês gostam muito de jogar no computador, mas acho que estão viciados em jogos. Ainda mais toda vez que o Roberto baixou jogos, o meu computador contraiu vírus. Assim não dá.

B: Se nós jogarmos só os jogos online seguros e livres de vírus, vai deixar ele jogar no seu computador?

A: Mesmo assim, não dá.

3) A: Quando você fala consigo mesma, você simplesmente está pensando alto?

B: Sim. Quando tenho um dia ruim, sempre falo comigo mesma.

A: Eu também tenho hábito de pensar e falar sozinha. Assim, às vezes, as pessoas olham para mim como se eu fosse uma louca.

4. 다음을 읽고 해석해보세요.

Como eu queria ter um quarto só para mim!

Eu sonho com um quarto bem decorado só para mim. Depois de um dia cansativo, ficar no meu cantinho aconchegante, jogando jogos no computador é tudo que quero.

Se eu tivesse um quarto só para mim, buscaria na Internet, em revistas e até mesmo nas casas dos meus amigos, exemplos de decoração até eu encontrar o que fosse melhor. Vou ser minimalista, porque, nos dias de hoje, não se enchem mais paredes com quadros de fotos, nem se decoram os quartos com vasos ou coisas parecidas, como antigamente.

Mas agora eu estou usando o quarto junto com meu irmão. Ele e eu temos gostos bem diferentes. Ele é meio desorganizado e gosta de decorar as paredes com fotos dos artistas e recortes de revistas. E às vezes ele ainda ouve música alto.

Quando poderei ter um quarto só para mim?

✤ 브라질의 대표적인 대중매체

브라질의 대표적인 방송채널은 헤지 글로부(Rede Globo)입니다. 브라질 언론을 장악하고 있다고까지 말할 수 있을 정도로 Rede Globo는 뉴스뿐만 아니라 드라마에서도 최고의 시청률을 자랑합니다. 그 외에 주요 방송은 Rede Cultura, Rede Record, SBT, MTV 등이 있습니다. 주요 전국 일간지로는 *Folba de São Paulo*, *O Estado de São Paulo*가 있습니다. 주요 시사주간지로는 *Veja*와 *ISTOÉ*, 여성잡지로는 *Caras*, *Cláudia* 등이 있습니다.

✤ 인프라

광활한 국토에 비하여 철도산업 발달은 미진한 브라질이, 2014년 월드컵 시즌을 목표로 리우-상파울루-깡삐나스(Campinas) 간 고속철도(TAV, Trem de Alta Velocidade) 건설을 계획하였다가 2015년 중단한 뒤 2023년 다시 건설하기로 결정, 연방관보에 그 계획을 공시하였습니다. 이번 계획에 따르면 깡삐나스시를 제외하고(추후 결정 예정) 상파울루와 리우 사이에 위치한 성 주제 두스 깡뿌스(São José dos Campos, 95km지점), 보우따 헤돈다(Volta Redonda, 203km 지점)에도 역을 설치하기로 확정하였습니다. 이 철도의 길이는 총 378km로 2024년 말까지 세밀한 검토를 마친 뒤 2025년 말까지는 관련 부지 매입을 끝내고 곧바로 공사를 시작, 2032년 개통을 목표로 하고 있습니다.

Lição 24

기업문화

한국의 중남미 최대 교역 상대국 브라질. 우리나라 기업으로서는 1996년 삼성전자와 LG전자, 삼성 SDI 등이 먼저 진출했는데, 미국이나 유럽의 다국적기업들은 50년, 100년이나 되는 투자 역사를 가지고 있었습니다. 하지만 최근 몇 년간 브라질에 진출하는 우리나라 기업체가 급증하고 있어 늦은 출발이라도 전망은 좋습니다. 문제는 브라질에서 성공하기 위해서는 제일 먼저 브라질 사람들의 일에 대한 의식과 태도 등 그들의 문화를 제대로 이해할 필요가 있다는 거죠. 그래야 이따금 지구 정반대편에서 날아든 문화 차이 때문에 발생한 불필요한 잡음을 제거해 나갈 수 있기 때문입니다. 브라질 사람들은, 우리의 '빨리빨리' 문화 때문에 스트레스를 받습니다. 삶의 여유를 빼앗기는 느낌도 그렇지만, 주어진 시간 안에 해내야 하는 일에 대한 부담감이 크기 때문입니다. 초과근무는 당연히 절대 원치 않는 사항! 개인 생활을 일 때문에 포기하는 건 받아들이기 어려운 일이라고 여기거든요. 또한 윗사람의 명령에 복종하는 식의 위계질서가 분명한 조직 문화에도 잘 적응하지 못하는 편이에요. 브라질 사람들도 직장 내에서는 상사와 아랫사람의 관계가 공적임을 분명히 알고는 있지만, 다정하게 서로 챙겨주는 가족적인 직장 분위기를 선호합니다.

1. 접속법 미래 (Futuro do presente do subjuntivo)

- 접속법 현재가 쓰인 모든 경우와 같은 용법으로 쓰이며, 주절의 동사가 미래 시제일 때 종속절 동사는 접속법 미래입니다.
- 접속법 미래 형태는 직설법 완전과거 3인칭 복수에서 -am을 빼고 -, -, -mos, -em을 붙여줍니다.

주어	Falar	Comer	Partir
eu	falar	comer	partir
você / o senhor / a senhora ele / ela / a gente	falar	comer	partir
nós	falar*mos*	comer*mos*	partir*mos*
vocês / os senhores as senhoras / eles / elas	falar*em*	comer*em*	partir*em*

Quem falar a verdade primeiro, *será* perdoado.

Se comer só salada *poderei* emagrecer rápido e sem perder a saúde.

Quando ele partir para o Brasil, *mudarei* de casa.

동사원형	직설법 과거 3인칭 복수	접속법 미래
poder	puderam	puder
dizer	disseram	disser
ter	tiveram	tiver
vir	vieram	vier
fazer	fizeram	fizer

2. 접속법 미래의 용법

- 미래에 대한 가능성 또는 소망 등을 표현하며, 주절의 동사는 미래나 현재(의미상 미래) 또는 명령형이 쓰입니다. 접속법 불완전과거가 실현 가능성이 없는 현실에 대한 가정을 표현하는 데 비해, 접속법 미래는 실현 가능성이 높을 때 사용합니다.

Se puder, vou tirar umas férias.
〈가정〉〈가능한 결과〉

☞ *Se* pudesse, tiraria umas férias.

조건 – *Se* chover, eu vou ficar em casa.

Irei somente *se* você for comigo.

Vou falar com ele *se* ele fizer o que prometeu.

소망 – *Se* tiver tempo, eu vou procurar apartamento.

Farei aquilo *se* puder.

• 부정확한 미래의 시간을 나타내는 접속사(구)

Quando ele vier à loja, levará as encomendas.
Assim que nós chegarmos, telefonaremos.
Logo que vocês conseguirem terminar o trabalho, me avisem.
Depois que meu pai consentir, vou viajar.

• 부정확한 장소나 방법 또는 미래의 생각을 나타내는 접속사(구)

방법 – Farei o trabalho *como* você quiser.
Vocês podem fazer o desenho *como* quiserem.

장소 – Irei a*onde* vocês forem.
Vou comprar livros *onde* ele indicar.

• 사람, 사물 또는 행위를 표현하는 부정 관계대명사

Quem vier será bem recebido.
Seja *o que* for, não vou comer.
Farei *o que* você quiser.

• 관용구「접속법 현재 + o que, quem, onde ... + 접속법 미래」

Aconteça o que acontecer, não telefone para mim.
Digam o que quiserem, eu sigo o meu caminho.
Seja quem for, trate com amor.
Esteja onde estiver, meu coração está contigo.

3. 직접화법과 간접화법 (Discurso direto e Discurso indireto)

• 다른 사람의 말을 직접 그대로 전달할 때는 직접화법을, 인용부호 없이 간접적으로 전달할 때는 간접화법을 씁니다.
• 간접화법의 주절의 동사와 종속절의 동사는 시제가 일치해야 합니다.
• 주절의 동사가 현재나 미래일 때 종속절의 동사는 그대로 씁니다.
• 그 이외의 경우 다음과 같이 간접화법 문장으로 전환합니다.

1) 평서문인 경우 종속절의 시제 변화

• 직설법 현재 → 직설법 불완전과거

"Eu estou cansado", disse ele.
➡ Ele disse que estava cansado.

• 직설법 불완전과거 → 직설법 불완전과거

"O jantar estava excelente!", disse o convidado.
➡ O convidado disse que o jantar estava excelente.

• 직설법 완전과거, 현재완료 → 직설법 과거완료

O aluno disse: "O jogo já acabou."
➡ O aluno disse que o jogo já tinha acabado.

"Eu estou cansado porque trabalhei muito *hoje*. *Amanhã* trabalharei menos", disse ele.
➡ Ele disse que estava cansado porque tinha trabalhado muito *naquele dia*, mas que trabalharia menos *no dia seguinte*.

Ele me respondeu: "Minha filha tem comprado muitos livros."
➡ Ele me respondeu que sua filha tinha comprado muitos livros.

- 직설법 미래 → 직설법 과거미래(단, 미래에 일어날 일은 미래형 그대로)

"Vou chamar o médico *amanhã*", disse a mãe do menino.
➡ A mãe do menino disse que iria chamar(ia chamar) o médico *no dia seguinte*.

"Não vai ter problema nenhum em 2025", garantiu meu pai.
➡ Meu pai garantiu que não teria problema nenhum em 2025.
(➡ Meu pai garantiu que não vai ter problema nenhum em 2025.)

- 접속법 현재 → 접속법 불완전과거

"Não quero que *você* fale sobre *isso* com ninguém", me advertiu ela.
➡ Ela me advertiu que não queria que *eu* falasse sobre *aquilo* com ninguém.

- 접속법 불완전과거 → 접속법 불완전과거

"Ele canta como se fosse cantor!", elogiou o professor.
➡ O professor elogiou dizendo que ele cantava como se fosse cantor.

- 접속법 미래 → 접속법 불완전과거

"Quando *eu* tiver mais dinheiro, *comprarei* um carro", disse ela.
➡ Ela disse que quando tivesse mais dinheiro *compraria* um carro.

2) 의문문인 경우 종속절의 시제 변화

- 의문사가 있는 문장

"Quem estava *ontem aqui nesta* sala de aula?", perguntou a Olinda.
➡ A Olinda perguntou quem estava *no dia anterior ali naquela* sala de aula.

• 의문사가 없는 문장

"*Você* quer que eu ligue para *seu* irmão *agora*?", perguntou ela.

➡ Ela perguntou se *eu* queria que ela ligasse para *meu* irmão *naquele momento*.

"Onde você mora? Você pode me ajudar?", perguntou ela.

➡ Ela perguntou onde eu morava e se eu podia ajudá-la.

3) 명령문

"Fique quieto! Não diga nada sobre *isto*!", mandou ele.

➡ Ele me mandou ficar quieto e não dizer nada sobre *aquilo*.

➡ Ele mandou que eu ficasse quieto e não dissesse nada sobre *aquilo*.

"Envie um e-mail para o professor Kim *hoje*," pediu ela.

➡ Ela pediu que eu enviasse um e-mail para o professor Kim *naquele dia*.

➡ Ela me pediu para enviar um e-mail para o professor Kim *naquele dia*. 또는 Ela pediu para eu enviar um e-mail para o professor Kim *naquele dia*.

4) 동사 외 직접화법을 간접화법으로 바꿀 때 변하는 항목

	➡	
você		eu (그 외의 인칭은 그대로)
este, esse ... isto, isso		aquele ... aquilo
aqui, aí		lá, ali
hoje		naquele dia
agora		naquele momento
ontem		no dia anterior, na véspera
amanhã		no dia seguinte

Vocabulário

primeiro 먼저/우선
perdoado 용서받은(m)
mudar de casa 이사하다
tirar umas férias 휴가를 내다
procurar 찾다/구하다
prometer 약속하다
a loja 상점/가게
a encomenda 주문(품)
avisar 알리다
indicar 가리키다/나타내다
receber 받다/환영하다
aconteça o que acontecer 무슨 일이 일어나더라도
seja quem for 누가 되었든
tratar 대하다
esteja onde estiver 어디에 있든
o dia seguinte 이튿날
advertir 경고하다/주의를 주다
excelente 훌륭한/탁월한
o convidado 초대받은 사람
chamar 부르다
o menino 소년
o dia anterior 전날
enviar 보내다
a véspera (종교 축일 · 명절 등의) 전날[전날 밤]

Exercícios

1. 다음을 해석해보세요.

1) Se você quiser, eu vou com você.
2) À medida que você se esforçar, vai entender pouco a pouco.
3) Quanto mais você comer, mais vai engordar.
4) Não se preocupe. Faça como puder.
5) Quando você sair, apague a luz.
6) Assim que eu chegar, falarei com você.
7) Logo que a vir, você vai se apaixonar por ela.
8) Sempre que eu puder, vou viajar com minha família.
9) Depois que Alberto terminar a apresentação, Alice vai apresentar.
10) Enquanto ele dormir, a mãe poderá descansar.

2. 다음 문장에 들어갈 동사를 접속법 미래로 활용하여 완성하세요.

1) Seja quem ___________, não deixe entrar. (ser)
2) Não abra a porta venha quem ___________. (vir)
3) Aconteça o que ____________, sempre estaremos juntos. (acontecer)
4) Eu não ligo nada, diga o que ___________. (dizer)
5) Todos os que ___________ hoje, receberão um bom pagamento. (vir)
6) Escutarei com atenção as músicas que você ___________. (escolher)
7) Faço qualquer trabalho, seja o que ___________. (ser)
8) Pode ir aonde você ___________. (querer)

3. 다음을 읽고 연습해보세요. – 접속법 미래

1) A: O que você vai fazer quando ganhar o primeiro salário?
B: Vou comprar presentinhos para meus pais, convidar os meus amigos para um bom jantar e comprar uns novos óculos escuros chiques para mim.

2) A: Daqui para a frente, sempre que o Fernando aparecer aqui em casa, fale para ele que não pode usar meu computador, por favor.
B: Por quê? Ele é craque nos jogos de computador e já tínhamos combinado de jogar juntos hoje em casa.
A: Meu computador ficou muito lento por causa dos jogos.

3) A: Tem uma garota que disse que gosta muito de mim, mas tenho medo de começar a namorar e magoá-la. Estou confuso.
B: Confuso, como?
A: É que ela é bem doce, inteligente, bonita e de altura mediana. Mas não me sinto apaixonado por ela. Se não der certo o namoro, o que vou fazer?
B: Não seja bobo! O que tiver que ser, será. E quem sabe ela é a pessoa perfeita para você?

4. 다음을 읽고 해석해보세요.

Paulo Coelho e E-book grátis

Paulo Coelho é famoso por postar a versão pirata de seus livros online, o que não é fácil de entender como ato de um escritor. Mas ele teve sucesso ao distribuir livremente seu trabalho.
Segundo ele, quando viu a primeira edição pirata de um de seus livros, decidiu que iria, ele mesmo, publicá-la online. Justamente numa época em que houve falta de papel na Rússia, ele colocou algumas obras na internet que venderam, logo no primeiro ano, 10 mil cópias nesse país. No segundo ano, as vendas saltaram para 100.000 cópias. Ele viu então que isto estava funcionando. A partir daí, começou a colocar outros livros na rede.
"Eles leem algumas páginas e pensam, 'meu Deus, é muito mais fácil comprar o livro do que lê-lo na tela', então eles saem e compram o livro", disse Paulo Coelho, o autor de *O alquimista* e *Onze minutos* numa entrevista de imprensa.
O que você acha? Outros escritores também terão sucesso se fizerem o mesmo que Paulo Coelho?

✤ 아우베르뚜 쌍뚜스-두몽(Alberto Santos-Dumont, 1873-1932)

브라질의 자랑이자 비행기 제작자인 아우베르뚜 쌍뚜스-두몽! 그는 라이트 형제보다 선구적인 역할을 한 것으로 평가되고 있습니다. 커피 농장주이자 엔지니어인 프랑스계 아버지와 포르투갈계 어머니 사이에 태어난 그가 어렸을 때부터 농장의 기계에 관심을 보이자, 그의 아버지는 그에게 기계, 물리, 화학, 전기 등을 가르쳤습니다. 그는 1892년 프랑스 파리로 건너가 젊은 시절을 그곳에서 보냈는데, 1898년 가솔린 기관 비행선 Brésil(프랑스어로 브라질을 의미)을 제작, 시험 비행했습니다. 1901년 10월 19일에는 생클루(Saint-Cloud) 공원과 에펠탑 사이를 30분 이내로 왕복하는 경연에서 12만 5천 프랑의 상금을 받았죠. 이 중 7만 5천 프랑을 파리의 걸인들에게 기부하고 차액은 자신의 고용인들에게 주었다고 합니다. 1906년 11월 12일에는 14-BIS라는 항공기로 6미터 고도에서 220미터를 22초 안에 날아 최초로 유럽 공인기록을 세웠으며, 미국의 *National Aeronautics*지(1939)에는 세계 최초 비행으로 기록되어 있습니다. 브라질은 그의 업적을 기리기 위해 여러 화폐와 동전에 그의 사진과 함께 당시의 비행 장면을 담아 제작하기도 했어요. 리우데자네이루의 국내선 공항 이름, 상파울루주의 상뚜스 두몽 고속도로도 브라질의 상징이 된 그의 이름을 본떠 지은 것입니다. 그의 고향 원래 이름인 빠우미라(Palmira)도 Santos-Dumont으로 개명되었습니다.

부록

어휘

1. 가족과 친척

o pai	아버지	a mãe	어머니	– os pais	부모
o filho	아들	a filha	딸	– os filhos	자식
o irmão	오빠/남동생	a irmã	누나/여동생	– os irmãos	형제/남매
o avô	할아버지	a avó	할머니	– os avós	조부모
o primo	남자사촌	a prima	여사촌	– os primos	사촌들
o sobrinho	남자조카	a sobrinha	여조카	– os sobrinhos	조카들
o sogro	시아버지/장인	a sogra	시어머니/장모	– os sogros	시부모/장인장모
o genro	사위	a nora	며느리		
o cunhado	형부/제부	a cunhada	형수/제수	– os cunhados	동서들
o tio	삼촌/외삼촌	a tia	이모/고모	– os tios	삼촌들
o neto	손자	a neta	손녀	– os netos	손주들
o bisneto	증손자	a bisneta	증손녀	– os bisnetos	증손주들
o bisavô	증조부	a bisavó	증조모	– os bisavós	증조부모

2. 집과 여러 생활용품

a mesa	책상/식탁	a cadeira	의자	o computador	컴퓨터
o livro	책	o caderno	공책	o corretivo	수정액
o teclado	자판	o mouse	마우스	o monitor	모니터
a impressora	프린터	o papel	종이	a caneta	(볼)펜
o sofá	소파	a televisão	텔레비전	o controle remoto	리모콘
a estante	장식장	o telefone	전화	o armário	장
a cabide	옷걸이	a cômoda	서랍장	o guarda-roupa	옷장
a cama	침대	a lâmpada	전등	a poltrona	안락의자
o espelho	거울	a pia	세면대, 싱크대	o vaso sanitário	변기
a toalha	수건	o sabonete	비누	a torneira	수도꼭지
o chuveiro	샤워기	o banheiro	화장실	o quarto	침실
a sala	거실	a cozinha	부엌	a faca	칼
o guardanapo	냅킨	o copo	컵	o prato	접시
os pauzinhos	젓가락	o garfo	포크	a colher	숟가락
a geladeira	냉장고	a casa	집	a porta	문
o jardim	정원	o portão	대문	a campainha	초인종

어휘

3. 색깔

amarelo	노란색	azul	파란색	branco	흰색
cinza	회색	laranja	오렌지색	marrom	밤색
preto	검은색	rosa	장미색	roxo	자주색
verde	녹색	vermelho	빨간색	vinho	포도주색
azul claro	밝은 파란색	azul escuro	짙은 파란색		

4. 옷

a bermuda	반바지	a blusa	블라우스	a camisa	와이셔츠
a camiseta	티셔츠	a calça	바지	a calcinha	여성팬티
a capa	긴 외투/비옷	o casaco	외투	a cueca	남성팬티
a gravata	넥타이	a meia	양말	o paletó	정장 재킷
a saia	치마	o short	짧은 반바지	o terno	남성정장
o vestido	드레스				

5. 여행

a viagem de turismo	관광여행	a viagem em grupo	단체여행
a viagem a negócios	사업상 여행	a agência de turismo/viagem	여행사
o guia	가이드, 안내서	o itinerário	여행코스
o mapa	지도	a passagem aérea	항공표
a passagem de ônibus	버스표	o bilhete / a passagem de metrô	전철표
o passe escolar	학생 버스표	a entrada / o ingresso do cinema	영화표

남부지역에서는 passe를 passagem이라고 합니다.

어휘

6. 신체 부위

a barriga	복부	o estômago	위
a boca	입	o braço	팔
a cabeça	머리	o cabelo	머리카락
o coração	심장	o cotovelo	팔꿈치
os dentes	치아	o joelho	무릎
os lábios	입술	a mão	손
o nariz	코	o olho	눈
o ombro	어깨	a orelha	귀
o pé	발	a perna	다리
o pescoço	목	o queixo	턱
o rosto	얼굴	a testa	이마
a sobrancelha	눈썹	o dedo	손가락
a unha	손톱	os dedos do pé	발가락

7. 과일

o abacaxi	파인애플	a banana	바나나
a cereja	체리	o coco	코코넛
o figo	무화과	a laranja	오렌지
o limão	레몬	a maçã	사과
o mamão	마머웅(파파야 종류)	a manga	망고
a melancia	수박	o melão	메론
o morango	딸기	a pera	배
o pêssego	복숭아	a uva	포도

어휘

8. 음식

1) 고기

a carne de vaca	소고기	a carne de porco	돼지고기
o frango	닭고기	o peixe	생선
o carneiro	양고기	a lagosta	바닷가재
o camarão	새우	o caranguejo	게
a ostra	굴	o marisco	조개

2) 양념

o alho	마늘	a cebola	양파
a cebolinha	파	a salsa	파슬리
a pimenta do reino	후추	o sal	소금
o óleo	식용유	o azeite	올리브유
o vinagre	식초	a mostarda	겨자
a pimenta	고추	o catchup	케찹

3) 식료품

o ovo	달걀	o arroz	쌀
o feijão	페이져웅(콩)	a batata	감자
a farinha	밀가루	o milho	옥수수
o molho	소스	as massas	파스타
o macarrão	마카로니(국수)	o leite	우유
o pão	빵	a manteiga	버터
o açúcar	설탕	o queijo	치즈

어휘

4) 채소

a abobrinha	애호박	a abóbora	호박
a acelga	배추	a alface	상추
o alho poró	대파	a cenoura	당근
a beringela	가지	o cogumelo	버섯
a couve	케일	a couve-flor	콜리플라워
o espinafre	시금치	a ervilha	완두콩
o nabo	무	o pepino	오이
o pimentão	피망	o rabanete	사탕무
o repolho	양배추	o salsão	샐러리
o tomate	토마토	a vagem	푸른 콩깍지

9. 동사에서 유래하는 명사의 다양한 형태

pensar – o pensamento	생각하다 – 생각
arrepender – o arrependimento	후회하다 – 후회
entender – o entendimento	이해하다 – 이해
sentir – o sentimento/a sensação	느끼다 – 느낌/감정
nadar – a natação	수영하다 – 수영
comprar – a compra	구입하다 – 구입
estudar – o estudo	공부하다 – 공부/연구
trabalhar – o trabalho	일하다 – 일, 직장
usar – o uso	사용하다 – 사용
viajar – a viagem	여행하다 – 여행
correr – a corrida	달리다 – 경주
sair – a saída	나가다 – 출구/외출
entrar – a entrada	들어가다 – 입구/입장
poder – o poder	할 수 있다 – 권력

10. 명사에서 유래하는 형용사의 다양한 형태

o dia – diário	매일 – 매일의
a semana – semanal	매주 – 매주의
o mês – mensal	매달 – 매달의
o bimestre – bimestral	2달 – 2달마다
o trimestre – trimestral	3달 – 3달마다
o quadrimestre – quadrimestral	4달 – 4달마다
o semestre – semestral	6달 – 6달마다
o ano – anual	매년 – 매년마다

동사의 이해

1. 동사 시제 총정리

- 직설법 현재 ➡ Eu sou estudante.
- 직설법 현재진행 ➡ Estar의 현재형 + 진행형(-ando, -endo, -indo)
  Eu estou estudando.
- 직설법 현재완료 ➡ Ter의 직설법 현재 + 과거분사
  Eu tenho estudado muito.
- 직설법 불완전과거 ➡ Eu fumava muito.
- 직설법 과거진행 ➡ Estar의 직설법 불완전과거형 + 진행형
  Eu estava estudando.
- 직설법 완전과거 ➡ Eu estudei muito.
- 직설법 과거완료 ➡ Ter의 직설법 불완전과거 + 과거분사
  Eu tinha preparado tudo.
- 직설법 미래 ➡ Estudarei com afinco.
- 직설법 미래완료 ➡ Ter의 직설법 미래 + 과거분사
  Eu terei acabado o livro até lá.
- 직설법 과거미래 ➡ Eu faria tudo por você.
- 직설법 과거미래완료 ➡ Ter의 직설법 과거미래 + 과거분사
  Se eu tivesse tido dinheiro, teria dado tudo para você.
- 접속법 현재 ➡ Espero que você estude muito.
- 접속법 현재진행 ➡ Estar의 접속법 현재 + 진행형
  Espero que ele esteja estudando.
- 접속법 현재완료 ➡ Ter의 접속법 현재 + 과거분사
  Espero que você tenha falado com ela.
- 접속법 불완전과거 ➡ Tive medo de que não fizesse o trabalho.
- 접속법 과거진행 ➡ Estar의 접속법 불완전과거 + 진행형
  Tive medo de que você estivesse passando mal.
- 접속법 과거완료 ➡ Ter의 접속법 불완전과거 + 과거분사
  Eu esperava que você tivesse falado com ela.
- 접속법 미래 ➡ Ficarei feliz se ela voltar para casa.
- 접속법 미래진행형 ➡ Estar의 접속법 미래 + 진행형
  Preste atenção quando eu estiver falando.
- 접속법 미래완료 ➡ Ter의 접속법 미래 + 과거분사
  Eu ligarei para você se tiver terminado o trabalho até as 5.
- 비인칭 완료 ➡ Obrigado por ter vindo até aqui.

동사의 이해

- 비인칭부정법 ➡ Falar é fácil.
- 인칭부정법 ➡ Comprei um bolo para nós comermos juntos.
- 수동태 ➡ Ser 동사 + 과거분사
  Eu sou sempre bem atendido aqui.

2. 시제에 따른 동사 형태 만드는 법

1) 동사원형에서 만들 수 있는 시제

- 동사원형 ➡ 직설법 불완전과거

  -ar 동사원형에서 -ar을 빼고 -ava, -ava, -ávamos, -avam를 첨가
  -er/-ir 동사원형에서 -er/ir을 빼고 -ia, -ia, -íamos, -iam를 첨가

2) 직설법 현재 1인칭 단수에서 만들 수 있는 시제

- 직설법 현재 1인칭 단수 ➡ 접속법 현재(명령법)

  -o로 끝나는 현재 1인칭 단수에서 -o를 빼고
  -ar 동사는 -e를, -er/-ir 동사는 -a를 첨가

3) 직설법 완전과거 3인칭 복수에서 만들 수 있는 시제

- 직설법 완전과거 3인칭 복수 ➡ 직설법 단순대과거

  완전과거 3인칭 복수에서 -am을 빼고
  -a, -a, -amos, -am를 첨가

- 직설법 완전과거 3인칭 복수 ➡ 접속법 불완전과거

  -ram으로 끝나는 완전과거 3인칭 복수에서 -ram을 빼고
  -ar 동사는 -sse, -sse, -(á)ssemos, -ssem
  -er 동사는 -sse, -sse, -(é)ssemos, -ssem
  -ir 동사는 -sse, -sse, -(í)ssemos, -ssem를 첨가

동사의 이해

• 직설법 완전과거 3인칭 복수 ➡ 접속법 미래

완전과거 3인칭 복수에서 -am을 빼고
1, 3인칭 단수는 그대로,
1인칭 복수는 -mos, 3인칭 복수는 -em를 첨가

3. 주요 동사 활용의 예

1) 의사 표현

• 주관적인 생각

Na minha opinião...

A meu ver...

Para mim...

Eu acho que...

Eu penso que...

Me parece que...

• 동의 여부

Eu concordo.

Eu não concordo.

• 확신이 없을 때

Não sei dizer...

Não sei o que dizer...

Talvez.

Quem sabe?

Sei lá.

Eu sei?

동사의 이해

• 좋고 싫음의 표현

Adoro.

Gosto muito.

Não gosto muito.

Gosto.

Mais ou menos.

Não é que não gosto, mas...

Não gosto.

Detesto.

Odeio.

2) 비교를 통한 동사 이해 : Estar com / Ter

• estar com 구문은 지나가는 또는 잠정적인 상태 표현

Estou com dor de cabeça. (hoje)

Você está com fome? (agora)

• ter 동사는 습관성 내지는 영속적인 상태 표현

Eu tenho dor de cabeça. (sempre, todos os dias)

Você tem fome de noite?

최근에는 estar com과 ter의 사용 구분이 모호해지고 있습니다.

3) 가정문 총정리

• 미래 사실에 대한 가정

Se você quiser, eu vou ajudar.

• 현재 사실에 대한 가정

Se ele não quisesse, não faria isso.

- 과거 사실에 대한 가정

Se você tivesse me avisado, eu não teria ido até lá.

✐ 종속절이 접속법 과거완료이고 주절이 과거미래(= 불완전과거)인 문장
Se eu tivesse vindo, eu poderia provar o seu bolo.

✐ saber, querer, poder 등은 복합시제로 잘 쓰이지 않습니다.
Se eu soubesse, eu não teria feito isso.
Se eu pudesse, eu teria participado da apresentação.
Se eu quisesse, eu teria feito o trabalho.

- 접속법에서도 직설법과 마찬가지로 진행과 완료를 표현할 때, 현재분사와 과거분사로 표현합니다.

Talvez eles estejam viajando.

Espero que você tenha gostado do meu presente.

4. 완료시제(보충편)

1) 접속법 현재완료(Pretérito perfeito composto do subjuntivo)

- 접속법 현재가 사용되는 모든 경우에 똑같이 사용되며 주절의 동사가 직설법 현재 또는 미래일 때 종속절에서 과거를 표현합니다.
- 접속법 현재완료: Ter 동사의 접속법 현재 + 과거분사

tenha	falado(vendido, partido)
tenha	
tenhamos	
tenham	

Espero que você tenha falado com a Cecília.

Neste momento, *talvez* já tenha vendido o carro velho.

É provável que ele tenha partido o vidro da janela.

동사의 이해

• 접속법 현재완료와 접속법 현재 비교

Ele *nega* que você tenha estado lá.

É possível que eles já tenham chegado.

Ele *sabe* a lição, *embora* não tenha lido antes.

접속법 현재
Ele *nega* que você esteja lá.
É possível que eles cheguem.
Ele sempre *sabe* a lição, *embora* não leia antes.

2) **접속법 과거완료**(Pretérito mais-que-perfeito composto do subjuntivo)

• 과거 어느 시점에 이미 끝난 사실보다 더 이전에 일어난 사실을 표현합니다.
• 접속법 과거완료: Ter 동사의 접속법 불완전과거 + 과거분사

<table>
<tr><td>tivesse</td><td rowspan="4">falado(vendido, partido)</td></tr>
<tr><td>tivesse</td></tr>
<tr><td>tivéssmos</td></tr>
<tr><td>tivessem</td></tr>
</table>

Eu *pensei* (ontem) que já tivesse falado para você (anteontem).

Nós *queríamos* que ela tivesse vendido o carro velho.

Ela *duvidou* que você tivesse partido de verdade.

• 접속법 과거완료와 접속법 불완전과거 비교

Eu *queria* que ela tivesse chegado ontem.

Eu *viria* ontem se ele tivesse me pedido.

Seria bom se tivesse feito sol no domingo passado.

접속법 불완전과거
Eu *queria* que ela chegasse hoje.
Eu *viria* se ele me pedisse agora.
Seria bom se fizesse sol neste domingo.

3) 직설법 과거미래완료(Futuro do pretérito composto do indicativo)

- 직설법 과거미래완료는 어떤 과거 사실 이후에 일어났을 거라고 추정하는 사실을 표현하며 과거의 사실과 반대되는 가정문에서 사용합니다.
- 과거미래완료: Ter 동사의 과거미래 + 과거분사

teria	falado(vendido, partido)
teria	
teríamos	
teriam	

Ele teria partido triste para a Europa se você não *tivesse telefonado* para ele.

Se eu *tivesse ganho* esse dinheiro, teria falado para você.

Se você *tivesse vendido* o carro, teria comprado outro novo.

- 과거의 어느 사실 이후에 가능했을 거라고 추정하는 사실

Eu teria ficado satisfeito com a notícia sua.

Carolina teria ficado mal depois da maratona de videogames.

- 과거의 사실과 반대되는 가정문

Se eu *tivesse estudado*, eu teria aprendido.

Se você *tivesse* me *dado* o dinheiro, eu teria comprado uma casa.

Se eles *tivessem treinado*, teriam jogado melhor.

4) 접속법 미래완료(Futuro do presente composto do subjuntivo)

- 다른 미래의 사실보다는 이전에 이미 끝났을 거라고 예상되는 사실을 표현합니다.
- 접속법 미래완료: Ter 동사의 접속법 미래 + 과거분사

tiver	falado(vendido, partido)
tiver	
tivermos	
tiverem	

Ficarei contente se você tiver falado com ele até amanhã.

Vou comprar outro carro se eu tiver vendido o velho até maio.

Se ela tiver partido do Brasil na segunda, já *deverá* estar na Coreia na quarta.

- 접속법 미래완료와 접속법 미래 비교

Eu *irei* se você tiver comprado as entradas até amanhã.
(com antecedência)

Você *será* aplaudido quando tiver completado a maratona.

Nós *viajaremos* se você tiver terminado o trabalho antes do Natal.

접속법 미래
Eu *irei* se você comprar as entradas.
Você *receberá* prêmio se você estudar muito.
Nós *viajaremos* quando você chegar.

주요 동사변화표

		직설법						접속법			
■규칙동사■	인칭	현재	완전과거	불완전과거	단순대과거	미래	과거미래	현재	불완전과거	미래	인칭부정사
제1규칙 -ar 동사 falar 말하다	Eu	falo	falei	falava	falara	falarei	falaria	fale	falasse	falar	falar
	Você	fala	falou	falava	falara	falará	falaria	fale	falasse	falar	falar
	Nós	falamos	falamos	falávamos	faláramos	falaremos	falaríamos	falemos	falássemos	falarmos	falarmos
	Vocês	falam	falaram	falavam	falaram	falarão	falariam	falem	falassem	falarem	falarem
제2규칙 -er 동사 comer 먹다	Eu	como	comi	comia	comera	comerei	comeria	coma	comesse	comer	comer
	Você	come	comeu	comia	comera	comerá	comeria	coma	comesse	comer	comer
	Nós	comemos	comemos	comíamos	comêramos	comeremos	comeríamos	comamos	comêssemos	comermos	comermos
	Vocês	comem	comeram	comiam	comeram	comerão	comeriam	comam	comessem	comerem	comerem
제3규칙 -ir 동사 partir 떠나다	Eu	parto	parti	partia	partira	partirei	partiria	parta	partisse	partir	partir
	Você	parte	partiu	partia	partira	partirá	partiria	parta	partisse	partir	partir
	Nós	partimos	partimos	partíamos	partíramos	partiremos	partiríamos	partamos	partíssemos	partirmos	partirmos
	Vocês	partem	partiram	partiam	partiram	partirão	partiriam	partam	partissem	partirem	partirem

		직설법						접속법			
■불규칙동사■	인칭	현재	완전과거	불완전과거	단순대과거	미래	과거미래	현재	불완전과거	미래	인칭부정사
ser 이다	Eu	sou	fui	era	fora	serei	seria	seja	fosse	for	ser
	Você	é	foi	era	fora	será	seria	seja	fosse	for	ser
	Nós	somos	fomos	éramos	fôramos	seremos	seríamos	sejamos	fôssemos	formos	sermos
	Vocês	são	foram	eram	foram	serão	seriam	sejam	fossem	forem	serem
estar 있다/이다	Eu	estou	estive	estava	estivera	estarei	estaria	esteja	estivesse	estiver	estar
	Você	está	esteve	estava	estivera	estará	estaria	esteja	estivesse	estiver	estar
	Nós	estamos	estivemos	estávamos	estivéramos	estaremos	estaríamos	estejamos	estivéssemos	estivermos	estarmos
	Vocês	estão	estiveram	estavam	estiveram	estarão	estariam	estejam	estivessem	estiverem	estarem
ir 가다	Eu	vou	fui	ia	fora	irei	iria	vá	fosse	for	ir
	Você	vai	foi	ia	fora	irá	iria	vá	fosse	for	ir
	Nós	vamos	fomos	íamos	fôramos	iremos	iríamos	vamos	fôssemos	formos	irmos
	Vocês	vão	foram	iam	foram	irão	iriam	vão	fossem	forem	irem
vir 오다	Eu	venho	vim	vinha	viera	virei	viria	venha	viesse	vier	vir
	Você	vem	veio	vinha	viera	virá	viria	venha	viesse	vier	vir
	Nós	vimos	viemos	vínhamos	viéramos	viremos	viríamos	venhamos	viéssemos	viermos	virmos
	Vocês	vêm	vieram	vinham	vieram	virão	viriam	venham	viessem	vierem	virem
ver 보다	Eu	vejo	vi	via	vira	verei	veria	veja	visse	vir	ver
	Você	vê	viu	via	vira	verá	veria	veja	visse	vir	ver
	Nós	vemos	vimos	víamos	víramos	veremos	veríamos	vejamos	víssemos	virmos	vermos
	Vocês	veem	viram	viam	viram	verão	veriam	vejam	vissem	virem	verem
ter 가지다/있다	Eu	tenho	tive	tinha	tivera	terei	teria	tenha	tivesse	tiver	ter
	Você	tem	teve	tinha	tivera	terá	teria	tenha	tivesse	tiver	ter
	Nós	temos	tivemos	tínhamos	tivéramos	teremos	teríamos	tenhamos	tivéssemos	tivermos	termos
	Vocês	têm	tiveram	tinham	tiveram	terão	teriam	tenham	tivessem	tiverem	terem
fazer 하다/만들다	Eu	faço	fiz	fazia	fizera	farei	faria	faça	fizesse	fizer	fazer
	Você	faz	fez	fazia	fizera	fará	faria	faça	fizesse	fizer	fazer
	Nós	fazemos	fizemos	fazíamos	fizéramos	faremos	faríamos	façamos	fizéssemos	fizermos	fazermos
	Vocês	fazem	fizeram	faziam	fizeram	farão	fariam	façam	fizessem	fizerem	fazerem

■ 불규칙동사 ■	인칭	직설법						접속법			
		현재	완전과거	불완전과거	단순대과거	미래	과거미래	현재	불완전과거	미래	인칭부정사
poder 할 수 있다	Eu	**posso**	**pude**	podia	pudera	poderei	poderia	possa	pudesse	puder	poder
	Você	pode	**pôde**	podia	pudera	poderá	poderia	possa	pudesse	puder	poder
	Nós	podemos	**pudemos**	podíamos	pudéramos	poderemos	poderíamos	possamos	pudéssemos	pudermos	podermos
	Vocês	podem	**puderam**	podiam	puderam	poderão	poderiam	possam	pudessem	puderem	poderem
querer 원하다	Eu	quero	**quis**	queria	quisera	quererei	quereria	**queira**	quisesse	quiser	querer
	Você	**quer**	**quis**	queria	quisera	quererá	quereria	**queira**	quisesse	quiser	querer
	Nós	queremos	**quisemos**	queríamos	quiséramos	quereremos	quereríamos	**queiramos**	quiséssemos	quisermos	querermos
	Vocês	querem	**quiseram**	queriam	quiseram	quererão	quereriam	**queiram**	quisessem	quiserem	quererem
dar 주다	Eu	**dou**	dei	dava	dera	darei	daria	**dê**	desse	der	dar
	Você	**dá**	**deu**	dava	dera	dará	daria	**dê**	desse	der	dar
	Nós	**damos**	**demos**	dávamos	déramos	daremos	daríamos	**demos**	déssemos	dermos	darmos
	Vocês	**dão**	**deram**	davam	deram	darão	dariam	**deem**	dessem	derem	darem
dizer 말하다	Eu	**digo**	**disse**	dizia	dissera	**direi**	**diria**	diga	dissesse	disser	dizer
	Você	**diz**	**disse**	dizia	dissera	**dirá**	**diria**	diga	dissesse	disser	dizer
	Nós	dizemos	**dissemos**	dizíamos	disséramos	**diremos**	**diríamos**	digamos	disséssemos	dissermos	dizermos
	Vocês	dizem	**disseram**	diziam	disseram	**dirão**	**diriam**	digam	dissessem	disserem	dizerem
trazer 가져오다	Eu	**trago**	**trouxe**	trazia	trouxera	**trarei**	**traria**	traga	trouxesse	trouxer	trazer
	Você	**traz**	**trouxe**	trazia	trouxera	**trará**	**traria**	traga	trouxesse	trouxer	trazer
	Nós	trazemos	**trouxemos**	trazíamos	trouxéramos	**traremos**	**traríamos**	tragamos	trouxéssemos	trouxermos	trazermos
	Vocês	trazem	**trouxeram**	traziam	trouxeram	**trarão**	**trariam**	tragam	trouxessem	trouxerem	trazerem
saber 알다	Eu	**sei**	**soube**	sabia	soubera	saberei	saberia	**saiba**	soubesse	souber	saber
	Você	sabe	**soube**	sabia	soubera	saberá	saberia	**saiba**	soubesse	souber	saber
	Nós	sabemos	**soubemos**	sabíamos	soubéramos	saberemos	saberíamos	**saibamos**	soubéssemos	soubermos	sabermos
	Vocês	sabem	**souberam**	sabiam	souberam	saberão	saberiam	**saibam**	soubessem	souberem	saberem
pôr 놓다	Eu	**ponho**	**pus**	**punha**	pusera	porei	poria	ponha	pusesse	puser	pôr
	Você	**põe**	**pôs**	**punha**	pusera	porá	poria	ponha	pusesse	puser	pôr
	Nós	**pomos**	**pusemos**	**púnhamos**	puséramos	poremos	poríamos	ponhamos	puséssemos	pusermos	pormos
	Vocês	**põem**	**puseram**	**punham**	puseram	porão	poriam	ponham	pusessem	puserem	porem
pedir 부탁하다	Eu	**peço**	pedi	pedia	pedira	pedirei	pediria	peça	pedisse	pedir	pedir
	Você	pede	pediu	pedia	pedira	pedirá	pediria	peça	pedisse	pedir	pedir
	Nós	pedimos	pedimos	pedíamos	pedíramos	pediremos	pediríamos	peçamos	pedíssemos	pedirmos	pedirmos
	Vocês	pedem	pediram	pediam	pediram	pedirão	pediriam	peçam	pedissem	pedirem	pedirem
ler 읽다	Eu	**leio**	li	lia	lera	lerei	leria	leia	lesse	ler	ler
	Você	**lê**	leu	lia	lera	lerá	leria	leia	lesse	ler	ler
	Nós	lemos	lemos	líamos	léramos	leremos	leríamos	leiamos	léssemos	lermos	lermos
	Vocês	**leem**	leram	liam	leram	lerão	leriam	leiam	lessem	lerem	lerem
ouvir 듣다	Eu	**ouço**	ouvi	ouvia	ouvira	ouvirei	ouviria	ouça	ouvisse	ouvir	ouvir
	Você	ouve	ouviu	ouvia	ouvira	ouvirá	ouviria	ouça	ouvisse	ouvir	ouvir
	Nós	ouvimos	ouvimos	ouvíamos	ouvíramos	ouviremos	ouviríamos	ouçamos	ouvíssemos	ouvirmos	ouvirmos
	Vocês	ouvem	ouviram	ouviam	ouviram	ouvirão	ouviriam	ouçam	ouvissem	ouvirem	ouvirem

■불규칙동사■	인칭	직설법 현재	직설법 완전과거	직설법 불완전과거	직설법 단순대과거	직설법 미래	직설법 과거미래	접속법 현재	접속법 불완전과거	접속법 미래	인칭부정사
subir 오르다	Eu	subo	subi	subia	subira	subirei	subiria	suba	subisse	subir	subir
	Você	**sobe**	subiu	subia	subira	subirá	subiria	suba	subisse	subir	subir
	Nós	subimos	subimos	subíamos	subíramos	subiremos	subiríamos	subamos	subíssemos	subirmos	subirmos
	Vocês	**sobem**	subiram	subiam	subiram	subirão	subiriam	subam	subissem	subirem	subirem
rir 웃다	Eu	**rio**	ri	ria	rira	rirei	riria	ria	risse	rir	rir
	Você	**ri**	riu	ria	rira	rirá	riria	ria	risse	rir	rir
	Nós	rimos	rimos	ríamos	ríramos	riremos	riríamos	ríamos	ríssemos	rirmos	rirmos
	Vocês	**riem**	riram	riam	riram	rirão	ririam	riam	rissem	rirem	rirem
sair 나가다	Eu	**saio**	**saí**	saía	saíra	sairei	sairia	saia	saísse	sair	sair
	Você	**sai**	saiu	saía	saíra	sairá	sairia	saia	saísse	sair	sair
	Nós	**saímos**	saímos	saíamos	saíramos	sairemos	sairíamos	saiamos	saíssemos	sairmos	sairmos
	Vocês	**saem**	saíram	saíam	saíram	sairão	sairiam	saiam	saíssem	saírem	saírem
passear 산책하다	Eu	**passeio**	passeei	passeava	passeara	passearei	passearia	passeia	passeasse	passear	passear
	Você	**passeia**	passeou	passeava	passeara	passeará	passearia	passeia	passeasse	passear	passear
	Nós	passeamos	passeamos	passeávamos	passeáramos	passearemos	passearíamos	passeiamos	passeássemos	passearmos	passearmos
	Vocês	**passeiam**	passearam	passeavam	passearam	passearão	passeariam	passeiam	passeassem	passearem	passearem
sentir 느끼다	Eu	**sinto**	senti	sentia	sentira	sentirei	sentiria	sinta	sentisse	sentir	sentir
	Você	sente	sentiu	sentia	sentira	sentirá	sentiria	sinta	sentisse	sentir	sentir
	Nós	sentimos	sentimos	sentíamos	sentíramos	sentiremos	sentiriamos	sintamos	sentíssemos	sentirmos	sentirmos
	Vocês	sentem	sentiram	sentiam	sentiram	sentirão	sentiriam	sintam	sentissem	sentirem	sentirem
dormir 자다	Eu	**durmo**	dormi	dormia	dormira	dormirei	dormiria	durma	dormisse	dormir	dormir
	Você	dorme	dormiu	dormia	dormira	dormirá	dormiria	durma	dormisse	dormir	dormir
	Nós	dormimos	dormimos	dormíamos	dormíramos	dormiremos	dormiríamos	durmamos	dormíssemos	dormirmos	dormirmos
	Vocês	dormem	dormiram	dormiam	dormiram	dormirão	dormiriam	durmam	dormissem	dormirem	dormirem
perder 잃다	Eu	**perco**	perdi	perdia	perdera	perderei	perderia	perca	perdesse	perder	perder
	Você	perde	perdeu	perdia	perdera	perderá	perderia	perca	perdesse	perder	perder
	Nós	perdemos	perdemos	perdíamos	perdéramos	perderemos	perderíamos	percamos	perdéssemos	perdermos	perdermos
	Vocês	perdem	perderam	perdiam	perderam	perderão	perderiam	percam	perdessem	perderem	perderem

같은 변화규칙을 따르는 동사

ver – prever, rever
sentir – preferir, mentir, seguir, conseguir
repetir, consentir, servir, vestir, investir
subir – fugir, consumir, sumir
ouvir – despedir, impedir, medir
sair – cair, trair, atrair, distrair,
ler– crer, reler
passear – basear, nortear, nomear, recear
pôr – propor, pressupor, repor, supor, opor

haver ~(이) 있다

주로 3인칭 단수로만 쓰이며 직설법 현재, 완전과거, 불완전과거, 미래는 각각 há, houve, havia, haverá이다.

규칙 과거분사

falar–fal**ado**
beber–beb**ido**
partir–part**ido**

불규칙 과거분사

abrir–**aberto** 열다
cobrir–**coberto** 덮다
dizer–**dito** 말하다
escrever–**escrito** 쓰다
fazer–**feito** 하다
pôr–**posto** 놓다
ver–**visto** 보다
vir–**vindo** 오다

직설법 현재에서 1인칭 현재만 불규칙인 동사

medir–**meço** 재다
perder–**perco** 잃다
pedir–**peço** 부탁하다
cobrir–**cubro** 덮다
descobrir–**descubro** 발견하다
dormir–**durmo** 자다
mentir–**minto** 거짓말하다
preferir–**prefiro** 선호하다
sentir–**sinto** 느끼다
seguir–**sigo** 따라가다
servir–**sirvo** 도움이 되다
vestir–**visto** 입히다

연습문제 해답

예비편

1.

1) A: 안녕!(아침인사) B: 안녕!
   A: 안녕!(오후인사) B: 안녕!
   A: 안녕!(밤인사) B: 안녕!
2) A: 안녕!(헤어질 때) B: 안녕!
   A: 또 만나! B: 또 만나!
   A: 내일 보자! B: 내일 보자!
3) A: 잘 지내? B: 잘 지내. 그런데 넌?
4) A: 주말 잘 보내! B: 너도.
5) A: 정말 반가워. B: 정말 반가워.
   A: 반가워. B: 반가워.

2.

제 이름은 임은숙입니다.
'에, 우, 에니, 에씨, 우, 까, (이스빠쑤) 엘리, 이, 에미'.
제 포르투갈어 이름은 올링다입니다.
'오, 엘리, 이, 에니, 데, 아'.

Lição 1

1.

o / 아버지, a / 어머니, o / 날, o / 포르투갈어(인), o / 심장, a / 주의, a / 활동, o / 프로그램, a / 용기

2.

1) sou / 나는 선생이다.
2) é / 너는 학생이다.
3) é / 그는 포르투갈어를 배우는 학생이다.
4) é / 그녀는 의사이다.
5) é / 우리는 한국 출신이다.
6) somos / 우리는 미혼이다.
7) são / 너희들은 한국인이니?
8) são / 그들은 예술가입니까?
9) são / 그녀들은 친구들입니까?
10) são / 당신들은 기자이십니까?

3.

1) A: 어떻게 지내세요?
   B: 잘 지냅니다. 감사합니다.
2) A: 안녕하세요(오전), 빠울루 씨. 어떻게 지내세요?
   B: 잘 지내요. 고맙습니다.
   A: 안녕하세요(오후), 아나 부인. 어떻게 지내세요?
   B: 아주 잘 지내요. 고마워요.
   A: 잘 지내?
   B: 그럭저럭 지내.
3) A: 이름이 뭐예요? B: 제 이름은 루이자예요.
   A: 성함이 어떻게 되세요? B: 민수입니다.
   A: 정말 반가워요. B: 저도요.

4.

1) Meu nome é Sera.
2) Eu sou estudante.
3) Este livro é fácil.
4) Bom estudo.
5) O cinema é grande.

5.

안녕하세요, 잘 지내시죠? 정말 반갑습니다.
내 이름은 이사라입니다.
전 한국인이고 부산(이라는 도시) 출신입니다.
저는 한국국립대학교 학생입니다. 전 명랑하고 낙천적입니다.
이상입니다.

Lição 2

1.

1) estou / 나는 건강이(기분이) 좋다.
2) está / 너는 만족하니?
3) está / 그는 피곤하다.
4) está / 그녀는 앉아 있습니까?
5) está / 우리는 서둘러야 한다(급하다).
6) está / 김 선생님은 졸리십니까?
7) está / 박 여사는 오늘 아름답다.
8) estamos / 우리는 교실에 있다.
9) estão / 너희는 덥니?
10) estão / 그들은 배가 고픕니까?
11) estão / 그녀들은 춥다.
12) estão / 당신들은 외출하고 싶으십니까?

2.

1) A: 마리자, 넌 브라질 사람이니? B: 응, 맞아.
   A: 선생님은 일본인이세요?
   B: 아니요. 한국에서 왔습니다.

연습문제 해답

2) A: 그들은 미국 사람들인가요?
B: 아니요, 브라질 사람들입니다.
A: 브라질 사람들은 낙천적인가요? B: 네, 그래요.
3) A: 당신의 남편은 활달한가요?
B: 아니요. 그 사람은 점잖아요. 하지만 전 명랑하죠.
A: 좋군요!
4) A: 너 행복하니? B: 응. 그런데 넌?
A: 난 좀 슬퍼. B: 안됐구나.

3.
1) Eu sou coreano/a.
2) Você é japonês/japonesa?
3) Elas são brasileiras?
4) O senhor é americano?
5) Nós somos chineses/chinesas.

4.
내 친구 루이자는 브라질 사람입니다.
그녀는 포르투갈어 선생입니다. 똑똑하고 상냥합니다.
지금 그녀는 교실에 있습니다. (지금) 아주 예쁘고 우아합니다.
그녀는 한국에서 일하는 것에 대해 행복해하고 있습니다.

Lição 3

1.
1) 당신은 어디서 일합니까?
Eu trabalho na SNU. (나는 SNU에서 일합니다.)
2) 날씨가 어떤가요? Está bom. (좋습니다.)
3) 당신의 선생님은 누구입니까?
(É) O professor Kim. (김 선생님이십니다.)
4) 1분은 몇 초입니까?
Sessenta segundos. (60초입니다.)
5) 교실에는 몇 명이 있어요? Vinte pessoas. (20명요.)
6) 그는 왜 포르투갈어를 공부합니까?
Porque ele quer falar português.
(포르투갈어를 구사하고 싶어하기 때문입니다.)
7) 이름이 어떻게 됩니까?
Meu nome é Laura. (제 이름은 라우라입니다.)
8) (줄이지 않은) 성과 이름은 어떻게 됩니까?
Meu nome completo é Laura Santos.
(제 이름은 라우라 쌍뚜스입니다.)
9) 어디 출신이십니까?
Eu sou da Coreia. (저는 한국 출신입니다.)
10) 당신의 휴대전화 번호는 어떻게 됩니까?
(É) Zero dez(= um zero um), um quatro(= quatorze), um três(= treze), meia sete(= sessenta e sete), oito nove (= oitenta e nove). (010-1413-6789입니다.)

2.
1) A: 당신 직업이 어떻게 됩니까? B: 전 학생입니다.
A: 무슨 일을 하십니까? B: 전 기자입니다.
2) A: 당신은 어디에 사십니까? B: 저는 봉헤찌루에 삽니다.
3) A: 당신 전화는 어떻게 됩니까? B: 1234-5678입니다.
4) A: 당신 이메일은 어떻게 됩니까?
B: 제 이메일은 olinda@hanmail.net입니다.
5) A: 여보세요? 지금 전화 받는 곳이 어디예요?
B: 2345-6709인데요.
A: 아나하고 통화하고 싶어요. 부탁드려요.
B: 제가 아나인데요.
A: 전화하신 분은 누구시죠? B: 빠울루입니다.
A: 루씨와 통화하고 싶은 분은 누구시죠?
B: 전 수민이에요.
A: 잠시만 기다려 주세요. B: 고마워요. 기다릴게요.
A: 빠울링유 있어요? B: 지금은 없는데요.
A: 그럼, 나중에 전화 드릴게요. 감사합니다.
6) A: 몇 시죠? B: 4시 15분이에요. / 오후 1시예요.
A: 몇 시에요? B: 1시 10분 전이에요.
A: 벌써요? (저) 늦었어요!

3.
1) A que horas começa(= é) a (sua) aula?
2) Começa(= É) ao meio-dia.
3) É uma e quarenta e sete da tarde.
4) Estamos no terceiro andar.
5) Quantos anos você tem?

4.
나의 이상형

- 전 25살에 키가 크고, 잘생기고, 마른 체격에, 착하고, 지적이고, 검은 생머리에 갈색 눈의 남자를 사귀고 싶습니다.
- 저는 20살에 키가 크고, 착하고, 튼튼하고, 스포츠를 즐기는, 큰 눈에 부드러운 목소리를 가진 아가씨를 사귀고 싶습니다.

연습문제 해답

Lição 4

1.

1) gosta / 당신은 여가 시간이 있을 때 뭐하는 걸 좋아합니까?
2) ama / 빠울루는 루씨아나를 무척 사랑합니다.
3) falo / 나는 수업에서 포르투갈어로 말합니다.
4) come / 우리는 브라질식 슈하스꾸를 먹습니다.
5) repete / 그녀는 항상 반복합니다: 다 잘 될 거야.
6) faz / 당신 생일이 언제입니까?
7) aprende / 우리는 영어를 어떻게 하면 좀 더 빨리 배울 수 있을까요?
8) jogam / 브라질 사람들은 축구를 아주 잘합니다.
9) abre / 우리 어머니는 가게 문을 아주 일찍 엽니다.
10) divido / 나는 내 친구와 아파트를 나눠 씁니다.

2.

1) A: 취미가 뭐예요? B: (전) 음악을 좋아합니다.
   A: 당신은 여가 시간에 뭐하는 걸 좋아합니까?
   B: 전 인터넷 서핑하는 걸 좋아해요./저는 영화 보는 걸 좋아해요.
2) A: 당신이 좋아하는 선수는 누구입니까? B: 박지성입니다.
3) A: 지금 뭐할 거니? B: 수영할 거야. 그런데 넌?
   A: 나는 축구할 거야. B: 누구하고?
   A: 내 친구들하고.
4) A: 너 여유 시간 있니? B: 있어, 응.
   A: 영화 한 편 볼까? B: 그러자. 몇 시에?
   A: 4시에. B: 좋아.
5) A: 오늘 밤에 춤추러 갈까? B: 아쉽네. 난 못 가.
   A: 약속 있어? B: 응. 하지만 내일은 시간이 돼.
6) A: 너 내일 여행갈 거니? B: 응. 다음 주에 돌아와.
   A: 나한테 이메일 쓸 거지? B: 당연하지.
7) A: 내일 날씨가 어떨까?
   B: 해가 날 거 같아. / 비가 올 거야.
8) A: 빈 방 있어요? B: 죄송해요. 만원이에요.
   A: 하루 숙박비가 얼마예요? B: 하루에 150헤알이에요.

3.

1) 너희들은 영화 보는 거 좋아하니? / Sim, (nós) gostamos. 네, 좋아해요.
2) 그녀는 한국 음악을 좋아하니? / Não, (ela) não gosta. 아니요, 좋아하지 않아요.
3) 너는 여행하는 거 좋아해? / Sim, (eu) gosto. 네, 좋아해요.
4) 그들은 인터넷 서핑을 좋아하니? / Sim, (eles) gostam. 네, 좋아해요.
5) 올리비아 부인은 널 좋아하시니? / Sim, (ela) gosta. 네, 좋아하세요.
6) 호나우두는 축구를 좋아하니? / Sim, (ele) gosta. 네, 좋아해요.
7) 너는 테니스 치는 걸 좋아하니? / Não, (eu) não gosto. 아니요, 좋아하지 않아요.
8) 방데를레이는 마라톤을 좋아하니? / Sim, (ele) gosta. 네, 좋아해요.
9) 마이클 조던은 농구를 좋아하니? / Sim, (ele) gosta. 네, 좋아해요.
10) 박찬호는 야구를 좋아하니? / Sim, (ele) gosta. 네, 좋아해요.

4.

먼저, 제 취미에 대해 말해보겠습니다.

근무가 끝난 뒤, 저는 가끔 직장 동료들과 밖에서 저녁을 먹습니다. 저는 그들과 함께 훌륭하고 유명한 식당에 가는 것을 좋아합니다. 좋은 사람들과 좋은 음식을 먹는 것이 저의 첫 번째 취미입니다. 저는 대체로 하루에 한 시간씩 운동을 합니다. 이게 저의 두 번째 취미입니다.

Lição 5

1.

1) 이것은 무엇입니까?
2) 당신은 언제 이 일을 할 예정입니까?
3) 당신의 고향(태어난 도시)은 어디입니까?
4) 우리 DVD는 어느 것들입니까?
5) 저 잘생기고 명랑한 학생이 당신의 학생입니까?
6) 무슨 요일에 포르투갈어 수업이 있니?
7) 난 네가 좋아. 그래서 네 생각을 많이 해.
8) 네 생일이 몇 월이니?
9) 우리 아버지께서 저에게 특별한 선물을 주실 겁니다.
10) 그 소년은 이 게임을 아주 좋아합니다.

2.

1) A: 이비라뿌에라 공원에 산책 갈까? B: 무슨 요일에?
   A: 내일이어도 돼? B: 토요일 어때?
   A: 아주 좋아. B: 우리 어디서 만날까?
   A: 대학교 정문 앞에서 만나는 거 어때? B: 좋아.
2) A: 실례합니다. 마라까낭(경기장)이 어디에요?
   B: 여기서 가까워요. 마라까낭 전철역 근처예요.
   A: 거기 어떻게 가면 되죠? B: 2호선을 타세요.

연습문제 해답

3) A: 말씀 좀 물을게요. 브리스또우 영화관에 가려면 어떻게 하죠?
B: 버스를 타면 돼요. A: 고맙습니다.
4) A: 다음 상영 시간은 몇 시예요? B: 3시예요.
A: 입장권 두 장 주세요.
5) A: 상파울루행 비행기표 하나 예약하고 싶은데요.
B: 21시 KAL기가 한 편 있어요.
A: 좋아요. B: 몇 분이시죠?
A: 두 명이요.
6) A: 땅 항공사 데스크가 어디예요? B: 저기예요.
C: 탑승권을 보여주시겠습니까?
A: 여기요. 게이트는 몇 번이죠?
C: 15번 게이트입니다. 여행 잘 하세요.
7) A: 링, 이 사람이 제 남자친구 쥬어웅이에요.
B: 정말 반가워요, 쥬어웅. 한국에 계신 지 얼마나 되셨어요?
C: 내일이면 한 달이 돼요.
8) A: 너희 아직 서로 모르는 사이야?
B, C: 모르는 사이야.
A: 뻬드루, 얘는 내 친구 쥐젤리야. 쥐젤리, 얘는 내 직장 동료 뻬드루야. B, C: 정말 반가워요.

3.

janeiro(1월)	fevereiro(2월)	março(3월)
abril(4월)	maio(5월)	junho(6월)
julho(7월)	agosto(8월)	setembro(9월)
outubro(10월)	novembro(11월)	dezembro(12월)

4.

나의 일상

저는 주중에 6시에 일어납니다.
항상 6시 반에 집을 나섭니다. 회사에 도착해서, 아침식사를 한 다음 사무실에 갑니다.
제 업무는 오전 8시에 시작해서 오후 5시에 끝납니다. 저는 구매부서에서 일합니다. 그래서 오전에 회의가 많습니다. 점심시간은 정오부터 오후 1시까지입니다. 1시에 다시 일을 시작합니다. 가끔 오후에 고객과의 미팅이 있는데, 주로 화요일과 목요일에 있습니다. 공식적으로 저는 5시까지 일하지만 거의 항상 초과근무를 합니다. 그래서 밤에 거의 언제나 저녁을 밖에서 먹습니다. 저는 하루가 너무 짧다고 생각합니다.

Lição 6

1.
1) 그 소년들은 잘생겼다.
2) 서류는 신문 위에 있다.
3) 이 연습문제들은 매우 어렵다.
4) 내 동생들은 어리다.
5) 그들은 스페인 사람이다.
6) 버스가(복수) 늦어지고 있다.
7) 마르씨아의 부모님은 독일인이다.
8) 대학교의 교직원들은 친절하다.
9) 나는 벌써 손을 씻었다.
10) 옛날 가구들은 매우 비싸다.

2.
1) A: 영화가 마음에 들었니?
B: 좋았어. 영화가 아주 재밌던걸.
A: 어떤 영화를 봤는데? B: 메가마인드.
A: 어제 저녁식사는 어땠어? B: 아주 좋았어.
2) A: 날씨가 어때?
B: 해가 나고 있어. / 비가 오고 있어.
A: 오늘 날씨가 어때?
B: 눈이 오고 있어. / 바람이 많이 불고 있어.
3) A: 주말에 뭐 했어? B: 특별히 한 건 없어. 너는?
A: 나는 부모님 뵈러 갔어. B: 잘했네.
4) A: 그에게 무슨 일이 있었어? B: 그가 차를 박아서 좀 다쳤어.
A: 안 됐구나!
5) A: 어제 영어 수업이 휴강이라 수업이 없었어.
B: 나는 하루종일 수업이 있었는데.
6) A: 우리는 친구들하고 지난해 1월에 리우데자네이루로 여행을 갔어. 우리는 빠옹 지 아쑤까르와 꼬르꼬바두에 가봤어. 모든 것이 아름답게 느껴졌지. 언젠가 그곳에 다시 가보고 싶어.
B: 며칠간 여행했니?
7) A: 식사 주문했어?
B: 난 페이죠아다랑 모듬 샐러드 시켰어.

3.
1) falando / (전화) A: 지금 전화하신 분은 누구시죠?
B: 저는 올링다입니다.
2) atendendo / A: 아나 있어요?
B: 휴대전화를 받고 있어요.
3) procurando / 나는 시내 중심에서 가까운 아파트를 찾고 있다.

연습문제 해답

4) lendo / 씨우바 씨는 신문을 읽고 있다.
5) escrevendo / 부인은 베쟈 잡지에 기사를 쓰고 있습니까?
6) tomando / 우리는 벌써 식전 반주를 마시고 있다.
7) estudando / 미게우 선생님의 학생들은 공부를 하고 있다.
8) ensinando / 호베르따 부인은 한국 학생들에게 포르투갈어를 가르치고 있다.
9) fazendo / 그는 포르투갈어 과정을 어느 교수와 하고 있습니까?
10) indo / (문) A: 나야. 문 열어줘.
B: (문 열어주러) 가고 있어.

4.
1) A: 너는 오늘 아침 먹었니? B: Sim, tomei. 응, 먹었어.
/ Não, não tomei. 아니, 안 먹었어.
2) A: 너 숙제 했니? B: Sim, fiz. 응, 했어.
/ Não, não fiz. 아니, 안 했어.
3) A: 네 친구는 벌써 그 문제 풀었어? B: Sim, já resolveu. 응, 벌써 풀었어.
/ Não, ainda não resolveu. 아니, 아직 못 풀었어.
4) A: 한국(축구)대표팀이 이탈리아 대표팀을 이겼니? B: Sim, ganhou. 응, 이겼어.
/ Não, não ganhou. 아니, 이기지 못했어.
5) A: 그들은 이메일을 보낼 수 있었어? A: Sim, puderam. 응, 보낼 수 있었어.
/ Não, não puderam. 아니, 보낼 수 없었어.
6) A: 네 어머니는 브라질에 가보신 적 있으시니? B: Sim, esteve. 응, 가보신 적 있어.
/ Não, não esteve. 아니, 가보신 적이 없으셔.
7) A: 너 어제 영화관에 갔니? A: Sim, fui. 응, 갔어.
/ Não, não fui. 아니, 안 갔어.
8) A: 저 시험 잘 봤어요, 선생님? B: Sim, foi. 응, 잘 봤어.
/ Não, não foi. 아니, 잘 보지 못했어.

5.
브라질 식당

나는 어제 친구들과 브라질 식당에 갔습니다.
우리는 브라질식 칵테일인 까이삐링야를 반주로 마셨고 슈하스꾸를 먹었습니다. 삐깡야, 꽁뜨라필레 그리고 아우까뜨라가 아주 맛있었습니다. 그리고 나서, 우리는 영화를 보러 영화관에 갔습니다. 영화를 본 다음에 우리는 맥주도 마시고 대화도 나눌 겸 바에 갔습니다. 친구들과 함께 시간을 보내는 것과 이따금 브라질 음식을 먹는 것은 언제나 정말 좋습니다.

Lição 7

1.
1) 나는 어제 직장에 지각했다.
2) 다행히 오늘은 컨디션이 아주 좋다.
3) 넌 평소 아침식사 전에 운동하니?
4) 우리는 항상 점심식사 후에 이스쁘레쑤 커피를 마신다.
5) 야, 친구, 왜 거기 혼자 있는 거야?
6) 한국에서는 공식적으로 몇 월에 겨울이 시작됩니까?
7) 넌 무슨 요일에 포르투갈어 수업이 있니?
8) 여기 이 책은 아주 비싸다. 하지만 브라질의 아름다운 사진들이 많아서 좋다.
9) 우리 어머니는 항상 내게 말씀하신다.: "넌 생각 없이 말을 너무 많이 해."
10) 가끔, 나는 거울 속의 내 모습에서 우리 어머니를 본다.

2.
1) A: 오늘은 무슨 요일(며칠)입니까?
B: 오늘은 월요일이고, 3월 5일입니다.
2) A: 내일 오전에 뭐 할 거니? B: 아직 계획이 없어.
A: 남이섬으로 여행을 갈까 생각 중이야.
B: 너랑 같이 가도 돼? A: 당연하지!
3) A: 넌 말하거나 행동으로 옮기기 전에 두 번 생각하는 습관이 있니?
B: 아니. 난 충동적이야. 변하고 싶어.
A: 괜찮아. 각자 자기 방식이 있으니까.
4) A: 난 저녁식사를 한 후 잠시 걸을 거야. B: 좋은 생각이야.
A: 나랑 함께 산책하는 거 어때?
B: 그래도 돼(상관없어)?
5) A: 나는 김 선생이 정해진 시간 안에 도착할 거라고 생각해.
B: 정말?
6) A: 아이스크림 먹을까? 너 무슨 맛 먹을래?
B: 딸기 맛. 그럼 넌?
A: 난 구아바 맛 아이스크림 먹을 거야. 저기 아이스크림 가게가 있어. 저기로 가자.
7) A: 오늘날, 한국 어린이들은 부모와 식사하는 일이 드물어. 왜냐면 부모가 직장에서 아주 늦게 돌아오거든.
B: 그러게. 애들이 너무 안됐어. 아주 슬픈 일이야.

3.
1) Antigamente / 예전에 나는 담배를 많이 피웠다. 하지만 지금은 내 건강을 위해 더는 피우지 않는다.
2) Ultimamente / 요즘 우리 언니는 행복해한다. 난 그 이유를

연습문제 해답

이해할 수 없다.
3) imediatamente / 수업이 끝났을 때, 학생들은 즉시 점심을 먹으러 나갔다.
4) facilmente / 난 쉽게 부자가 될 수 있는 몇 가지 조언을 원한다.
5) Felizmente / 다행히도 우리 아버지는 심장에 문제가 없으시다.

4.

나는 자주 멈춰서 생각을 해…

내가 너에 대해 뭘 느끼는 걸까?
잘 모르겠어. 하지만 넌 내가 알았던 (다른) 모든 아가씨와는 달라. 너랑 있으면 난 행복해져. 네가 내 곁에 있어줬으면 해. 반짝이는 네 눈을 영원히 느끼고 싶어. 만약 이게 사랑이라면, 난 네게 빠졌다고 말할 수 있을 거 같아!!!

Lição 8

1.
1) 쥬어웅은 계단을 올라갔다 내려왔다.
2) 나는 학교에 갔다. 하지만 공책을 가져가지 않았다.
3) 난 운동을 했다. 그래서 몸 상태가 훨씬 좋아졌다.
4) 난 더는 먹고 싶지 않다. 왜냐면 배가 부르기 때문이다.
5) 난 오늘 진료를 받아야 한다. 그래서 좀 더 일찍 나가야 한다.
6) 마리아는 쥴리아보다 더 개방적이다.
7) 이 학생은 학구적이기보다는 똑똑한 편이다.
8) 우리 어머니는 나보다 옷을 더 많이 사셨다.
9) 페르낭두는 뻬드루보다 덜 명랑하다.
10) 가브리엘라는 쥴리아보다 덜 친절하다.
11) 하파에우는 지에구처럼 열정적이다.
12) 현대 차(들)는 토요타 차(들)만큼 좋다.

2.
1) A: 약은 벌써 먹었어?
B: 먹었지. 그래서 이미 한결 나아졌어. 고마워.
2) A: 난 집에서 밥 먹고 싶은데 우리 언니는 외식하는 걸 더 좋아해.
B: 가끔 외식하는 것도 좋아. 왜냐면 네가 설거지할 필요가 없으니까. 안 그래?
3) A: 너 알아? 난 채식주의자야.
B: 아, 그래? 난 채소보다 고기가 더 좋아.
A: 채소를 먹는 건 건강에 좋아.
B: 그건 알지. 하지만 우리는 고기 단백질도 먹어야 한다고 생각해.
4) A: 상상해봐!(웬일이니!) 오늘, 내 방을 같이 쓰는 친구가 일찍 일어났어. 게다가 날 위해 아침도 준비했지 뭐니.
B: 하! 그래서 네가 오늘 그렇게 행복한 거야?
5) A: 넌 아침에 외출 준비하는 시간이 얼마나 걸리니?
B: 음, 20분이면 일어나서, 씻고, 옷 입고, 아침을 먹어. 난 정말 빨라.
A: 그리고 나서 바로 부모님께 (작별)인사하고 직장에 가니?
6) A: 어제 파티에서 제대로 놀지 못해서 기분이 언짢아.
B: 누구랑 싸웠어? A: 내 친구랑.
B: 우리는 피곤할 때면 의사소통이 잘 안 돼서 오해를 하게 돼.
7) A: 여러분 지금 포르투갈어로 인사한 거예요?
B, C: 네! A: 아주 잘했어요.

3.
1) melhor / 이 파란색 책은 녹색 책보다 더 좋다.
2) melhor / 너는 나보다 포르투갈어를 훨씬 더 잘한다.
3) pior / 그는 우리 상사보다 더 나쁜 사람이다.
4) pior / 우리 상관은 나보다 영어를 더 못한다.
5) maior / 그의 차는 우리 아버지의 차보다 더 크다.
6) menor / 우리 집은 네 집보다 더 작다.

4.

오늘은 일진이 안 좋았다!

오늘 난 평소보다 늦게 일어났다. 얼른 씻고, 커피만 간단히 마셨다. 빵은 전혀 먹지 못했다. 그리고 어머니께 –이따 밤에 봬요, 엄마– 하고 인사드렸다.
'집에 휴대전화를 두고 왔구나.' 버스 정류장에 도착했을 때서야 깨달았다. 전화를 걸고 있던 어떤 아가씨에게 다가가서 그녀가 통화를 마칠 때까지 기다렸다. 내 소개를 하고 잠시만 휴대전화를 빌려달라고 부탁했다. 나는 이런 종류의 부탁을 하는 게 편치 않았다. 하지만 이런 상황에 익숙해질 필요가 있다. 왜냐면 가끔 물건을 깜빡하기 때문이다.
엄마가 날 위해 휴대전화를 가져오셨다. 그래서 난 그것을 들고 학교에 갈 수 있었다. 얼마나 안심이 되었는지! 정말 정신없는 하루였다. 늦게 집에 돌아왔는데 아주 피곤했다.

Lição 9

1.
1) para / 나는 내 친구를 차에 태워줬다.
2) para / 나는 내년에 브라질로 여행하기 위해 돈을 모으고 있다.
3) para / 이 책은 당신의 아들을 위한 것입니다.
4) para / 당신은 여름휴가 계획이 있으십니까?

연습문제 해답

5) para / 선생님께 작문 교정을 부탁한다고 말씀드려봤어?
6) para / 나는 건강을 돌보기 위해 매일 체조를 한다.
7) para / 부산까지 가려면 얼마나 걸립니까?
8) por / 저는 달러를 헤알로 바꾸고 싶다.
9) por / 나는 절대 이 길을 지나가고 싶지 않다.
10) por / 나는 알렉샹드리를 통해 한국 여배우가 죽은 걸 알았다.
11) por / 나는 수업에 올 수가 없었기 때문에 내 친구에게 숙제를 대신 전해달라고 부탁했다.
12) por / 2010을 풀어서(읽듯이) 쓰면 어떻게 됩니까?
13) por / 우리 아버지는 700헤알에 컴퓨터 한 대를 사셨다.
14) por / 나는 이런 사랑을 해본 적이 절대 없다고 신께 맹세한다.
15) por / 오늘 500명 이상이 중고차 전람회를 찾았다.

2.
1) A: 너 배고파? / 목말라? / 졸려? / 추워? B: 응. / 아니.
2) A: 뭐 마실/먹을 거 원하니?
B: 원해(응). / 원치 않아(아니).
3) A: 무엇을 주문하시겠어요, 손님?
B: 아주 시원한 맥주 하나 부탁합니다.
A: 여기 있습니다. B: 감사합니다.
4) A: 테이블을 하나 예약하고 싶은데요.
B: 알겠습니다, 부인. 점심식사를 하실 건가요? 아니면 저녁식사를 하실 건가요?
A: 저녁식사요. B: 몇 분이십니까?
A: 4명입니다.
B: 흡연석을 원하세요, 아니면 금연석을 원하세요?
A: 금연석으로 부탁드려요. B: 몇 시로 할까요?
A: 7시요. B: 어느 분 이름으로 할까요?
A: 히까르두 김씨로 해주세요.
B: 예약되었습니다. 감사합니다.
5) A: 이쪽으로 오시죠. 이 테이블 괜찮습니까?
B: 좋아요. 메뉴판 좀 부탁합니다.
A: 손님들께서는 뭘 주문하시겠습니까?
B: 먼저, 반주로 까이삐링야 한 잔 부탁합니다. 다음으로 전석쇠에 구운 고기를 먹고 싶습니다. C: 저도요.
A: 고기를 어떻게 해드릴까요? 살짝 구워드릴까요, 아니면 완전히 구워드릴까요?
B, C: 적당히 구워주세요. 소금은 조금만 넣고요. 부탁해요.
A: 알겠습니다.
A: 여기 나왔습니다. 맛있게 드세요.
B, C: 맛있어 보이는군요.
6) A: 브라질의 대표요리는 뭔가요? B: 페이조아다예요.
A: 페이죠아다를 맛보고 싶어요. 좋은 음식점 알고 있나요?
7) A: 와인리스트 좀 주세요. C: 여기 있습니다, 손님.
A: 뽀르뚜 와인 하나 부탁해요. A, B: 위하여!
8) A: 더 필요한 거 없으세요, 손님?
B: 아니요, 됐어요. 만족합니다.
A: 손님께선 후식 드시겠습니까?
B: 오렌지 아이스크림 주세요.

3.
1) escrita / 편지는 포르투갈어로 쓰여 있다.
2) aberta / 우리 교실의 창문은 열려 있다.
3) coberta / 탁자가 테이블보로 덮여 있다.
4) vindos, vindas / 어서 오세요(남성들을 맞이할 때), 어서 오세요(여성들을 맞이할 때).
5) pago / 내 차의 보험료는 지불된 상태다.

4.
안녕, 나라야.

잘 지내? 네게 소식을 전하지 않은 지 꽤 됐네, 그렇지?
조금만 있으면 여기 브라질에서 일한 지 6개월이 돼. 브라질은 아름답고 대부분의 브라질 사람들은 친절하고 명랑해. 그들이 일하는 방식은 매우 느려. 그렇지만 그 나름대로 좋은 면도 있어. 우리는 그들에게서 삶을 즐기는 법을 배울 수 있어. 난 여기서 일하는 것에 만족해. 안타깝게도 회사 일 때문에 아직 유명한 곳을 가보지 못했어. 하지만 다가오는 휴가에 싸우바도르, 리우 그리고 아마조나스를 여행할 계획이야. 다음에 보자. 안녕, 민수

Lição 10

1.
1) falava, fumava, brincava / 그는 회의에서 큰소리로 말하고, 담배 피우고 장난을 치곤 했다.
2) passeava / 그는 매일 아침 30분씩 산책을 하곤 했다.
3) tinha / 내가 열 아홉살 때, 우리 아버지께서 돌아가셨다.
4) dava / 마리아의 창문은 작은 정원을 향해 있었다.
5) lia, cozinhava / 어머니가 요리를 하고 계시는 동안, 아버지는 신문을 읽고 계셨다.
6) queria / 난 이 책을 사고 싶다.
7) gostava / 난 밤에 외출하는 걸 좋아하지 않았었다.
8) íamos / 우리는 거의 주말마다 영화관에 가곤 했다.
9) Era, morava / 옛날, 아주 먼 왕국에, 마법에 걸린 왕자가 살고 있었다.

연습문제 해답

10) queria / 누가 먼저 포르투갈어로 자기소개를 해보겠습니까?

2.
1) você / 이 책은 너를 위한 것이다.
2) ele / 이것은 그를 위한 나의 선물이다.
3) mim / 너는 언제 내게 전화할 거니?
4) a gente / 그의 비서가 내일까지 우리에게 그것을 알려줄 것이다.
5) mim / 제 부탁 좀 들어주시겠습니까?
6) ela / 그녀를 위해 좋은 드레스를 하나 사고 싶다.
7) conosco / 누구 우리랑 맥주 한잔 할래?
8) vocês / 금방 너희들하고 말할게. 일 분만 기다려줘.
9) a gente / 우리와 연락을 취하는 것은 아주 쉽다.
10) vocês / 너희에게 모든 진실을 말하고 싶다.

3.
1) A: 넌 까까의 본명이 히까르두 이젝쏭 두 쌍뚜스 레이찌인 거 알고 있었니?
B: 물론이지. 그는 까까로 더 잘 알려져 있지.
A: 그럼 어떻게 그 별명을 얻게 됐는지도 알아? B: 아니.
A: 그의 남동생이 어렸을 때 그의 이름을 잘못 발음해서 그랬대.
B: 몰랐어. 재밌다!
2) A: 이 사람이 누군지 알아 맞춰봐. B: 좋아.
A: 그는 브라질 사람이야. 그는 어렸을 때부터 이미 공을 다루는 재주를 보였어. 공을 가지고 노는 게 그의 주요 놀이였지. 그는 유명한 흑인 축구선수인데, 2004년과 2005년에 FIFA(국제축구연맹)에 의해 세계에서 가장 훌륭한 선수로 뽑혔어. 그리고 2005년에 황금볼(유럽 최고 선수)도 수상했지.
B: 내 머릿속에 몇 명의 이름이 떠오르긴 하는데 힌트를 딱 하나만 더 줄 수 있겠니?
A: 그래. 그는 뻐드렁니를 가졌어.
B: 아, 이제 알겠다. 호나우징유야.

4.
Tom Jobim (Antônio Carlos Jobim, 1927-1994)

똠 죠빙은 가수, 작곡가, 지휘자 그리고 피아니스트로 알려져 있으며, 브라질의 가장 위대한 음악가 중 한 사람으로 간주하는 인물입니다. 똠 죠빙은 한국에까지 알려져 있는 보사노바의 창시자 중 한 사람이었습니다. 보사노바는 삼바에서 나온 음악의 한 장르로 1950년대 미국 재즈의 영향을 많이 받았습니다. 그는 해외에서 가장 많이 연주된 브라질 음악 '이빠네마의 아가씨'란 곡 외에도, 다른 여러 곡을 작곡하였는데 그중 '행복', '그리움은 이제 그만', '한 음계로만 된 삼바' 등이 있습니다.
똠 죠빙의 친구이자 빨라따 레스토랑의 주인인 깡빠나는 그에게 몇 가지 마니아가 있었다고 말합니다.: 그의 식탁에는 잔에 담은 적당히 익힌 마늘조각 대여섯 개가 꼭 놓여 있어야 했습니다. 오후 1시쯤 그는 빨라따에 찾아와 문 바로 옆에 있는 테이블에 앉아 대여섯 시까지 그곳에 머무르곤 했습니다. 생맥주도 역시 빠질 수 없었습니다.

Lição 11

1.
1) 이리 와!
2) 뭐라고 말 좀 해봐!
3) 이 음악을 들어봐!
4) 인내심을 가져!
5) 나가줘, 부탁해.
6) 부탁인데요, 저것을 제게 가져다주시겠습니까?
7) 거짓말하지 마세요. 부탁입니다.
8) 슬퍼하지 마세요. 제발.
9) 연습문제 2번을 풀어보세요.
10) 이런 종류의 잡지는 읽지 마세요.
11) '시작' 버튼을 누르세요.
12) 제 블로그를 방문해주세요.

2.
1) Setecentos e quarenta e sete
2) Cinquenta mil quatrocentos e quarenta.
3) Oitocentos e setenta e seis mil seiscentos e cinquenta e quatro
4) Um milhão e trinta
5) Quatro mil e quinhentos reais
6) Dez bilhões de reais
7) O dia quinze de janeiro de dois mil e nove
8) O dia trinta e um de outubro de dois mil e dez
9) Nove mil e quinhentos wons
10) Vinte e sete mil seiscentos e cinquenta wons

3.
1) A: 전진해! 네 꿈을 포기하지 마! B: 정말 고마워.
2) A: 편하게 있어. 네 집처럼 말이야. B: 고마워.
3) A: 밤에 너무 늦게 외출하지 마. 위험해. B: 걱정 마.

연습문제 해답

4) A: 65쪽 텍스트를 읽어주세요. 부탁해요.
B: 큰소리로요, 아니면 작은 소리로요?
5) A: 녹음 내용을 귀 기울여 들어 봐.
B: 이해하기 어려운 거니?
6) A: 내 아이들은 정말 소란스러워.
B: 이봐 친구, 참아.
7) A: 나는 모든 진실을 말했어. 믿어 줘
. B: 거짓말하지 마, 제발.
8) A: 나 그 남자 기혼인 거 알아냈어! B: 설마!
9) A: 빨리 와. 영화가 시작하려고 하니까. B: 금방 갈게.
10) A: 이번 토요일 당신 집에서 하는 파티에 저를 초대하는 건가요?
B: 당신 친구분들도 모시고 오세요.
11) A: 시험에서 많이 틀렸으면 어떻게 하지?
B: 불안해하지 마.
12) A: 나가도 돼요, 수업은 이미 끝났으니까요.
B: 다음에 뵐게요.

4.

행복하기 위해…

당신의 몸을 잘 돌보세요.
피로가 쌓이지 않게 하세요.
신체 운동을 하세요.
계획을 세우고 약속을 지키되 건강을 잊지 마세요.
단순해지세요. 생각을 많이 하지 마시고요.
스스로와 편한 관계가 되세요.
당신의 삶을 다른 사람들의 삶과 비교하지 마세요.
부모, 친구, 친척, 직장 동료와 좋은 관계를 유지하세요.
용서하세요! 모든 사람은 실수를 하죠. 당신도 마찬가지예요.
언제나 사랑을 믿으세요.
행복하세요!

Lição 12

1.
1) algum – 넌 포르투갈어 책 있어?
2) alguma – 무슨 일이 일어난 걸까?
3) nenhum/algum – 전혀 문제가 없다.
4) nenhuma – 난 어떤 어려움도 없다.
5) Alguém/Ninguém – 히까르두 전화번호 아는 사람 있니?/히까르두 전화번호 아는 사람 아무도 없니?
6) alguém – 너 서울에 사는 아는 사람 있어?
7) ninguém – 교실에는 아무도 없다.
8) ninguém/alguém – 난 이 일을 하고 싶어하는 사람이 아무도 없다고 생각해. / 난 누군가가 이 일을 하고 싶어한다고 생각해.
9) pouco / pouco – 조금씩 조금씩 우리는 큰돈을 모을 수 있다.
10) alguns/muitos/vários – 나는 브라질에 관한 책 몇 권을 가지고 있다. / 나는 브라질에 관한 책이 많다. / 나는 브라질에 관한 다양한 책을 가지고 있다.
11) pouca/muita – 최근에 나는 거의 아무 일도 하지 않았다. / 최근에 나는 많은 일을 했다.
12) Toda – 여자는 모두 착하다.
13) Todos – 남자들은 다 그렇다.
14) todo – 나는 나라 전체를 여행하고 싶다.
15) Nada/Tudo – 어느 것도 제대로 된 게 없다. / 모든 것이 잘 되고 있다.
16) nada – 내 아들은 아침식사 때 아무것도 먹지 않았다.

2.
1) A: 네 핸드백은 어디 있니?
B: Está embaixo da mesa. 책상 아래에 있어.
2) A: 네 선생님은 어디 계시니?
B: Está ao lado da minha amiga Juliana. 제 친구 쥴리아나 옆에 계세요.
3) A: 언제 커피 마시러 갈까?
B: Depois do almoço. 점심 식사 후에 가자.
4) A: 네 앞에는 뭐가 있니?
B: Há computador, teclado e mouse. 컴퓨터, 자판 그리고 마우스가 있어.
5) A: 너랑 선생님 사이에는 누가 있니?
B: O Pedro. 뻬드루가 있어.
6) A: 네 뒤에는 누가 있어?
B: Meu amigo João. 내 친구 쥬어웅이 있어.
7) A: 수업이 끝난 다음에 너 뭐하니?
B: Faço exercício. 운동해.
8) A: 누굴 통해서 내가 한국인인 걸 알았니?
B: Através do Carlos. 까를루스를 통해서 알았어.

3.
1) A: 정말 늦네! 왜 쉬꾸는 아직 안 오는 거야?
B: 그에게 무슨 일이 생긴 것 같아. 그 앤 시간을 잘 지키거든.
2) A: 오늘 교실에 왜 학생이 거의 없는 건지 누가 설명해줄래요?
B: 선생님, 학생들 축구 챔피언전 때문이에요. 많은 학생이 축구 선수예요. 선생님도 아시다시피, 지금 축제 기간이거든요.

연습문제 해답

A: 오늘은 공부하는 게 불가능하군요. 다음 수업시간에 다른 학생들이 이해를 못 할 테니까요. 여러분의 동료 선수들을 응원하러 가도 돼요. 수업은 다음 주에 합시다. 안녕.

4.

친구 집 찾아가는 법

올링다: 여보세요? 안녕, 마리자, 잘 지내?

마리자: 잘 지내. 있잖아, 나 종각에 있는데 네가 이 근처에 사는 게 생각났어.

올링다: 맞아, 나 거기서 아주 가까운 데 살아. 너 지금 종각 전철역에 있니? 우리집에 들르는 거 어때?

마리자: 오, 좋아. 너희 집에 가려면 어떻게 하면 돼?

올링다: 4번 출구로 나와. 출구에서 종로 3가 방향으로 10미터 거리에 작은 분홍색 아이스크림 가게가 있어. 그 아이스크림 가게를 지난 다음, 왼쪽 첫번째 장미길로 들어와. 언덕을 200미터쯤 올라간 다음 두 번째 길에서 오른쪽으로 돌아. 우리 집은 5층짜리 오피스 건물하고 길 쪽에 테이블이 있는 *아름다운 정원*이라는 커피숍 사이에 있어. 10분도 채 안 걸릴 거야. 내가 바로 나가서 우리집 앞에서 기다릴게, 알았지? 만약 우리가 10분 안에 만나지 못하면, 네가 나에게 전화를 하든지 내가 너에게 전화하든지 하자. 이따 만나.

Lição 13

1.

1) que / 네가 어제 알게 된 그 대학생은 내 친구야.
2) que / 우리는 듣기에 기분이 좋지 않은 것을 말했다.
3) que / 교실에 먼저 도착한 사람은 나였다.
4) quem / 여러분, 저랑 같이 여행하고 싶은 분은 메시지 보내주세요.
5) quem / 이 사람이 내가 부탁을 했던 오피스보이야.
6) quem / 저 사람이 내가 같이 외출하고 싶은 아가씨다.
7) quem / 내가 내 개인 자료를 보냈던 그 여비서를 알지 못한다.

2.

1) onde, a qual / 이번 여름 내가 여행하려는 도시는 싸우바도르이다.
2) onde, na qual / 저 책상이 내 휴대전화를 놓아두었던 책상인데 이제 더는 (휴대전화가) 거기에 없다.
3) Onde / 내 남자친구가 어디에 있는지는 나만이 안다.
4) qual / 내가 너에게 말했던 그 레스토랑을 우리 삼촌께서 사셨어.
5) qual / 내가 너에게 말했던 그 피자가게를 우리 아버지가 파셨어.

3.

1) A: 쌍뚜스 씨, 호텔 입구에 있는 남자분이 당신과 말씀을 나누고 싶어 합니다.
B: 그가 누군지 아십니까? A: 저 사람을 모르세요?
2) A: 너 사랑에 빠진 것처럼 보여. 말해봐, 친구야. 네 마음을 사로잡은 아가씨가 누구야?
B: 바로 저기 길모퉁이에 있는 은행에서 일하는 아가씨야.
3) A: 화가 나 죽겠어. B: 무슨 문제라도 있어?
A: 바로 우리 아파트 옆집으로 이사 온 새 이웃 때문이야. 온종일 음악을 트는데 절대로 끄질 않아.
B: 그것에 대해 말해보기는 했어?
A: 많이 했지. 그런데 소용이 없어. 그 사람 정말 미쳤어. 내 말을 들으려고도 안 해.

4.

한국인에게 있어서 브라질은…

만약 어떤 브라질 사람이 당신에게 브라질에 대해 묻는다면, 당신의 대답은 십중팔구 '축구, 카니발, 삼바 그리고 아마존'으로 시작할 것입니다. 그는 당신의 대답에 아주 만족할 것입니다. 하지만 한국인들이 그것만 아는 것처럼 보일 수 있습니다.

이제 당신은 그것보다 더 많은 것을 말할 수 있습니다. 왜냐면 사실, 한국에는 브라질과 브라질 사람을 좋아하고, 또 축구 외에도 브라질 음식과 브라질 대중음악을 좋아하는 한국인이 많기 때문입니다.

점점 더 많은 한국의 젊은이들이 브라질에서 일을 하거나 여생을 보내기 위해 포르투갈어를 공부합니다. 왜냐면 그들은 그곳에서의 생활이 더 조용하고 스트레스가 덜 하다고 믿기 때문입니다. 이렇게 한국에서는 브라질에 관한 관심과 열정이 매우 높아가고 있습니다.

모두가 알고 있듯이 브라질은 2014년 피파 월드컵을 개최합니다. 그 외에도 리우는 2016년 올림픽경기의 주최지로 선정이 되었습니다. 브라질에 대해 좀 더 잘 알아야 할 때입니다.

Lição 14

1.

1) 이 호텔은 이 도시에서 가장 비쌉니다.
2) 이 화랑은 모든 화랑 중에서 가장 유명합니다.
3) 가장 좋은 브라우저 중에서 어떤 것이 제일 빠릅니까?
4) 에두아르두는 이 학급에서 가장 훌륭한 학생입니다.

연습문제 해답

5) 헤쥐나는 모든 친구 중에서 가장 키가 큽니다.
6) 이것이 우체국에 있는 가장 큰 상자입니다.

2.
1) caríssimo / 이 와인은 아주 비싸다.
2) bonitíssimo / 나는 아주 잘생겼다.
3) super / 나는 이 가게와 거래를 했고 대단한 환대를 받았다.
4) muitíssimo / 우리 축구팀은 오늘 아주 형편없는 경기를 했다.
5) mais / 가능한 가장 빨리 생산품을 전달합시다.
6) facílimo / 포르투갈어 말하기를 배우는 것은 아주 쉽다.
7) dificílimo / 원어민화자의 영어를 이해하는 것은 아주 어렵다.
8) maior / 이 사과는 모든 사과 중에서 가장 크다.
9) menor / 세계에서 가장 작은 나라는 어느 나라입니까?
10) melhores / 이것이 2010년 가장 훌륭한 영화 중 하나이다.

3.
1) A: 쇼핑하러 갈까? 나가서 뭘 좀 사고 싶어.
B: 좋아. 제일 가까운 쇼핑센터에 가자.
A: 오케이. 여기서 버스로 두 정거장만 가면 아주 크고 싼 쇼핑센터가 하나 있어. 에우도라두 쇼핑센터 가봤어? 여러 가게가 처분세일 중이야.
B: 아직 안 가봤어. 거기로 가자.
2) A: 가장 가까운 서점은 어디에요?
B: 두 번째 블록에 있어요.
3) A: 난 안젤리나 졸리가 세상에서 가장 아름다운 여성이라고 생각해. 쥐젤리 빙쳉보다 훨씬 더 아름다워.
B: 너한테는 그녀가 그렇게 예뻐? 하지만 다른 사람들은 쥐젤리 빙쳉보다 더 아름다운 여성은 없다고 생각해.
4) A: 맨체스터 유나이티드의 2010년도 12월 최고선수는 누구였어?
B: 맨체스터 유나이티드의 공식사이트에서 박지성이 11월처럼 또 이달의 최고선수로 꼽혔어. 나한테도 그가 최고야!
A: 대단해! 그가 아시아의 가장 훌륭한 선수인 건 알지만…

4.
상파울루

상파울루시는 상파울루주의 주도로, 남아메리카 최대도시이자 세계에서 네 번째로 큰 도시이며, 면적은 1,530km²이고, 브라질 지리통계원(IBGE)에서 실시한 2010년 센서스에 따르면 인구가 1,050만 명에 육박합니다.
상파울루시에는 70여 개국 이상의 국적을 지닌 사람들이 함께 어울려 살고 있으며, 12,500개가 넘는 레스토랑과 15,000개의 바가 있어, 세계 각지의 52가지 요리를 맛볼 수 있습니다. 그래서 "미식 세계의 수도"로 간주됩니다.
그뿐만 아니라 다양한 유형의 수많은 야간 업소 외에도, 영화 상영관이 약 280개, 극장 180개, 90개가 넘는 문화센터와 110개의 박물관도 있습니다.
기후는 아열대기후이며, 여름에 비가 많고 연평균 기온은 19도에서 27도 사이입니다. 하지만 일 년 사계절이 단 하루에 모두 나타날 수도 있는데, 이 도시가 동틀 때는 맑았다가 날이 저물 때는 비가 올 수도 있기 때문입니다. 그래서 상파울루 사람들은 더운 날에도 외투와 우산을 가지고 다니는 습관이 있습니다.

Lição 15

1.
1) 최근에 나는 외출하기보다는 집에 더 많이 있었다.
2) 최근에 몇몇 한국 가수들이 브라질에서 많은 관심을 받았다.
3) 서울의 대중교통 시스템은 최근 몇 년 사이 개선되었다.
4) 요즘 무슨 일 하고 지냈어?
5) 우리는 요즘 기말고사 준비 공부를 많이 했다.

2.
1) se / 깜삐나스 주립대학교 캠퍼스 내에 생태 온실이 지어졌다.
2) criado / 우주는 창조된 것인가, 아니면 저절로 만들어진 것인가?
3) considerada / 상파울루 미술박물관(마스삐)은 인류의 보물로 간주되는 남반구에서 가장 중요한 소장품을 보유하고 있다.
4) entregues / 교육용 책들이 학생들에게 전달되어 이번 학기에 사용되고 있다.
5) resolvido / 그 문제가 해결되었다니 정말 잘 됐군요!
6) dividido / 브라질은 26개 주와 1개 연방특구로 나뉘어 있다.

3.
1) A: 그럼 모두 잘 된 거야? 그 문제는 해결했어?
B: 응, 해결했어. 이번엔 성공할 거야.
A: 이제 우리, 커피나 맥주 한잔 하러 잠시 나갈 수 있는 거니?
B: 그래. 난 아주 시원한 맥주 한잔 해야겠어.
2) A: 안녕, 마리아. 오랜 만이야! 어딜 돌아다닌 거야? 학교에서 널 보지 못했어.
B: 그러게. 내 학비를 대려고 일하고 있었어.
3) A: 세상에! 이번 겨울은 정말 끔찍했어. 내 차가 시동이 걸리지 않았었어. 작년에는 이런 문제가 거의 없었는데 말이지. 그런데 올해는 거의 매주 그런 문제가 생겨.

연습문제 해답

B: 네 큰 차는 디젤차야?
A: 응. 벌써 (화가) 여기까지 차올랐어.

4.
별명

어느 파티에서 경험했던 매우 흥미로운 일화를 하나 들려드리겠습니다. 서울의 한 유명 호텔의 정원에서였습니다. 저녁식사가 뷔페였기 때문에, 음식을 담기 위해 정원을 한 바퀴 돌고 있었어요. 그때 갑자기 누군가가 부르는 소리를 들었죠.
– 내 귀여운 동물!
저는 목소리가 들려온 쪽으로 몸을 돌렸습니다. 제 친구였어요. 제게는 그 말이 사람 부를 때 쓰는 단어가 아니었기 때문에 놀라고 말았죠. 그녀는 자기 남편을 '내 귀여운 동물'이라고 불렀던 거였습니다. 말할 필요도 없이 장난으로 그렇게 부른 거죠. 그 일로 저는 브라질 사람들이 별명으로 부르는 걸 매우 좋아한다는 사실이 기억났습니다.
브라질에서는 대개 이름을 가지고 별명을 만들어요. 가깝지 않은 사람들 사이에서는 축약하지 않은 이름을 사용합니다. 그런데 친분이 생기면서, Roberto는 Beto, Juliana는 Juli로 바뀌었다가, 끝에 가서는 Bê와 Ju로 축약되죠.
모든 커플이 서로 부르는 사랑스러운 방식을 가지고 있습니다. 상대를 '사랑하는'이란 의미의 'querido(a)'와 '사랑'이란 의미의 'amor'로 부르는데, amor는 결국 항상 'mor', 'mozinho', 'mô' 등으로 짧아집니다. 일상생활에서 브라질 사람들은 docinho(사랑스러운, 귀여운), minha gatinha(내 귀염둥이), meu ursão(내 곰돌이), meu ursinho(내 아기곰) 등등 축소형과 증대형 표현을 많이 사용합니다.

Lição 16

1.
1) 한국에는 봄에 피는 꽃이 많다.
2) 대학생들의 봄 축제가 벌써 시작되었다.
3) 두 학생 모두 좋은 성적을 얻기 위해 많은 노력을 했다.
4) 빠울루는 프로그래머이고 까를루스는 분석가이다.: 두 사람은 정부를 위해 일한다.
5) 컴퓨터를 사용한 후에 당신은 항상 손을 씻어야 한다.
6) 우리 아버지는 학교에 오셨는데, 네 아버지는 오시지 않았다.
7) 이 예쁜 펜은 우리 선생님이 내게 선물로 준 것이다.
8) 우리 반 학생 17명 모두 포르투갈어를 아주 잘한다.
9) 4명 모두 외국인 교수를 도우러 갈 것이다.
10) 나는 매일 일찍 일어난다.

2.
1) um / 주중에 하루 대학교에 갈 것이다.
2) a / 나는 밤새 공부하며 깨어 있었다.
3) a / 한국에는 전국에 걸쳐 5만 개 정도의 교회가 있다.
4) Excelência / 공화국의 대통령 각하께서 지금 연설을 하실 겁니다.
5) a / 이 카메라는 내가 항상 사고 싶어 했던 것이다.
6) a / 리우데자네이루는 1763년 식민지의 수도가 되었으며 브라질리아는 1960년에 현재의 수도가 되었다.
7) O / 9월 7일은 브라질의 독립기념일이다.
8) um / 그는 천사다. 그는 불우한 어린이들을 돕는다.
9) Um / 내 친구 하나는 거짓말을 하고는 결백한 척한다. 고약한 녀석이다!
10) uns / 너희는 나가도 된다. 하지만 나는 영화 몇 편 보면서 집에 있는 게 더 좋다.

3.
1) A: 오늘 며칠이야? B: 5월 15일이야.
A: 너 기말고사가 언제인지 아니?
B: 6월 11일이야. A: 이런. 한 달도 채 안 남았네.
2) A: 상파울루에서 가장 더운 2월이 언제였는지 알아?
B: 감도 못 잡겠는 걸. A: 2010년도였어.
3) A: 난 한국인에게 포르투갈어 가르치는 게 정말 좋아.
B: 그 말을 들으니 기뻐.
4) A: 넌 몇 개 국어를 할 줄 아니?
B: 한국어, 영어 그리고 스페인어랑 포르투갈어를 조금 할 줄 알아.
5) A: 오렌지 얼마예요? B: 한 다스에 4헤알이에요.
A: 오렌지 12개 주세요. B: 다른 거 더 드릴까요?
A: 파인애플은 얼마예요? B: 개당 2헤알요.
A: 토마토는 얼마예요? B: 킬로당 50쎙따부요.
A: 1킬로 주세요. B: 더 원하는 것 없으세요?
A: 그게 전부예요. 다 해서 얼마죠?

4.
인디오들의 생활

각각의 인디오 부족에는 우두머리로서 인디오들을 이끄는 족장과 그 부족의 사제이자 치료사인 주술사가 있습니다. 두 사람은 모두 인디오 부족들에 있어서 중요한 인물입니다. 하지만 인디오들 간에 사회계급은 존재하지 않습니다. 모두 똑같은 권리를 가지며 똑같은 대우를 받습니다. 예를 들자면 땅은 모든 사람의 것이며, 한 인디오가 음식을 마련하기 위해 사냥을 할 때면, 그 음

연습문제 해답

식을 그의 부족 주민과 나눠 먹는 관습이 있습니다.
인디오들의 교육은 아주 흥미롭습니다. 인디오 아이들은 어릴 때부터 어떻게 생존해나가야 할지를 실질적인 방식으로 배우기 시작합니다. 아버지가 사냥을 나갈 때 어린 아들을 함께 데려가곤 합니다. 다시 말해, 어린 인디오들은 어른들이 하는 것을 관찰하며 따라 익혀갑니다. 이렇게 인디오들의 교육은 아주 실질적이며 인디오 부족의 실제 삶과 관련되어 있습니다. 마지막으로 인디오들은 환경을 매우 존중합니다. 그래서 자신들의 생존을 위해 환경으로부터 필요한 만큼만 얻습니다.

Lição 17

1.

1) 4 더하기 3은 7이다.
2) 9 빼기 6은 3이다.
3) 10 곱하기 6은 60이다.
4) 100 나누기 5는 20이다.
5) 나는 조은동 행복단지에 있는 112동 201호에 산다.
6) 그 뉴스는 폴야 지 써웅 빠울루(일간지)의 2쪽에 나와 있다.
7) 그 책의 4쪽에 아주 재미있는 우스갯소리가 있다.
8) 내 친구가 피자의 반을 먹었다. 어휴, 화나!
9) 인터넷 사용자의 3분의 1이 소셜 네트워크 사이트에 개인정보 올린 것을 후회한다.
10) 당신의 행운의 번호는 무엇입니까?

2.

1) Uma metade / um meio
2) Sete nonos
3) Um centésimo
4) Um milésimo
5) Oito menos cinco (é) igual a três.
6) Nove mais doze (é) igual a vinte e um.
7) Três vezes quinze (é) igual a quarenta e cinco.
8) Quarenta dividido por cinco (é) igual a oito.

3.

1) A: 한국 사람들은 더하기, 빼기, 곱하기 그리고 나누기에 아주 빨라.
   B: 왜 그렇게 생각하는데?
   A: 예를 들자면 그들은 시장에서 계산원이 계산을 끝내기도 전에 이미 얼마를 내야 하는지 알거든.
   B: 그건 그들이 어렸을 때부터 머리로 계산하는 걸 많이 연습하고 또 성격이 급해서 무슨 일이든 놀라운 속도로 하는 습관이 있기 때문이야.
2) A: 넌 여배우 김태희가 몇 살이라고 생각하니?
   B: 그녀는 1980년생이야.
   A: 아, 그래? 그럼 나보다 열 살이 더 많고 내 막냇동생 나이의 두 배구나. 그녀는 훨씬 더 어려 보이는데.
3) A: 나, 사진 모델 선발 대회에 응시해서 1등 했어.
   B: 진짜?
   A: 아니. 장난이야. 솔직히 말하면, 어제 내가 꾼 꿈이었어. 너도 알다시피, 내 큰 꿈이 모델이 되는 거잖아. 정말 모델이 되고 싶어서 제일 잘 나온 사진과 함께 모델 에이전시 사이트에 내 정보를 올렸어. '저는 19살이고요, 3월에 20살이 됩니다. 피부는 갈색이고 키는 1미터 70, 체중은 55킬로입니다.' 그런데 아직까지 아무런 연락이 없어. 오늘 무슨 소식이라도 있을까?
   B: 그랬으면 좋겠다! 널 위해 응원할게.
4) A: 상파울루에 한인촌이 있다고 들었어. 이름이 뭐니?
   B: 봉 헤찌루에 대해서 말하고 있는 게 틀림없군. 이 한인촌은 2010년 1월 6일에 상파울루의 한인촌으로 공식인정을 받았어. 그곳에는 많은 한국인 이민자들과 포르투갈어와 한글로 된 간판이 붙은 가게, 음식점, 학교 그리고 문화, 스포츠, 종교 기관이 있어.

4.

왜 브라질에 투자를 해야 하는가?

세계은행에 따르면, 브라질은 2009년 12월 이후 세계 경제에서 6위가 되었습니다. (2010년) 브라질 외무부의 자료에 의하면, 브라질은 다음과 같습니다.

- 소고기와 닭고기 수출 세계 1위
- 커피, 오렌지, 과라나 생산 세계 1위
- 설탕 수출 세계 1위
- 에탄올 수출은 세계 1위, 생산은 세계 2위
- 철 생산 세계 2위
- 세계 8위의 소비시장
- 세계 식량생산 대국 중 하나
- 청량음료 생산 세계 3위
- 자동차 생산 세계 7위

브라질은 세계적으로 막강한 경쟁력을 지닌 나라가 될, 그래서 세계적인 경제 대국으로 발돋움할 모든 것을 갖추고 있습니다.

연습문제 해답

Lição 18

1.

1) 상파울루주의 주도는 상파울루이다.
2) 노년층을 위한 가게를 열기 위해서는 상당한 운전 자금이 필요하다.
3) 리우데자네이루는 브라질을 대표하는, 국제적 관광지로 해외에서 가장 잘 알려진 브라질의 도시이다.
4) 브라질에서는 저소득층의 가계 월수입이 증가하고 있다.
5) 상파울루에는 마천루가 많다.
6) 올해 난 벌써 우산을 두 개나 잃어버렸다.
7) 당신은 저기 ATM에서 지불하셔도 됩니다.

2.

1) dá / 이 아파트를 세낼 수는 없다. 너무 비싸다.
2) dá / 내 방 창문은 시끄러운 거리 쪽으로 나 있다.
3) dá / 오늘은 안 된다. 내일만 가능하다.
4) dão / 우리 학생들은 교실에 들어올 때 인사를 한다.
5) Deu / 그곳에 도착할 수는 있었지만 그 여배우와의 인터뷰는 성사되지 않았다.
6) dar / 누군가를 놀라게 하기 전에 잘 생각해라.
7) me / 나는 우리 아버지와 사이가 좋다.
8) Se / 네가 나와 말하고 싶으면 메시지 보내.
9) se / 방 세 놓습니다.
10) se / 방을 같이 쓸 동료가 필요합니다.

3.

1) A: 왕짜증이야! 내 조카들이 글쎄 내 새 냉장고를 더럽혀놓았어!
B: 뭐가 문젠데? 그냥 닦기만 하면 그만이잖아.
A: 그러게. 내가 짜증이 좀 났었지 뭐야. 새 냉장고를 쓴 게 일주일밖에 안 되어서 말이야.
B: 난 너 이해해.

2) A: 언젠가 난 직접 내 집을 짓고 싶어.
B: 좋은 생각이야. 네 미래의 집을 어디에 짓고 싶은지 마음에 둔 곳이라도 있니?
A: 아직은 없어. 하지만 시골이 될 거야. 난 시끄러운 도시 생활을 좋아하지 않거든. 경치를 감상하기 위해서 아주 넓고 큰 창문을 만들 거야.
B: 잘되길 기원할게.

4.

몸매를 유지하기 위한 당신의 비결은 뭔가요?

"저는 항상 운동하는 것과 춤추는 것을 즐겼어요. 신체 활동이 몸과 마음에 가져다주는 혜택은 놀랍죠. 저는 칼로리를 태우기 위해서 1시간 정도 달리고, 일주일에 세 번 근력 강화 수업을 들으며 주중의 남은 이틀은 재즈 수업을 들어요. 단것과 지방을 조절하려 노력하고 평소 건강에 좋은 음식을 우선시하려고 노력해요."

(필리빠, 학생, 19살, 52kg, 키는 1미터 65, 상파울루주 출신)

"저는 일주일에 세 번씩 수영과 요가를 해요. 좋은 몸매를 위해 매일 30분 동안 걷죠. 요가를 할 때 스트레칭을 해요. 그러면 훨씬 몸이 편해지는 걸 느껴요. 운동을 한 다음엔 (정신이) 좋은 생각들로 가득 차고 몸은 훨씬 더 가벼워지죠. 제겐 큰 장점이 하나 있는데 단것을 좋아하지 않는다는 거예요. 그래서 설탕을 거의 먹지 않아요. 그 외에도 지방이나 튀김 음식은 피하지만 균형 잡힌 식사를 해요."

(릴리아니, 공무원, 25살, 54kg, 키는 1미터 70, 리우 출신)

Lição 19

1.

1) 당신은 아무것도 잘못한 게 없어요. 옳은 말을 하긴 했는데 때와 장소가 좋지 않았을 뿐이에요.
2) 오늘 밤에 뭔가 좋은 일이 그에게 일어날 것이다.
3) 집에 먹을 만한 게 전혀 없을 때는 어떻게 합니까?
4) 내가 그에게 '감사합니다'라고 했을 때, 그는 '저야말로 감사합니다'라고 대답했다.
5) 엄마, 그냥 두세요. 전화 제가 직접 받을게요.
6) 무도회가 끝난 뒤 그들은 자기들끼리 따로 함께 있었다.
7) 그의 꿈은 자기 사업을 벌이는 것이다.
8) 나는 소주 반병도 못 마신다.
9) 시원한 맥주는 더운 날에 마시기에 더 좋다.
10) 우리에겐 해결해야 할 문제가 많다.

2.

1) anexas / 복사본이 첨부되어 있다.
2) várias / 어린이들이 몇 주씩이나 수업을 받지 못하고 있었다.
3) mesma / 그는 나와 같은 나이이다.
4) simples / 호자 부인은 단순한 사람이다.
5) certa / 어느 날 밤 나는 꿈을 꾸었다. 나는 로또에 당첨이 되었었다.
6) belo / 어느 날 나는 변하기로 결심했고 내가 하고 싶어 했던 모든 일을 하기로 결심했다.

연습문제 해답

3.
1) A: 내 친구 하나가 포르투갈어를 더 잘하기 위해 일 년간 브라질에 간대! 내가 감탄하는 건 그가 자비로 간다는 거야.
B: 정말? 그 친구 어떻게 그 많은 돈을 모을 수 있었지?
A: 그걸 위해 방학 때 일하면서 돈을 모았대.
2) A: 내가 여기서 이해를 못 하는 것 하나는 한국 사람들이 인사해도 대답을 하지 않는다는 거야. 나 같은 외국인보다 자기들이 더 우월하다고 생각하는 걸까?
B: 그건 아니야, 레우. 우리 한국 사람들은 미나스 사람들과 비슷해. 보수적이고 상대를 모를 때는 쉽게 믿지 않지. 하지만 친해지기만 하면 우리는 아주 개방적이 되고 신뢰하게 돼.
A: 알겠어. 난 한국 사람들이 상파울루주 사람들과도 공통점이 있다고 생각해. 왜냐면 상파울루주 사람들은 내성적이고 일을 아주 열심히 하거든.
B: 난 우리 한국인들이 좀 더 열린 마음으로 외국인들을 대하고 또 외향적이고 재미있는 리우데자네이루 사람들처럼 인생을 즐길 줄 알아야 한다고 생각해.

4.
카니발

카니발은 브라질에서 가장 흥미로운 축제 중 하나입니다. 왜냐면 이 축제연휴기간 동안에는 온 나라가 마음껏 축하하며 춤추기 위해 멈추기 때문입니다. 심지어 몇몇 회사는 이 기간에 직원들이 평소보다 일찍 귀가하도록 해줍니다.
이어서 브라질의 가장 유명한 카니발을 보시죠.
리우데자네이루와 상파울루의 카니발은 삼바학교의 행렬이 있어서, 수천 명의 브라질 관광객과 아티스트들이 찾아옵니다. 상파울루 카니발은 리우의 카니발과 비슷합니다. 참고로 리우데자네이루의 카니발이 세계의 가장 큰 축제로서 기네스북에 올라 있습니다.
뻬르낭부꾸주의 헤시피에서는, 수십 개의 거대한 인형으로 구성된 행렬들도 볼 수 있는데 이것은 카니발 기간 동안 이 도시가 제공하는 주요 볼거리 중 하나입니다. 수천 명의 사람이 카니발 복장으로 프레부 음악에 맞춰 올링다와 헤씨피 거리로 쏟아져 나옵니다.
바이아주의 싸우바도르에서는, 뜨리우 일렉뜨리꾸(수천 와트의 확성기들을 장착한 대형 트럭으로, 윗부분은 그 지역 출신의 아티스트들과 음악가들이 자유롭게 노래하고 춤추는 무대임)가 현장에 있는 사람들을 신명나게 합니다.

Lição 20

1.
1) 공과금 내러 은행에 가야 해요. 금방 돌아오겠습니다.
2) 쥬어웅은 어딜 갔나요?
3) 난 왜 이전에 그것을 생각지 못했을까?
4) 그는 그것에 대해 전혀 알지 못한다. 아마 그럴 것이다.
5) 어느 것도 우연히 발생하지 않는다. 모든 것에 때가 있다.
6) 소피아는 작년보다 테니스를 더 형편없이 치고 있다.
7) 학생들은 학교 과제를 하기 위해 컴퓨터를 많이 사용한다.
8) 당신은 그녀가 성형수술을 할 예정이라는 걸 아십니까?

2.
1) quase / 아기가 침대에서 내려오려고 했을 때 거의 떨어질 뻔했다.
2) de vez em quando / 에밀리아의 가족은 이따금씩 모인다.
3) sem dúvida / '지속가능한 발전'이란 개념은 의심할 여지없이 오늘날 인류가 가장 필요로 하는 생각들 중 하나이다.
4) de perto / 나는 마흔 살이 넘었는데 작은 글씨를 가까이서 읽을 수가 없다.

3.
1) A: 그 사진에서 누가 네 남동생이야? 그 애 너랑 닮지 않았어? 도대체 누가 네 남동생인지 알아맞힐 수가 없어.
B: 여기 얘가 마르꾸스야. 얘는 우리 아버지를 닮고 나는 우리 엄마를 닮았어. 그 앤 잘 만들어진 몸을 가지고 있는데 익스트림 스포츠를 즐겨.
A: 그런데 넌? 왜 스포츠를 즐기지 않니?
B: 집에서 혼자 책을 읽거나 명상하는 게 더 좋거든.
2) A: 요즘 거의 모든 사람이 헬스클럽에 다녀. 넌 운동하러 헬스클럽에 다니니?
B: 다니고 싶지. 다만 당분간은 못 가는데, 시간이 없어서야.
3) A: 2010년 미인대회에서 누가 일등을 했는지 아니?
B: 몰라. 난 그런 대회에 관심 없어. 나한테 중요한 건 내적인 아름다움이야.

4.
당신도 해외 체류 경험을 꿈꾸십니까?

많은 젊은이가 해외여행을 하거나 외국에서 코스를 하고 싶어 합니다. 이미 이런 기회를 가져본 사람은 아주 좋은 경험이라고 말하는데, 그것은 다른 사람이 되어 돌아오기 때문입니다.: 좀 더 열린 마음과 스스로에 대한 자신감 그리고 풍부해진 경험을 갖게 됩니다. 그 외에도 다른 나라 사람들을 만나보고 외국어를 배우

연습문제 해답

고자 하는 생각을 더 열망하게 됩니다.
모국어를 말할 수 없고 생활습관도 다른 외국에서 산다는 것은 쉽지만은 않습니다. 하지만 말할 줄 몰랐던 언어를 배우는 것, 새로운 문화를 경험하고 그 지역 사람들과 친구가 되는 것은 우리에게 큰 즐거움을 선사합니다.
물론 젊은이들이 부모님과 멀리 떨어져 한 번도 생활해본 적이 없는 곳에서 살게 되면 부모님이 사무치게 그리울 겁니다. 새로운 세계에서 차별을 피부로 느끼게 될 가능성도 있긴 합니다. 그러나 오늘날, 진보된 기술, 특히 스카이프 무료 통화나 페이스북 같은 소셜네트워크 덕택에, 생각하는 것만큼 그렇게 힘들지 않을 수도 있습니다.
외국에서 생활하는 것은 또한 우리로 하여금 우리나라, 우리문화, 우리음식을 존귀하게 여기도록 해주고, 가족과 친구들을 얼마나 사랑하는지를 새삼 깨닫게 해줍니다. 또한 우리는 성숙해지고 자신을 더 잘 알게 됩니다.

Lição 21

1.

1) 전 당신이 옛 연인을 잊는 게 낫다고 생각합니다.
2) 당신은 당신의 친구가 뭘 하길 원하십니까?
3) 내일 비가 왔으면 좋겠다.
4) 난 오늘 밤에 모두가 마음껏 즐길 수 있기를 기대한다.
5) 당신의 연인이 당신의 프러포즈를 받아들일지 의문스럽습니다.
6) 여러분 모두 제 생일 파티에 꼭 와주시길 바랍니다.
7) 당신들이 소리 내지 않기를 부탁드립니다. 왜냐면 아기가 자고 있거든요.
8) 그가 산책할 시간이 없다니 안됐다.
9) 당신이 우리의 토요일 약속을 기억해주길 기대합니다.
10) 당신의 부모님께서 내가 이것을 왜 해야 하는지 이해해주시기를 바랍니다.

2.

1) traga / 나는 네가 좋은 소식들을 가져오기 고대한다.
2) fique / 그녀는 내가 주말에 집에 있기를 원한다.
3) dirija / 네 어머니께서는 네가 천천히 운전하는 것을 더 좋아하신다.
4) perca / 나는 김 선생님이 버스를 놓칠까 걱정된다.
5) goste / 아무도 내가 한 음식을 좋아하지 않아서 대단히 유감스럽다.
6) tenha / 네가 좋은 친구를 갖는 것은 중요하다.
7) conheça / 나는 그가 루이자를 안다고 믿지 않는다.
8) possa / 나는 네가 우리 집에서 잘 잘 수 있어서 기쁘다.

3.

1) A: 난 엄마가 오늘 최고의 소식을 가져오셨으면 해.
   B: 무슨 좋은 소식이라도 기다리고 있는 거야, 아니면 뭐야?
   A: 엄마가 건강검진을 하셨거든. 나쁜 게 아무것도 안 나왔으면 좋겠어.
2) A: 난 널 도와주려고 여기 있는 거야. 언제든 내게 말만 해.
   B: 어떻게 감사를 드려야 할지 모르겠어요, 아주머니.
3) A: 댄스 코스를 할까 생각 중이야.
   B: 안될 게 뭐 있어? 어쩌면 네가 프로처럼 춤출 수 있을지도 모르지. 유연성이 좋으니까 말이야. 그 외에도 춤추는 것은 신체와 정신 건강에도 좋아.
4) A: 네가 언제든 나에게 전화할 수 있도록 브라질 연락처를 남길게.
   B: 좋아. 벌써 비행기 타야 할 시간이네. 여행 잘해.
5) A: 나 남자친구가 있는데 그 사람이 날 진심으로 사랑하는지 의심스러워. 그 사람 예전 같지 않아. 내게 더는 관심도 안 주고 항상 바쁘다고 해. 그런데 난 그 사람이 보고 싶어 죽겠어.
   B: 네가 현실을 받아들일 수 없다는 게 안타까워. 그 사람 때문에 너무 힘들어하질 않길 바라. 그 사람 잊어버려!

4.

특별한 날을 위한 짤막한 글

새해(1월 1일)
새해에는 네가 소원하는 모든 일이 이루어지길 진심으로 기원해. 새해 복 많이 받아!

연인들의 날(6월 12일)
네 곁에 있어서 내가 정말 행복하고 점점 더 널 좋아한다는 걸 네가 알아줬으면 해. 연인들의 날 축하해!

어머니의 날(5월 둘째 주 일요일)
저를 세상에 태어나게 해주시고 사랑과 정성으로 키워주셔서 감사합니다. 어머니날 축하드려요!

성탄절(12월 25일)
이번 성탄절에는 당신이 세상의 모든 행복을 다 누리시길 바라요. 메리 크리스마스!

생일
이렇게 특별한 날, 선물, 기쁨, 행복, 우정이 네 머리 위로 왕창 쏟아져 내리길 바라. 생일 축하해!

연습문제 해답

Lição 22

1.

1) 말하기는 쉽지만 행동으로 옮기는 것은 어렵다.
2) 아나는 대학교에서 공부만 하는 게 아니라 일도 한다.
3) 나는 개들이 충성스러워서 좋아한다.
4) 나는 호자의 얼굴을 기억하지 못하는데 어디서 알게 되었는지도 기억나지 않는다.
5) 나는 어제 비가 오는데도 불구하고 내 친구들과 외출을 했다.
6) 피겨 스케이트 선수 김연아는 2010년 (벤쿠버 동계) 올림픽 챔피언과 2009년 세계 피겨(스케이팅 선수권) 챔피언이 되었다. 그녀가 끈기를 가지고 훈련한 결과이다.
7) 나는 새해 연휴 동안 너무 많이 먹어서 1킬로가 늘었다.
8) 내가 공부하는 동안, 내 룸메이트는 정신없이 자고 있었다.

2.

1) e / 루이스는 영화관에 갔고 이어 이탈리아 식당에 갔다.
2) não só, mas também / 올리비아는 주부일 뿐만 아니라 선생이기도 하다.
3) mesmo assim / 까를루스는 제 시간에 오려고 노력했다. 그랬는데도 몇 분 늦고 말았다.
4) ou / 네가 전화 통화를 끝내. 아니면 내가 크게 소리 지를 거야.
5) Quando / 우리 어머니께서 가족을 모이도록 했을 때 모두 깜짝 놀랄 일을 상상했다.
6) Além disso / 우리 누나는 그녀의 게임(기)을 내게 빌려줬다. 그 외에도 내게 게임하는 법을 가르쳐줬다.

3.

1) a, ela / 나는 쇼핑센터에서 호자를 봤다.
2) a, ela / 너는 우리 엄마를 뵌 적이 있니?
3) a, ela / 그는 내 친구를 많이 도와주었다.
4) cantá-la / 나는 이 음악을 노래하고 싶다.
5) vendê-lo / 너는 그 책을 팔고 싶니?
6) as / elas(구어) / nas(문어) / 내 친구들은 어린이들을 돕는다.

4.

1) A: 에두아르두는 일을 많이 하는데 그만큼 벌지는 못해.
   B: 안됐네.
2) A: 난 밤에 나갈 거야. 집에 있는 게 지쳐서 말이야.
   B: 따뜻한 외투를 걸쳐. 밖이 아주 춥거든.
3) A: 어서 와. 네가 좋아하는 프로그램이 시작하려고 해.
   B: 알았어. 금방 갈게.
4) A: 우리 두 사람에게 무슨 일이 일어나고 있는지 모르겠어.
   B: 그게 도대체 무슨 말이니?
   A: 아무것도 아니야. 골똘히 생각하다가 중얼거린 것뿐이야.

5.

보뚜(민물돌고래)의 전설

전설에 따르면, 돌고래와 매우 흡사한 포유동물로 아마존강 유역에 사는 분홍빛의 보뚜는, 주니나 축제(성인을 기리는 축제)가 열리는 밤이면 강에서 뭍으로 올라옵니다. 보뚜는 어떤 특별한 능력으로 흰옷 차림의 잘생긴 청년으로 변신하고는 남을 추켜세우는 말재간으로 가장 아름다운 아가씨에게 접근합니다. 그는 아가씨를 유혹한 후 지체하지 않고 강 깊은 곳으로 데려가 아이를 갖게 하곤 합니다. 이튿날이 되면 그는 다시 보뚜로 되돌아옵니다.
그래서 나이 많은 여자들은 젊은 아가씨들에게 축제기간 동안 아주 잘생긴 남자들의 아첨을 조심하라고 이릅니다.
대중문화 속에서 이 보뚜의 전설은 혼외 임신을 정당화할 때 사용됩니다. 그리고 오늘날까지도 주로 아마존 지역에서 누가 아버지인지 알 수 없을 때, 보뚜의 아이라고 말합니다.
보뚜의 전설은 바우떼르 리마 쥬니오르 감독에 의해 1987년 〈그 사람, 보뚜〉란 제목의 영화로 제작되기도 했습니다.

Lição 23

1.

1) 나는 그에게 담배를 피우지 말라고 부탁했다.
2) 나는 아이들이 조용히 있어주면 더 좋겠다.
3) 쎄우쑤, 네가 이 노래를 들어봤으면 해.
4) 알렉스가 회의에 왔으면 더 좋았을 것이다.
5) 나는 네가 이해해주기를 기대했다.

2.

1) quisesse / 만약 그가 원했으면 널 도왔을 것이다.
2) explicasse / 만약 네가 제대로 설명을 했다면 그가 동의했을 것이다.
3) pudesse / 만약 내가 가능했다면 우리 엄마랑 여행했을 것이다.
4) fosse / 내가 너였다면 그 초대를 받아들이지 않았을 것이다.
5) pedíssemos / 만약 우리가 부탁을 했다면 선생님께서 숙제를 많이 주지 않았을 것이다.

3.

1) A: 내가 우리 반 전체 학생들에게 기말고사에 대해서 메일을 보냈는데, 쥬제만 내게 답장을 했어. 그런데 그 애 말고는

연습문제 해답

아무도 답장을 안 했지 뭐야.

B: 나한테도 그런 일이 있어. 요즘 젊은 애들은 답장하는 걸 신경 쓰지 않아. 세대 차이 중 하나라고 생각해.

2) A: 너희가 컴퓨터 게임을 정말 좋아한다는 거 나도 알아. 하지만 너희는 게임에 중독된 거 같아. 게다가 호베르뚜가 게임을 다운받을 때마다 내 컴퓨터가 바이러스에 감염됐어. 이래서는 안 돼.

B: 만약 우리가 안전하고 바이러스가 없는 온라인 게임만 한다면 그 애가 네 컴퓨터를 쓰도록 해줄 거니?

A: 그래도, 안 돼.

3) A: 네가 혼자 중얼거릴 때, 그냥 (무언가를) 골똘히 생각하는 것뿐이지?

B: 응. 난 운이 좀 없는 날이면 항상 혼잣말을 해.

A: 나도 생각하다 혼잣말하는 버릇이 있는데. 그래서 가끔 사람들이 내가 미친 사람인 줄 알고 쳐다봐.

4.

나만을 위한 방이 얼마나 갖고 싶은지!

나는 잘 꾸며진, 나만을 위한 방을 꿈꿔. 피곤한 하루를 보낸 후, 아늑한 내 공간에서 컴퓨터 게임을 하는 게 내가 원하는 전부야. 만약 나만을 위한 방이 있다면 인터넷, 잡지, 심지어 내 친구들의 집에서까지도 제일 좋은 것을 발견할 때까지 실내장식의 예들을 찾아볼 거야. 나는 최소주의자가 될 거야. 왜냐면 요즘에는 더는 옛날처럼 사진이 든 액자로 벽을 채우지도 않을 뿐더러, 꽃병이나 그와 비슷한 것들로 방을 장식하지도 않기 때문이지.

그런데 난 지금 동생과 방을 함께 쓰고 있어. 그 애랑 나는 취향이 아주 달라. 그 애는 정리도 잘 안 하는 편인데 방안의 벽을 예술가들 사진과 잡지에서 오린 것들로 장식하길 좋아하지. 그리고 가끔 음악을 크게 틀기도 해. 언제쯤 나 혼자 쓸 수 있는 방을 가질 수 있을까?

Lição 24

1.

1) 원한다면 내가 너랑 같이 가 줄게.
2) 네가 노력함에 따라 조금씩 이해하게 될 거야.
3) 넌 먹으면 먹을수록, 더 살이 찔 거야.
4) 걱정하지 마세요. 능력껏 하세요.
5) 외출할 때, 불 좀 꺼주세요.
6) 내가 도착하는 대로 너랑 말할게.
7) 그녀를 보자마자 넌 그녀에게 반할 거야.
8) 가능할 때면 언제나 난 우리 가족과 여행을 떠날 것이다.
9) 아우베르뚜가 발표를 마친 다음, 알리씨가 발표할 것이다.
10) 그가 자는 동안, 어머니는 쉴 수 있을 것이다.

2.

1) for / 누구든지 간에 들어오게 하지 마세요.
2) vier / 누가 오든 간에 문을 열지 마세요.
3) acontecer / 무슨 일이 생기든 간에 우리는 언제나 함께 할 것입니다.
4) disser / 무슨 말을 하던 간에 나는 전혀 신경을 쓰지 않는다.
5) vierem / 오늘 오는 모든 사람들은 좋은 보수를 받을 것이다.
6) escolher / 네가 고르는 음악들을 주의를 기울여 들을 것이다.
7) for / 나는 어떤 일이든 아무 일이나 할 것이다.
8) quiser / 네가 원하는 곳으로 가도 된다.

3.

1) A: 넌 첫 월급을 타면 뭐할 거니?

B: 부모님을 위해서 선물을 사고 친구들을 좋은 저녁식사에 초대하고 또 내가 쓸 멋있는 선글라스를 새로 살 거야.

2) A: 앞으로는 페르낭두가 집에 나타날 때마다 그 애한테 항상 내 컴퓨터를 쓰지 말라고 말해줘. 부탁이야.

B: 왜? 그 애는 컴퓨터 게임을 아주 잘하는데 이미 오늘 집에서 함께 게임하기로 약속했단 말이야.

A: 내 컴퓨터가 게임 때문에 아주 느려졌어.

3) A: 나를 무척 좋아한다고 말한 아가씨가 있는데, 연애를 시작했다가 그 아가씨에게 상처를 줄까봐 두려워. 마음이 혼란스러워.

B: 혼란스럽다니? 어떻게?

A: 그게 그러니까 그 앤 참 착하고 똑똑하고 예쁘고 키도 중간이야. 그런데 그 애한테 난 사랑의 감정이 없어. 만약에 우리 연애가 잘못되면 어떻게 해?

B: 바보같이 굴지 마! 될 일이면 될 거야. 그리고 누가 알아? 그 아가씨가 네게 완벽한 사람일지.

4.

파울루 코엘류와 무료 e북

파울루 코엘류는 자신의 책 해적판을 온라인에 올리는 것으로 유명합니다. 그것은 작가의 행동으로 이해하기 쉽지 않은 일입니다. 하지만 그는 자신의 책을 무료로 배포하면서 성공을 거두었습니다.

그에 말에 따르면 언젠가 그는 자신이 쓴 책 중 어느 한 권의 첫 해적판을 발견하고 나서, 그 자신이 직접 해적판을 온라인상에 올리겠다고 결심했다고 합니다. 바로 러시아에 종이가 부족했던 시절이었는데, 그는 인터넷에 몇 작품을 올렸고, 그 첫해, 러시아

연습문제 해답

에서 (인쇄본) 만 권이 팔렸습니다. 이듬해에는 판매가 십만 부로 껑충 뛰어올랐습니다. 그는 그때 이렇게 하는 것이 효과가 있다는 사실을 알게 되었습니다. 그 이후로, 그는 인터넷망에 다른 책들도 올리기 시작했습니다.
『연금술사』와 『11분』의 저자 파울루 코엘류가 어느 기자회견에서 "그들은 몇 페이지를 읽고는 이렇게 생각하죠. '이런, 화면으로 읽는 것보다 책을 사는 게 훨씬 더 쉽겠군.' 그래서 그들은 밖으로 나가 책을 사게 되는 거예요."라고 말했습니다.
당신은 어떻게 생각하세요? 만약 파울루 코엘류가 한 것처럼 똑같이 하면 다른 작가들도 성공할까요?